거대한 충격
이후의 세계

나의 나무, 혜미에게

거대한 충격 이후의 세계

서영민 지음

알아두면 반드시 무기가 되는 맥락의 경제학

위즈덤하우스

맥락을 읽으면 경제가 보이고, 경제를 읽으면 사람이 보인다

실제 전쟁을 눈으로 보았다. 리비아에 갔었다. 카다피가 북대서양조약기구(이하 NATO)와 반군에 몰려 죽던 그해, 2011년이다. 내전 중인 공간에 기자로 갔으니, 일종의 종군기자였다고 할 수 있다. '일종의'라고 한정하는 이유는 기간 때문이다. 짧았다. 열흘 안팎이었다. 그렇지만 그처럼 흔치 않은 경험은 깊은 기억으로 남는다.

전쟁 취재의 핵심은 '돈'이었다. CNN이 움직일 때는 큰 덤프트럭만 두 대가 움직였다. 그 뒤에 차량 몇 대가 더 붙었다. 그리고 방송 장비가 가득 실린 덤프트럭 위에는 총을 든 사람이 여럿 있었다. 사설 경호 부대를 투입해 값비싼 장비와 방송 인력을 지켰다. 생방송은 거의 야외 특설 무대 같은 장비를 쌓아놓고 했다. 수십 명의 방송 인력이 달라붙었다. 중동의 CNN이라고 할 수 있는 알자지라도 비슷한 규모의 장비와 인력을 운용했다. '방송 제대로 하려면 엄청난 돈이 들겠구나' 생각했다.

우리는 취재기자 둘, 촬영기자 둘 해서 네 명이 다였다. 내 경우엔 분쟁지역 취재가 뭔지도 잘 몰랐다. 회사에서 "갈래?"라고 물어봤고, 나는 망설였다. 안 가겠다고 말하기가 창피해서 "네" 했다. 그저 좀 험한 곳에 취재 간다는 정도로 생각했다. '같이 가는 선배는 경험이 있으니까' 정도의 생각이었다.

참 나태한 마음으로 출국했다. 회사는 출국 전 우리 네 명에게 안전 장비로 방탄조끼 네 벌을 지급했다. 10kg 안팎의 검은 방탄조끼 앞뒤에는 'PRESS(언론)'라는 흰 글씨가 새겨져 있었다. 그러나 이미 방송 장비와 컴퓨터, 열흘 치 옷가지, 비상식량, 칫솔, 치약, 로션…… 그런 것만으로도 배낭과 양손이 가득 찼다. '이미 짐이 이렇게 많은데, 저 무거운 걸 어떻게 가져가나' 생각했다. 세 벌은 한국에 두고 한 벌만 챙겼다.

결과는 식은땀이었다. 외신기자들이 다 같이 머무는 호텔 밖으로 취재를 나갈 때마다 식은땀을 흘렸다. 한번은 괴한들이 한국 대사관을 공격했다는 소리를 듣고 대사관으로 취재를 갔다. 현지 코디 겸 운전기사는 차를 유난히 천천히 몰았다. 왜 그러는지 물었더니 "스나이퍼" 때문이란다. 건물 옥상에 저격수가 있을 수 있다고 했다. 혹시 조준하는 놈이 있는지 살핀단다. 방탄조끼가 없던 나는 오줌을 쌀 뻔했다. 생명의 위협을 느낀 심장은 쿵쾅쿵쾅 고동쳤다.

외신기자들이 머무는 호텔이 습격을 받기도 했다. 로비에서 기사를 쓰고 있었는데 갑자기 총소리가 들렸다. 총소리 자체야 24시간 들리니 새로울 것도 없었는데, 소리가 너무 컸다. 로비에 머물던 기자들이 웅성대기 시작했다. 건물을 지켜주던 반군 측 경호부대는 총을 들고 로비

밖으로 뛰어나갔다. 대응 사격을 했다. 카다피 정부군의 잔당이 외신기자 거점을 장악하려고 호텔 방향으로 사격을 한 것이었다. 삽시간에 로비는 아수라장이 됐다.

긴박한 상황, 외신기자들은 절벽으로 다 함께 떨어지는 레밍 떼가 되었다. 한꺼번에 휩쓸려 이쪽저쪽으로 물결쳤다. 유경험자도 있었다. 앞서 기자들이 머물던 릭소스 호텔을 카다피 잔당들이 점령한 적이 있었다. 이때 억류되었던 기자들이 같은 상황을 또 마주한 것이다. 그들은 비상계단을 가득 채운 레밍 떼를 향해 소리쳤다.

"위로 가면 포로가 돼, 아래로 가야 해!"

그러자 계단을 통해 각자의 숙소로 가려던 기자들이 순식간에 지하 식당 쪽으로 방향을 돌렸다. 놀라 우왕좌왕하던 나는 들고 가던 노트북을 바닥에 떨어트렸다. 그해 보급받은 새 노트북이었지만, 이 낙상사고 뒤 수시로 버벅댔다. 노트북이 말썽일 때마다 '거의 이성을 상실할 뻔한' 그때가 떠올랐다.

몸으로 경험한 전쟁은 공포 그 자체였다. 누군가 쏜 총에 맞아 내 심장이 멈추어도 하나도 이상할 것 없는 공간이었다. 실수로 오발탄에 맞아도 억울하다고 말할 수 없는 공간이었다. 그런 상황을 상상하고 리비아로 향한 것이 아니었다. 예상치 못한 현실은 공포가 되었다.

'내가 여길 왜 왔을까. 아프리카 나라의 내전이 뭐라고 여기 왔을까. 비행기도 끊겼는데 뭐 하러 왔을까. 타사가 왔건 말건 뭔 상관인가. 육로로 국경까지 넘고 사막을 가로질러 이 뜨겁고 무서운 도시에 왜 왔을까. 아내 배 속엔 내 아이가 있는데 무슨 영화를 누린다고 여길 왔을까······.'

비약 같지만, 공포에 질린 나는 1945년 8월 15일 해방 이후, 한국전쟁 직후의 한반도를 생각했다. 그때가 딱 지금 이 트리폴리 거리 같았겠구나. 부모들은 집은커녕, 지붕 덮인 건물을 찾아 가족 보살필 곳조차 없었겠다. 아이들은 커서 무엇이 될까를 꿈꾸기는커녕, 학교에 다닐 수조차 없었겠다. 총 맞지 않을 걱정과 매 끼니 마련하려 움직이느라 밤마다 녹초가 될 텐데, 무엇을 더 할 수 있었을까.

매일 공포와 육체적 고통에 사로잡힌 상황. 만약 어떤 강력한 지도자가 나타나 안전을 보장해준다고 하면, 그자가 무슨 짓을 하더라도 따를 수 있겠구나 생각이 들었다. 시민들이 먼저 독재자를 원할 수도 있겠다. 인간에게 안전한 삶, 목숨을 위협받지 않는 삶은 너무나 중요하니까 말이다.

두려움의 렌즈로 세상을 보다

연약한 인간이다. 시야도 제한된 인간이다. 벌벌 떨다 보면 독재라도 옹호할 준비가 되어 있다는 생각이나 하는 인간이라니…… 이런 사람한테 들을 이야기가 있으려나, 벌써 실망이 밀려올지도 모르겠다. 그러나 이것 하나는 기억해주길 바란다. 인간은 다 똑같다. 2023년 이 순간, 세계를 좌우하는 세계사적 인간들도 두려워하기는 마찬가지다.

우선 미국의 오바마 전 대통령이 그랬다. 미국이 사실상 지원한 중동 민주화, '아랍의 봄' 결과는 초라했다. 민주주의가 정착된 나라는 거의 없다. 혼란만 남았다. 부족 간 내분, 이슬람과 세속주의 세력 간 내전이 됐다. 새 이슬람 극단주의 세력도 출현해 역사의 질곡이 됐다.

리비아는 그 대표적인 사례다. 미국 대사마저 살해당할 정도로 혼란은 극심했고, 10년이 지난 지금까지도 분쟁은 종식되지 않았다. 시민들의 삶은 정상으로 돌아가지 못했다. 오바마는 퇴임에 즈음한 2016년, 〈폭스FOX〉에서 방송된 인터뷰에서 8년의 재임 기간 중 최악의 실패로 리비아를 꼽았다.[1]

오바마는 같은 실패가 반복되는 것이 두려워 시리아에서는 군사력을 행사하는 데 주저했다. 《애틀랜틱》과의 인터뷰[2]에서 그는 '존 케리 국무장관이 끝없이 요구한 시리아 공격'을 거부했다고 말했다. 아사드 정권이 독가스인 사린가스를 이용해 반대파를 폭력적으로 진압한다는 사실이 알려졌는데도 그랬다.

오바마는 시민사회가 뿌리내리지 않은 곳에서 독재정권이 사라지면 남는 건 종교적 분파주의자들뿐이라고 말했다. 영화 〈다크 나이트〉의 조커도 언급했다. 현재 중동의 상황은 분명 만족스럽지 않지만, 그렇다고 해서 지금의 질서를 파괴하면 무질서를 창조하는 조커가 활동한다. 리비아에서의 경험이 오바마에게 실패의 두려움을 안겨줬다.

또 한 사람, 푸틴을 예로 들어볼까? 푸틴이야말로 (북한의 김정은과 함께) 리비아에서 가장 큰 공포를 느낀 지도자 가운데 하나다. 푸틴도 오바마처럼 리비아에서 무질서를 보았다. 더 근본적으로는 카다피의 비참한 죽음에 거대한 충격을 받았다. 푸틴도 처음에는 서방과 협조해 경제를 발전시키려 했다. 그때까지의 푸틴과 카다피는 크게 다르지 않았다. 카다피의 주검은 그게 불가능하다는 사실을 깨닫게 해주었다.

'서방은 나를 지켜주지 않는다. 그들을 믿으면 배신당한다. 나의 정

치적, 생물학적 생존과 서방은 대척점에 있다.'

지금 지구를 뒤덮은 인플레이션 공포의 한 축인 푸틴은 두려움 속에서 그렇게 탄생했다.

시진핑과 중국 공산당의 구성원들도 별반 다르지 않을 것이다. 그들이 미국을 중심으로 한 기존 질서에 포섭되길 거부하는 이유는 단순하다. 살아남기 위해서다. 그들은 미국이 원하는 방식으로 미국에 협조하면 생존이 보장되지 않는다고 굳게 믿는다. (논란의 여지가 없지는 않으나) 중국의 인민들도 미국이 중국 인민의 번영을 반대한다는 두려움을 가진다. 시진핑과 공산당의 노선을 마음으로부터 지지한다.

오바마 이후의 미국도 두려움에 끌려다닌다. 동맹국들이 반대하는데도 자국에서 만든 전기차와 전기 배터리의 사용을 강제하는 이상한 법(IRA: 인플레이션 감축법)을 만든 이유도 생존에 관한 두려움 때문이다. 멀쩡하게 대만에서 생산 잘하는 대만 반도체 제조 회사TSMC한테 '반도체는 미국에서 만들라'라고 으름장을 놓는 이유도 마찬가지다. 결코 자유민주주의 세계 수호자다운 처신이 아니지만, 패권을 놓치면 달러의 시대도 끝난다는 걱정이 더 앞선다. 이 두려움 앞에서는 동맹도 명분도 다 후순위가 된다.

세계 경제의 수장이라고 불러도 좋을 미국의 연준 의장 파월도 두려울 것이다. 그는 최악의 연준 의장으로 역사에 아로새겨진 아서 번스(1970~1978 재임) 생각에 밤잠을 설칠 것이다. 번스는 실패한 연준의장으로 꼽힌다. 그는 석유 파동 시기 물가에 단호하게 대처하지 못했다.

스태그플레이션이 더 강하고 더 오래 지속되게 만든 것으로 평가받는다. 영국의 주간지 《이코노미스트》는 번스가 '연준의 거대한 안티 히어로Fed's great anti-hero'라고 했다. 파월은 그 아서 번스처럼 물가를 못 잡은 사람으로 역사에 기록될까봐 노심초사할 것이다. 어쩌면 그 노심초사가 2023년 이후 세계 경제가 마주한 불확실성 가운데 하나일 수도 있다.

두려움 많은 인간이 이렇게 많다. 그리고 그들의 두려움이 지금 '인플레이션'이 되어 글로벌 경제를 흔들고 있다. 겁쟁이 마음은 겁쟁이가 제일 잘 안다. 겁 많은 기자가 쓸모 있을 순간이다. 두려움의 렌즈로 바라볼 때, 이런 인간들이 빚어내는 새로운 인플레이션의 풍경이 더 잘 보일 것이다.

의심이 직업병이 되기까지

기자란 모름지기 남의 말이라면 일단 믿지 않고 보는 족속이다. 의심부터 하고 본다. 물론 기자가 처음부터 기자로 태어난 것은 아니다. 경험이 기자를 그런 인간으로 만든다.

이를테면 2010년 경주 G20 재무장관 중앙은행장 회의에 참석했던 나는 의심 없는 기자였다. 그리고 앵무새였다. 재무장관 회의는 역사적인 서울 G20 정상회담을 앞두고 사전에 의제를 조율하는 회의였다. 당시 경제부 근무가 처음이었던 나는 경주 보문단지 프레스센터에 앉아서 하루 종일 '이 회의에서 무슨 이야기가 다뤄지는지'에 대해 앵무새처럼 뉴스에서 떠들었다.

대개 "회의가 곧 열리죠? 어떤 내용이 논의될까요?"라고 앵커가 물어보면 내가 "이번 회의 주요 안건은 이겁니다"라고 답하는 패턴의 2분 안팎 짧은 뉴스를 했다. 최대 현안은 미·중 환율 분쟁이다, 글로벌 무역 불균형이 무역 보호주의로 확대되지 않게 합의안을 내는 게 목표다, 선진국과 개발도상국의 정책 공조를 다시 한번 확인한다, IMF 지분구조 개혁도 의제다, 이런 얘기를 했다.

앵무새라고 한 이유는 원고가 큰 틀에서 변화가 없었기 때문이다. 회의 전날에는 '내일 회의인데 사실상 개막한 상태다,' 회의 날 아침에는 '오늘이 회의 날이다,' 점심쯤엔 '이제 곧 회의가 열린다,' 오후 느지막이 '지금 회의가 열리고 있다', 이런 식으로 시제만 바꿔가며 같은 얘기를 한다. 표피적인 내용이 주야장천 반복된다.

핑계로 들리겠지만 바빠서 그렇다. 내용의 맥락이나 흐름을 스스로 생각해볼 시간이 부족하다. 그러니 깊이도 부족하다. 뉴스에서 스스로 최대 현안이라고 표현한 미·중 간의 환율전쟁, 무역 불균형조차 길어봐야 두 문장, 10초 안팎 말하고 지나간다. 선진국과 개발도상국 사이 갈등이 무엇인지, IMF 지분 구조란 게 무엇인지 설명할 여유는 없고, 당연히 공부할 여유는 더 없다.

앵무새에 그치지 않고, 한심한 짓도 했다. 과시적인 수식어를 좋아하는 언론인들은 때로는 무의미한 수식어로 떼거리 저널리즘을 완성한다. G20 당시에는 G20 유치 자체가 너무나 자랑스러웠던 나머지 뭐라도 해야 했다. 그 '뭐라도' 중의 하나가 '경제효과 떠벌리기'다. 국가 이미지와 수출 증대 효과 등 간접 효과까지 고려하면 경제효과가 20조

원에 달한다는 보도가 넘쳤다. 이처럼 '구체적 숫자'로 표현된 뉴스는 중독성이 강하다. 온 언론사가 다 받아쓴다.

그다음은 눈덩이 효과다. 처음 자료를 낸 연구소에서 18조 원을 부르면, 그다음 연구소는 21조 원을 부른다. 24조, 31조…… 막 불어난다. 나중에는 450조 원을 부른 곳도 나왔다. 최소한 앞선 숫자보단 더 큰 숫자가 나와야 미디어가 또 인용할 테니 어쩔 수 없다. 뭐 어때, 출처도 있고 누구한테 피해주는 것도 아니다.

부끄럽게도 나 역시 2010년 11월 10일, 그 대열에 합류했다. '직접적인 관광 등의 경제효과는 천억 원에 불과하다'고 말하면서도 '간접 기대 효과는 수십조 원이 될 정도로 엄청나니 의장국 역할을 잘해야 한다'는 제법 준엄한 뉴스를 했다.

사실 G20은 '2008년 글로벌 금융 위기 극복'이라는 분명한 목적 아래 시작된 회의체다. 미국의 금융 취약성에서 촉발된 위기가 미국과 유럽, 아시아, 남미 등 세계 전역에 심대한 타격을 줬기 때문에 모두가 합의하는 정책이 필요했다. 다 함께 힘을 모아 위기를 극복하자고 열린 회의가 G20이었다.

먼저 제시된 정답은 일단 '다 함께 적절히 돈을 풀자'였다. 만약 이탈자가 나오면 모두가 금융 불안으로 빠져드는 소용돌이가 기다리고 있을 테니, 이걸 막아야 한다는 공감대가 있었다.

또한 '달러 시스템'도 지켜내자고 했다. 달러는 '글로벌 경제'라는 몸을 순환하는 피다. 달러 신뢰가 무너지면 순환 체계 자체에 문제가 발생한다. 비유하자면 동맥경화가 발생할 수 있다. 세계 GDP의 90%, 무역 총액의 80%, 인구 3분의 2를 차지하는 G20이 합의하면 충분한 합의가 된다고들 생각했다.[3] 실제로 영향력은 충분했고 위기는 그럭저럭 수습됐다.

그러나 급한 불을 끄자 G20은 이해관계 대립의 장이 되었다. 애초에 선진국과 신흥국의 이해관계가 같을 수 없다. 또 국제사회에는 패권국 미국에 우호적인 국가들만 있는 것은 아니다. 중국이나 러시아 같은 거대 권위주의 국가가 '불만'을 가진 대표적인 나라이긴 하지만, 브라질이나 인도 같은 나라도 패권에 고분고분한 나라들은 아니다.

2011년 서울 G20 회의는 그 균열이 본격화되던 시점에 열렸다. 우선 미국 등 선진국은 국제무역 불균형이 마음에 들지 않는다. 미·중 교역은 언제나 일방적이다. 중국이 만들고 미국이 산다. 중국만 이익을 보는 것 같다. 미국은 생각한다. 언제까지 이렇게 만성 적자에 시달려야 하나? 왜 이렇게 됐나? 손쉬운 답은 '환율 탓'이다. 중국의 인위적 환율 조작이 문제다. 환율 조작을 못 하게 해야 한다. 이게 환율전쟁의 시작이다.

반대로 신흥국은 '선진국의 양적 완화'에 화가 났다. 브라질은 미국의 2차 양적 완화 이후 미국 금리가 내려가고 달러 이동이 시작됐다며 버냉키를 크게 비난했다.[4] 쉽게 말하면 브라질로 달러화가 밀려든다며 불만을 표시한 것이다. '외국인 직접투자가 증가하는데 웬 불만?' 하겠지만 여기에 브라질과 한국, 태국, 인도네시아 등을 둘러싼 신흥국의 운명이 달려 있다.

선진국이 금리 인하로 모자라 양적 완화라는, '돈을 찍어내는' 통화 정책까지 동원한 이유는 경기가 살아나지 않아서다. 그래서 돈을 막 찍어냈고, 그 결과 시장에는 돈이 넘치게 됐다. 이 돈은 투자 열풍으로 이어진다. 고위험 고수익 자산 투자도 각광을 받는다. 금리차나 환차익을 노리는 투기적 자금이 국경을 넘어 이동한다. '핫머니'의 시대다.

이 핫머니의 특징은 빠른 속도다. 단기간에 유동성이 큰 대량의 '단타' 자금이 빠르게 이동한다. 개발도상국 주식이나 외환 시장에 대량의 자금을 투입한다. 신흥국 통화와 주가가 '거품' 속에 치솟는다. 신흥국 사람들은 호황이 찾아온 듯 들뜬다. 그러나 이 핫머니는 결코 생산적인 제조업 투자처를 찾지 않는다. 이익이 생기면 바로 뜬다.

핫머니는 거품을 키운 뒤 차익을 보고 급속히 빠져나간다. 금융 위기가 와도 빠져나간다. 환율의 방향이 바뀌어도 빠져나간다. 선진국이 기조를 바꿔 '긴축'한다고 해도 빠져나간다. 이 과정은 발작같이 고통스럽다. 순식간에 개도국 금융 시장이 혼란에 빠진다. 이런 외국인 투자는 개도국에게 백해무익에 가깝다. 결코 장기적으로 개도국을 행복하게 하지 않는다. 그러니 브라질은 선진국이 자기들 먹고 살려고 신흥국을 고통에 빠뜨리는 조치라고 생각할 수밖에 없다.

브라질은 그래서 서울 G20 회의에서 무척 강력한 목소리로 선진국을 비방했다. "너네 살겠다고 우리를 괴롭히지 마라. 우리는 이를 규제할 것이다." 그때 미국은 중국의 환율을 지적했다. 중국은 모르는 체했다. 그렇게 G20은 생명력을 다하고 그 기능을 잃어가는 중이었다.

뒤늦게 공부하다 이런 풍경을 다시 보게 되었으니, 앵무새에다 한심한 짓을 했던 기자 마음은 어땠겠는가. 무비판적으로 남들이 떠들던 말을 떠들고, 경제효과가 몇조 원이라는 낯 뜨거운 이야기만 했다는 자괴감. 기자의 마음속에는 스스로를 향한 불신과 의심이 커질 수밖에 없다. 내가 하는 말조차 믿지 못하는 사람이 어떻게 남의 말을 믿겠는가. 기자는 좌절 속에서 모든 것을 의심의 눈으로 보는 생명체로 다시 태어난다. 더 진실에 가까운 이야기를 찾아 헤맨다.

경제의 강에 맥락이 흐른다

이 책은 두려움과 의심으로 빚었다. 현상 하나에 집중하지 않는다. 그 현상과 현상을 잇는 흐름을 발견하는 데 집중한다. 뉴스의 점과 점을 이어 선을 만들고, 그 선들을 이어서 흐름을 만든다. 경험상 그렇게 하면 현상 하나에 사로잡혀 속지 않는다. 바이든과 푸틴과 시진핑의 행동에만 사로잡히지 않는다. 인플레이션도 어떤 역사적 흐름 속에서 바라볼 수 있게 된다. 경제의 강에 흐르는 맥락을 엿볼 수 있다.

1부는 인플레이션 이해에 집중한다. 이해를 하기 위해서라면 물불 가리지 않고 모든 이야기를 집어들 것이다. 그래서 경제 이야기인데, 정치, 사회, 역사, 심리 이야기가 교차할 것이다. 실제로 인플레이션은 경제 현상이지만 동시에 사회, 정치, 역사적 현상이다.

따라서 겹겹이 쌓인 그 다층적 맥락을 찬찬히 들여다보면 치솟고, 늘어지고, 쪼개지고, 바스러지는 지금 이 순간의 경제 현상을 더 잘 이해하게 되리라 믿는다. 그리고 그게 경제학자가 아닌 기자가 쓴 책의 장점이라고도 믿는다.

2부는 주로 의심할 것이다. 지금 존재한다고 믿어지는 경제의 주춧돌들을 하나씩 빼내어 모두 의심의 눈초리를 보내볼 것이다. 삼성도, 달러도, 자본주의 그 자체도, 인구와 기후, 나아가 성장에 대한 욕구까지, 다! 경제를 바라보는 GDP라는 척도까지도 믿지 않아볼 것이다.

우리가 경제하는 목적은 경제 자체를 위해서가 아니다. 이를테면 '효율'은 물론 좋은 것이고 인류를 발전시킨 동력 가운데 하나지만, 결국에는 수단에 불과하다. 우리의 목적은 인간이다. 인간을 응시하는 경제만 상대할 것이다. 맥락이 그 길을 안내할 것이다.

인간 생활의 공정하고도 현명한 관찰자 되기

《월든》은 인간 생활의 공정하고도 현명한 관찰자가 되려고 호숫가 숲으로 들어간 한 인간의 일기다. 헨리 데이비드 소로는 오두막을 짓고 2년 남짓 자급자족하며 살았다. 자발적 빈곤이 인간 삶의 본질을 깨닫는 유리한 고지라 믿었기 때문이다. 간소화하라. 먹는 것, 입는 것은 물론, 먹고 살기 위해 하는 모든 행위를 간소화하라. 그리하여 얽매이지 않는 자유를 얻어라.[5] 비타협적이고 원칙적인 삶의 흔적은 책이 되었고, 그는 불멸의 이름을 얻었다.

그처럼 공정하고 현명한 관찰자가 되고 싶어 기자가 되었다. 문제는 그와 달리 내게는 두려움이 많다. '아무것도 바라지 않는다, 아무것도 두려워하지 않는다, 나는 자유'라는 니코스 카잔차키스(《그리스인 조르바》 작가)의 묘비명처럼 살고 싶었으나, 그러지 못했다. 바라는 것이 있으면 그게 이뤄지지 않을까봐 두려워한다. 당연히 자유롭지 않다.

다만, 포기할 수는 없는 노릇이다. 두려움의 렌즈를 끼고, 또 속지 않겠다는 의심의 눈초리를 하고 관찰해보고자 한다. 무의미하지 않은 뭔가를 찾아보려 한다. 목표에 가닿을 수 없을지는 몰라도, 시도는 해보려 한다. 일단 태어난 이상, 다른 선택지가 없다.

차례

1부
새로운 글로벌 경제가 온다

2부
다른 호모 이코노미쿠스의 등장

THE WORLD AFTER THE GREAT SHOCK

1부

새로운
글로벌 경제가
온다

바이러스가 촉발한
세계 경제 균열의 역사

코로나바이러스를 막는 방법은 간단하다. 손을 씻는다, 마스크를 쓴다, 불필요한 접촉을 삼간다, 그러기 위해 사회활동을 줄인다. '사회적 거리두기'다. 이 간단한 거리두기만 완벽하게 실천한다면 전염병 확산을 막을 수 있다. 이렇게 간단한데 왜 우리는 2020년 시작된 코로나19 대유행과 그 거대한 피해를 피할 수 없었을까?

간단하지만 완벽한 실천은 쉽지 않다. 인간은 사회적 동물이다. 우리는 홀로 존재할 수 없다. 구체적으로 표현하자면, 80억 명의 인간들이 밀도 높은 도시에 몰려 살고 거미줄처럼 연결된 교통망 속에서 교차하기 때문이다. 이런 상황에서 육식 수요를 충당하기 위해 집약적 가축 사육을 한다. 또 다양한 병원균을 보유한 야생동물들과 빈번히 접촉한다. 그래서 이른바 '바이러스 폭풍'[6]을 피하기는 너무 어렵다. 전 인류가 거리두기를 말하고 실천해도 그렇다.

뒤집어 말하면, 거리두기를 모르거나 실천하지 않으면 피해는 어마어마하게 커진다. 100년 전의 바이러스, 스페인 독감(1918~1920)이 그 증거다. 당시 인류는 거리두기는커녕 정반대로 행동했다. 사회적 활동을 극대화했다. 어리석은 짓이었다.

그 사회적 활동이란 바로 제1차 세계대전(1914~1918)이다. 이 때문에 미국에서 확산되던 바이러스가 유럽으로 퍼졌다. 우드로 윌슨 당시 미국 대통령(1913~1921 재임)의 참전 결정에 따라 1918년 5월까지 수십만에 달하는 미군과 근로자들이 군 수송선에 빼곡히 몸을 싣고 매달 대서양을 건넜다.[7]

제1차 세계대전 막바지였던 10월과 11월, 바이러스는 구대륙을 흠뻑 적셨다. 그리고 세계로 전파됐다. 세계 인구 18억 가운데 5억 명이 감염되고, 5천만 명이 숨진 것으로 추정된다.

무차별 확산 바이러스는 윌슨 대통령도 덮쳤다. 코로나19 전후의 세계 정치·경제를 다룬 《애프터쇼크》에서 콜린 칼은 윌슨 대통령의 감염에 주목한다. 그의 감염이 세계사를 바꿨다는 흥미로운 가설을 제기한다. 윌슨 대통령은 파리 강화회담에 참석했다가 감염돼 병약해지는 바람에 강화회담을 지론대로 이끌지 못했다. 그는 평소 패전국(독일)에 지나친 부담을 주는 강화에 반대했고, 세계 평화를 위한 새로운 제도 마련을 주창했다. '승리 없는 평화'를, 단죄보다는 지속 가능한 평화를 주장했다. 문제는 바이러스였다. 병에 걸려 기력을 잃은 뒤 강경파인 프랑스의 클레망소 총리 등에 적절히 대응하지 못했다.

그 결과는 독일에 가혹한 배상책임을 묻는 혹독한 '카르타고식 평화'였다. 그 바람에 독일은 극심한 고통을 받았고, 결국 히틀러의 통치 아래 또 다른 전쟁으로 걸어 들어갔다. 제2차 세계대전이다. 사실이라면, 바이러스가 역사를 바꿨다는 이야기로 들릴 수 있다.

이 바이러스는 1918년의 식민지 조선에도 상륙했다. 비행기가 없던 시절이고 조선은 그다지 개방되지도 않은 나라였지만, 바이러스는 침투했다. 기록을 보면 조선에서는 한국인과 일본인이 모두 같은 비율로 독감에 걸렸다. 이렇게 감염률은 같았지만, 사망률은 달랐다. 한국인 사망률이 일본인의 2배 가까웠다. 생활환경의 차이와 보건 의료 혜택의 차이 때문이다.

과학전문 언론인 로라 스피니는 바이러스가 "식민주의의 정의롭지 못함을 만천하에 드러내 보여주었다"라고 했다. 공교롭게도 1919년 3월이 되었다. 일본의 식민지배에 저항하는 독립운동이 일어났다. 일본은 폭력으로 진압했다.[8]

여기까지 듣고 '바이러스가 정말 강력하구나' 하고 감탄한다면 번지수를 잘못 짚은 것이다. 바이러스가 역사를 바꿨다? 3.1 운동을 촉발했다? 어림없는 소리다. 바이러스는 그저 '숙주에 의존하는 작은 감염성 입자'다. 전염을 통해 생존을 이어가는 의존적 존재일 뿐이다.

바이러스는 무대를 만들 뿐이다. 전염병이 창궐하면 사람들은 두려워한다. 일상은 사라진다. 균열이 생긴다. 이 균열이 일종의 무대다. 그리고 연극이 펼쳐진다. 주제는 '인간 세상의 진정한 풍경' 정도 되겠다. 장면 하나하나는 흔하디흔한 풍경이다. 다만 무대 위에서 펼쳐지기에 도드라져 보인다. 주목도가 커진다. 바로 그 무대 위 역사적 사건에서 우리는 '인간성'을, 그리고 '인간 사회의 진실'을 본다.

시민의 운명은 때로는 어리석고, 때로는 나약한 지도자들의 결정에 의해 좌우된다. 지도자들이 특별히 더 견디기 어려운 존재여서는 아니다. 딱 평범한 인간이 어리석고, 또 평범한 인간이 나약한 그만큼 모자라고 병약하다. 이 취약성이 평소에는 큰 해를 끼치지 않는다. 다만 결정적 균열의 순간에 해를 끼친다.

프랑스가 관철한 '독일이 감당할 수 없는 가혹한 배상'이 그 예다. 승리자로서 패배자를 처벌한다고 믿었겠지만, 실은 제2차 세계대전이라는 부메랑이 되어 프랑스를 결박했다.

인간의 지혜는 그 결박을 풀 수 있다. 돌이켜보면 윌슨이 주창한 '승리 없는 평화'가 그 지혜였다. 제1차 세계대전은 제국주의 충돌의 결과지 선과 악의 대결은 아니었다. 승자가 패자를 처벌하는 구질서보다는 제국주의를 끝내고 평화를 제도화할 새 질서 구축이 현명했다. 비극은 병약한 윌슨의 몸이었다. 바이러스에 침식되자, 그는 지혜를 발휘할 힘을 잃었다. 인간의 몸은 그렇게 연약하다. 따라서 윌슨의 이야기에서 드러나는 것은 바이러스의 힘이 아니다. '어리석음'이나 '나약함' 같은 인간의 본질적 취약성이다.

식민지 조선의 3.1 운동 역시 바이러스가 촉발한 일은 아니다. 바이러스로 인해 인간사의 영원히 변치 않는 진실이 극적인 방식으로 드러났을 뿐이다. 그 진실은 '사회적 지위의 높고 낮음이 똑같은 재난을 전혀 다른 방식으로 경험하게 만든다'는 점이다. 바로 그 정의롭지 않은 인간사의 진실이 3.1 운동을 불렀다. 동서고금을 관통하는 이 진실을 오늘날의 우리는 '불평등'이라고 부른다.

2020년 인류에게 닥친 코로나19도 100년 전 바이러스와 꼭 같은 역할을 했다. 거대한 균열이었고 충격이었고 휴지기였다. 무수히 많은 인간사의 진실이 이 거대한 바이러스가 촉발한 균열을 통해 드러났다. 이 책은 바로 그런 균열에 흐름을 부여해보려는 시도다.

주로 경제적인 관점에 집중할 것이다. 코로나 전, 효율성의 극단까지 추진된 '세계화'와 '국제 분업'이 위기를 맞았다. 바이러스가 조성한 위기 속에서 공급망은 극심하게 뒤틀렸고, 세계 경제를 한 번도 경험하지 못한 병목현상으로 밀어 넣었다. 또 지구촌의 돈이 흐르는 방식, 위기가 확산하는 방식, 그 위기를 막는 방법도 다시 한번 확인시켰다. 오직 패권국가의 중앙은행만이 무질서와 혼돈을 막을 수 있는 주체였다. 물론 그 역할은 이후 상상하지 못한 부작용으로도 이어졌다.

그 과정에서 정치적 실태도 드러났다. 바로 '미·중 분쟁'이다. 두 정치 세력의 충돌은 코로나19 대응을 사이에 놓고 격화됐다. 다시 한번 강조하지만, 이 분쟁은 결코 코로나가 만든 이야기가 아니다. 본질은 수면 아래서 언제나 흐르고 있던 거대한 물줄기의 흐름이다.

이 모든 정치·경제의 상호작용은 잊혔던 한 단어를 소환했다. 인플레이션이다. 물건의 전반적인 가격이 오르는 현상이다. 유명한 좌파 경제학자 로버트 하일브로너는 "1990년대를 지나 2000년대에 들어서면서 더는 현실적인 문제가 아니게 됐다"라고 단언했다. 과거에 존재했으나 지금은 무의미한 존재가 되었다는 의미에서 인플레이션이 "망령spector이라고 부를 정도는 되었다"[9]라고까지 했다. 그게 되살아났다.

벌써 긴장하고 몸을 배배 꼬는 당신이 느껴진다. 무겁고 고리타분한 이야기를 예감한 몸의 반응이다. 코로나에 경제에 세계 정치라니……. 무거워진 눈꺼풀이 떨어지며 파르르 떨리는 진동이 느껴지는 것만 같다. 겁쟁이 기자는 또 두려워진다.

그래서 일종의 유인 낚시를 해볼까 한다. 미끼는 호떡이다. 찬바람 불면 생각나는 호떡. 그 호떡집 앞에 늘어선 줄에서부터 이야기를 시작해보려고 한다. 끝까지 따라온다면 꽤 재미있는 그림 하나가 머릿속에 펼쳐질 것이다. 그 그림은 '공급망 병목'에 대한 것이지만, 더 큰 이야기의 한 조각이기도 하다.

그건 바로 2020년 이후 벌어지는 글로벌 시장경제의 대전환이다. 1부 전체가 그것에 관한 이야기다. 때로는 '21세기 첫 인플레이션'에 관한 이야기처럼 보일 것이고, 때로는 '권위주의 지도자의 인질극'처럼 보이기도 할 것이다. 경제와 복합적으로 연계된 '글로벌 패권 경쟁'의 첫 페이지를 엿볼 수도 있다.

중요한 것은 물줄기의 흐름이다. 현상들의 '점'을 이어 '선'을 그리고, 여러 선을 모아 물결치는 파도같이 흐름이 있는 이야기로 펼쳐보겠다. 당신이 무릎을 탁 치면서 "아, 지금 벌어지는 일에 그런 맥락에 있군!"이라고 깨닫게 된다면 성공이다.

그 시작이 호떡집에 늘어선 긴 줄이다.

01

공급망 쇼크:
기다림이 늘어나는 이유

호떡 공급의 경제학

남대문 시장에는 명물 호떡집이 있다. 이 집 꿀(흑설탕 믹스)에 혀를 한 번도 안 데어본 사람은 있을지 몰라도, 한 번만 데어본 사람은 없다.

춤을 추듯 리드미컬한 동작으로 반죽을 떼어내, 정확한 손 계량으로 흑설탕 믹스를 투입한 다음 반죽을 오므려 감춘다. 그 뒤 기름의 바다에 던져 튀기듯 구워낸 뚱뚱한 호떡. 동장군이 찾아오면 자동반사처럼 떠오른다.

그래서 줄을 선다. 가게 앞에는 늘 줄이 있다. 게다가 호기로운 사장님, 한 대야 분량의 반죽이 떨어지면 하루 일을 접는다. 빠르면 두 시, 그날그날 폐점 시간이 다르다. 별수 없다. 줄이 길어도 영업 중이기만 하면 줄을 설 수밖에.

이 호떡 가게에서 그리 멀지 않은 거리에 호떡집이 여러 개 있다. 가게마다 줄은 있다. 보통 대기는 그리 길지 않다. 5~10분. 하지만 휴일, 몇 집이 문을 닫는다면? 문을 연 곳의 줄은 2배로 길어진다.

줄이 2배가 되면 기다림도 2배가 될까? 아니다, 기다림은 2배 이상이 된다. 그 줄은 좀처럼 줄지도 않는다. 경험상 그렇다. 왜 그럴까? 간단한 산수를 해보겠다.

한 번에 구워지는 호떡의 양은 일정하다. 계산 편의상 한 번에 5개를 굽는다고 가정해보자. 시간은 4분이 걸린다. '모차렐라 야채 치즈 호떡'을 주문하자 리드미컬하게 완성한 반죽을 기름의 바다에 투척(여기까지 1분)한 셰프가 "3분 뒤에 오세요"라고 했다. 합하면 총 4분이 걸리는 셈이다.

10명이 줄을 서고, 1인당 구매량은 1.5개라고 하자(둘이 와서 호떡을 하나씩 먹은 뒤 모차렐라 호떡 하나를 더 나눠 먹는다고 하자). 이 역시 계산 편의를 위한 가정이다.

재고도 생각해야 한다. 호떡은 패스트푸드라기에는 애매하지만 주문받아야 제작하는 슬로푸드도 아니다. 셰프는 손님이 없어도 일정 분량의 호떡을 만든다. 호떡집에 가면 늘 한쪽에 호떡이 쌓여 있지 않던가. 그 재고를 10개라고 가정하자. 그러면 마지막 10번째에 줄 선 손님은 언제 호떡을 먹게 될까?

다음 계산에 따르면 4분 후다.

| 그림 1-1 | **호떡 공급의 경제학**

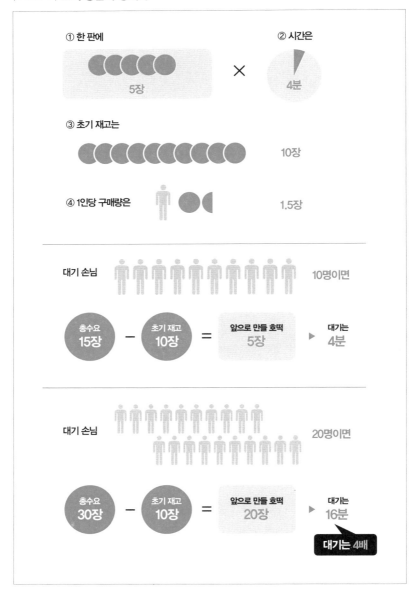

만약 다른 가게가 문을 닫아 한 가게에 20명이 줄을 섰다면? 이 경우 기다리는 시간은 2배인 8분이 아니라 16분이 된다. 4배로 늘어난다. 총 수요(30장)에서 초기 재고(10장)를 뺀 만큼(20장)을 만들려면 네 번의 사이클이 필요하기 때문이다.

이마저도 다른 모든 조건이 동일할 때, 즉 '세테리스 파리부스^{Ceteris} Paribus'의 계산이다. 경제학은 현실에 관한 이야기지만 현실을 정확히 반영하지는 못한다. 수학과 논리로 현실을 추상화하는데, 이때는 여러 비현실적인 '설정'이 필요하다. 실험실처럼 '먼지도 없고 오염된 공기의 유입도 없으며 0.1mm의 오차도 없다'라고 가정한다.

호떡집의 예에서도 마찬가지다. 비가 와서 줄이 줄어든다거나 호떡을 굽던 주방장 손등에 기름이 튀어서 병원에 간다거나 하는 돌발 상황은 일어나지 않는다고 가정한다. 다소 비현실적인 가정일지 몰라도 이게 없으면 실험 자체가 성립하지 않는다.

이렇게 전제하고 기다리는 시간이 4배가 된다는 잠정 결론을 도출했는데, 문제는 실제 상황은 더 심각할 수 있다는 점이다. 이를테면, 평소보다 많은 손님 때문에 피곤해진 셰프의 속도가 느려질 수 있다. 갑자기 흑설탕이나 식용유가 떨어져 편의점에 다녀와야 할 수도 있다. 손님이 평소보다 갑절 많아지면 예기치 못한 상황이 발생할 확률도 높아진다. 이런 돌발 상황은 기다림을 더 늘릴 것이다.

더 큰 변화는 사람의 마음속에서 일어날지도 모른다. 평소보다 더 긴 기다림이 호떡 소비량을 늘릴 수 있다. 손님들에게서 이른바 '본전 심리'가 작동할 수 있다. "20분이나 기다려 호떡 하나 반 먹고 돌아선다고? 아까워서 안 되겠다. 최소 2개는 먹어야겠어"라거나 "기다린 김에 좀 사 가서 애들도 줘야겠다"라면서 대량 주문을 넣을 수 있다. 혹은 "이렇게 오래 기다리다니 맛집인 게 분명해. 주변에 좀 나눠줘야지. 1개는 바로 주시고, 10개 싸주세요"라고 급발진할 수도 있다.

전시효과도 있다. 길을 가다 사람들이 몰려 줄을 서는 가게를 봤을 때 당신은 무슨 생각을 하는가? 대부분은 '저 집 맛집인가?'라고 생각할 것이다. 줄이 길면 사람이 더 몰리고, 그래서 줄은 더 길어진다. 인간의 심리와 행동은 때로는 비합리적이다.

이런 인간의 비합리성을 호떡집 주방장이 이용하고 싶어지는 천인공노할 상황 역시 발생하지 말라는 법이 없다.

'줄이 길면 맛집 같아 보이겠지? 4분이면 호떡 한 판을 구울 천의무봉한 손동작을 가지고는 있지만, 조금 천천히 만들어서 줄이 더 길어지면 더 많은 사람이 몰리지 않을까?'

뒷사람의 더 긴 기다림, 그리고 그에 대한 분노는 상황을 개선하지 못한다. 어쩔 것인가, 호떡집의 줄은 철저히 선입선출 원칙에 따르는걸.

그리하여 만약 전제조건이었던 평균 주문 개수가 1.5개에서 2개로 늘어난다면? 계산에 따르면 {(40-10)/5}×4=24로 기다림은 24분, 6배로 늘어난다. 또, 여기서 셰프가 일부러 속도를 조절해 한 사이클을 5분으로 늘리기까지 한다면? {(40-10)/5}×5=30이니까 기다림은 30분, 무려 7.5배가 된다.

줄이 30% 길어진다면? 기다림은 더 길어진다.

채찍효과에 휘둘리다

MIT 경영학 교수인 요시 셰피는 코로나 이후 공급망 충격을 《뉴 애브노멀》에서 설명하면서 '채찍효과Bullwhip Effect'라는 개념을 알려준다. 채찍효과란 소비자 수요의 변화가 서플라이체인(공급망) 상류로 올라가며 또 다른 변화를 강제하면서 증폭된다는 뜻이다. 즉, 초기 한 단위의 변화가 마지막 단위에서는 여러 단위의 더 큰 변화로 증폭될 수 있다는 것이다. 채찍효과는 반대로도 발생한다. 수요가 10% 줄면 주문 감소는 더 증폭되어 매출과 이익은 30~40% 이상 줄어들 수 있다.

코로나바이러스는 채찍효과가 양(+)의 방향으로도 혹은 반대로 음(-)의 방향으로도 발생하게 했다. 우선 전 세계가 동시에 셧다운(봉쇄)되면서 채찍효과가 역(-)의 방향으로 극대화되었다가, 순식간에 태세를 전환해 양(+)의 방향으로 극대화되는 상황을 만들었다. 채찍효과가 작용하는 경제 공간이 급히 수축한 뒤(주문이 얼어붙은 뒤) 바로 용수철처럼 급팽창(주문이 폭주)한 것이다. 지금껏 연구해보지 못하고 상상하지도 못한 상황이 펼쳐졌다.

이때 중요한 건 주문의 스피드다. 제조업체는 부품이 필요한데 멈춰 선 공급업체가 다시 활동을 재개해 제조업체에 부품을 보내기까지는 몇 주, 몇 달이 걸릴 수 있다. 수요가 구체화하기 전에 소매업체가 제조업체에, 제조업체는 자신의 공급업체에 주문을 넣어야 한다. 그러지 못하면 잠재적 매출 손실이 발생한다. 그러므로 경기 회복기에는 수요가 구체화하기 전의 주문 타이밍이 승자와 패자를 구별 짓는다.[10]

'일시적인' 사건들

2020년과 2021년 초반까지 경제계를 지배한 단어를 꼽으라면 '일시적'이라는 말이다. 전 세계 경제에 일시적 병목현상이 벌어졌다. 갑작스러운 경제 봉쇄 이후 경제 정상화에 따른 공급망 병목이다.

'일시적'이라고 하면 'temporary'라는 단어가 먼저 떠오르겠지만, 전문가들은 한결같이 'transitory'라는 단어를 썼다. 미세한 차이가 있다. 'temporary'가 단순히 시간의 길이가 짧다는 의미의 '잠시'라면, 'transitory'는 어떤 '과정의 중간'이라는 맥락을 담고 있다(예를 들어 비행기에서 저 비행기로 갈아타는 환승을 'transit'이라고 한다).

미국의 중앙은행인 연방준비제도(이하 연준) 제롬 파월 의장이 '일시적'이라는 단어를 입이 닳도록 말했다. 유럽중앙은행ECB의 라가르드 의장도 입에 올렸고, 일본 중앙은행의 구로다 총재도 말했다. 우리의 이주열 전 한국은행장도 자주 언급했다. 사실 한때 모두가 이 단어를 말했다. 시장은 단기에 왜곡될 수 있지만, 장기에 스스로 문제를 해결한다는 믿음이 그들의 머릿속에 있었을 것이다.

"몰린 수요를 해소하는 데 많은 시간이 걸리진 않을 것이다."

"급해서 여기저기 반복 주문을 넣었더라도, 필요한 양이 채워지면 과다 주문은 취소할 것이다."

"수요에 맞춰 공장 설비가 늘고 생산이 늘면 해결될 것이다."

그러나 그렇지 않았다. 병목현상이 풀리지 않았다. 너무 오래 지속되는 병목현상, 해소 기미가 없는 흐름이 장기간 지속되었다. 더 이상

일시적이라고 표현할 수 없게 됐다. 그때 벌어진 일을 보자.

중국 전력난

2021년 하반기 중국의 전력난이 전 세계를 강타했다. 중국이 '전기가 없어서' 공장을 못 돌렸다. 이유는 석탄이었다. 석탄 발전에 문제가 생겨서다.

'21세기에 석탄 발전이라니?' 싶겠지만 중국은 전기 생산량의 60% 안팎을 석탄 화력 발전에 의존한다. 짧은 시간 급속히 성장하는 개발도상국들은 더 싼 에너지원에 의존하는 경향이 있다. 인도도 비슷하다.

코로나 팬데믹 이후 중국 1선 도시(주로 해안가에 있는 중국의 주요 상공업 도시)들의 전기 수요가 일시적으로 증가했다. 공급망 재개에 따른 채찍효과로 주문이 폭증했기 때문이다.

중국은 내수 석탄 생산을 늘렸다. 90%를 자급자족할 정도로 생산량이 많으니 어려운 일은 아니었다. 증가분은 상당 부분 상쇄했다. 문제는 수입이었다. 석탄 수입은 도리어 감소했다. 그래서 공급이 수요를 채우지 못했고 전력난이 발생했다. 광둥, 선전, 장수성 같은 중국의 연안 핵심 공업지대에서 철강·화학 공장 다수가 격일제로 공장을 돌렸다. 이처럼 중국 산업에 차질이 생기자 세계 제품 공급도 차질을 빚었다.

중국에 진출한 외국 업체들의 제품 생산은 직접적인 차질을 빚었다. 장수성에는 한국의 포스코 공장이 있다. 포스코는 2주 넘게 생산 차질을 빚었다. 상하이에는 테슬라 공장이 있다. 애플은 선전 등 곳곳에 조립, 패키징 공장을 두고 있다. 모두 생산 차질을 빚었다.

좀 더 자세히 보면 구조적 문제도 있었다. 여러 원인이 섞여 채찍효과를 증폭했다.

① 친환경 전환

중국은 너무 높은 석탄 의존율(60% 안팎이다) 때문에 국제사회의 지탄을 받는다. 의존율을 줄여야 한다. 그래서 시진핑 주석이 직접 "2030년부터 이산화탄소 배출량을 감축하기 시작해 2060년에는 탄소중립을 달성하겠다"라고 선언했다.

② 베이징 동계 올림픽(2022년 2월)

베이징의 하늘은 뿌옇기로 유명하다. 심할 때는 말 그대로 한 치 앞도 안 보인다. 매연 때문이다. 올림픽 때 그러면 곤란하다. 2021년 하반기에 석탄 발전 자제령이 내려진 이유다. 기업가들도 그에 맞춰 기대를 조정했다. 단기적으로는 탄력적으로 생산량을 높이기 어려운 환경이 또 하나 더 자리했다.

③ 호주와의 무역 갈등

해외에는 정치적 장애물이 더해졌다. 중국은 2020년 4월, 호주에 대한 무역 보복에 나섰다. 미국이 주도하는 '코로나 발원지 조사(라고 쓰고 '중국 조사'라고 읽는다)'에 호주가 동의했기 때문이다. 호주산 와인, 바닷가재, 소고기 등에 대해 전방위 무역 보복을 가했고, 석탄 역시 여기 포함됐다. 이 조치 역시 석탄 공급의 안정성을 훼손했다.

중국은 이 '보복'을 호주 경제를 겨누는 비수라고 생각했다. 2000년대 후반 일본과의 센카쿠 열도 갈등 과정에서처럼 말이다. 당시 반도체 핵심 소재 '희토류'를 수출하지 않는다고 협박해 일본의 항복 선언을 받아냈다. 한국도 비슷한 경험이 있다. 사드 국면에서 중국이 보인 관광과 문화교류 차단 같은 조치다. 같은 방식으로 호주도 길들이려 했다. 결론적으로 이는 자충수가 됐다. 채찍효과의 세계에서 세계적 원자재 랠리가 펼쳐졌다. 2021년 이후 석탄 가격은 다른 원자재와 마찬가지로 급등했는데, 중국은 안정적 공급처를 제 발로 차버린 격이 됐다.

④ 기상이변

날씨도 악재였다. 탄광지대에 홍수가 찾아왔다. 2020년 10월 초에 때아닌 가을 폭우가 중국 최대 석탄 생산지인 산시성을 덮쳤다. 중국 석탄 3분의 1이 생산되는 지역에 이재민이 무려 200만 명 발생했다. 60개의 석탄 광산 가동이 중단됐다. 엎친 데 덮친 격으로, 북부지방엔 폭설과 한파가 찾아와 전기 수요는 급증했다.

⑤ 민간 전력회사들의 전력 공급 중단

그 결과가 중국의 발전용 석탄 부족 사태다. 중국이 수입하는 석탄의 비중은 전체 소비의 10%에 불과했고, 호주에서 수입하는 분량은 그 절반 정도에 불과했다. 문제는 '마지막 한 단위의 부족분'이 만들어낸 거대한 채찍효과였다. 코로나 이후 세계에서 중국은 속절없이 흔들렸다. 2021년 10월, 석탄 가격은 역사적으로 유례없는 수준까지 치솟았다.

원가 부담에 중국 민간 전력회사들의 전기 공급 비용이 치솟았다. 그런데 판매 가격은 정부가 통제한다. 마치 한국의 한국전력처럼 손해 보고 장사해야 하는 상황이 됐다. 그러자 민간 회사들은 드러누워버렸다. '손해 보고는 장사 못 한다'고 했다. (중국은 정부가 모든 걸 통제하는 것 같지만, 사실 경제 시스템의 상당 부분이 정치 권력의 통제 밖에 있다.)

| 그림 1-2 | **중국 발전용 석탄 가격 그래프**

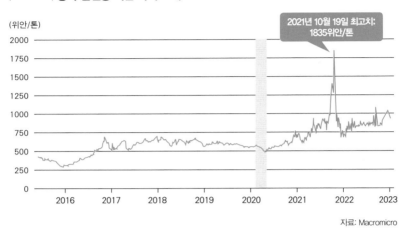

(위안/톤)

2021년 10월 19일 최고치:
1835위안/톤

자료: Macromicro

호떡집 장사는 선입선출 원칙의 세계라고 했다. 먼저 줄 선 사람이 먼저 받아간다. 병목이 있으면 기다리면 된다. 이 호떡 공급의 병목은 최악의 경우에도 기다림의 증가를 의미할 뿐이다.

글로벌 비즈니스 세계는 '가격기구의 조정'이 지배한다. 실제 글로벌 경제에서 사람들은 호떡 경제에서처럼 기다리는 대신 가격을 더 높게 부른다. 시간은 돈으로 환산된다.

석탄이 부족하자 중국은 평소 이상의 주문을, 평소 거래하지 않던 여러 대륙, 여러 업체에 해야 했다. 급하니 주문량은 필요량의 몇 배가 되기도 한다. 어디서 먼저 석탄이 날지 모르니 반복 주문도 넣었을 것이다. 그렇게 여러 대륙, 여러 업체에 채찍효과가 전파됐을 것이다. 이렇게 주요 경제주체의 행동 양식이 바뀌면서 '다른 모든 조건이 동일할 때'라는 전제조건도 무너졌다.

중국만 그런 것도 아니다. 또 다른 세계의 공장, 인도 역시 마찬가지였다(심지어 탄광지대 홍수도 같이 겪었다). 석탄을 사용해 발전을 하는 모든 시설이 병목현상을 겪었다. 동시다발적 병목현상에 석탄 가격이 로켓처럼 튀어 올랐다. 세계적 에너지, 원자재, 곡물가 대란의 바탕에는 동일한 원리가 작동한다.

요소수 대란

사실 세계 정치나 경제에 무슨 일이 일어나면 우리는 늘 당한다. 경제도 탄탄하고 외환 보유고도 많으니 '이번엔 피해 가나' 기대도 하지만 어림없다. 부정적 영향은 빗겨 가는 법이 없다.

코로나 초기 중국에서 '전선 뭉치(와이어링 하네스)'가 안 와서 현대차 생산라인이 멈춰 섰다. 현대 기아차는 그 뒤로도 지속적으로 반도체가 부족해서 생산을 못 하는 상황을 겪었다. 2022년 중국이 '제로 코로나'를 선언하며 상하이를 봉쇄하자 광주 글로벌 모터스의 현대차 캐스퍼 위탁생산 라인이 멈췄다.

그러나 뭐니 뭐니 해도, 이 기다림의 목록에서 가장 황당한 사건은 '요소수 대란'이다. 요소는 사실 몸에서 생성되면 찌꺼기다. 단백질이 소화된 후 남은 찌꺼기로, 소변이 되어 몸 밖으로 나온다. 몸에는 필요가 없는 물질이다.

요소는 밭에서는 비료가 된다. 소변이 거름이라고 우기는 친구들 말의 근거가 여기 있다(물론 소변을 바로 주면 큰일 난다). 그냥 비료가 아니고 현대 농업의 틀을 바꾼 화학비료다. 해방 전후 북한의 공업이 발달했다고 얘기할 때 이 공업은 '비료 산업'을 뜻했고, 요소 공장을 의미했다. 지금도 요소는 생산되면 90%가 비료로 사용된다.

그런데 이런 요소가 대한민국 물류 운송망을 마비시킬 뻔했다. 요소가 뜻밖에 디젤 자동차에도 필요했던 것이다. 디젤 엔진의 구동에 관여하지는 않는다. 다만 디젤 엔진 구동으로 발생하는 질소산화물^{NOx}과 같은 나쁜 배기가스를 저감한다. 요소를 희석한 용액에 이 배기가스를 통과시키면 질소산화물 등 대기 오염물질이 방출되지 않는다. 그래서 환경오염을 방지할 수 있다.

미세먼지 문제가 심각했기에 정부는 환경규제를 강화했고, 새 차에는 이 요소수 저감 장치를 의무화했다. 화물차는 저감장치가 작동하지 않으면 운행할 수 없게 엄격히 규제했다. 그런 상황에 갑자기 요소수 공급에 문제가 생긴 것이다. 중국이 앞서 살펴본 전력난을 이유로 요소수의 수출을 전면 중단했기 때문이다.

한국의 차량용 요소수는 거의 전량 중국이 만든다. 중국 요소수는 대부분 석탄으로 만든다. 석탄 가격이 급등하자 중국은 모든 석탄과 석탄 관련 제품 수출을 동결했다. 사태가 갑자기 심각해졌다. 중국산 값싼 요소에 거의 전적으로 의존하고 있었기 때문이다. 한국에서는 생산하지 않았고, 중국보다 먼 나라에서 가져오지도 않았다. 한국 원자재 공급망의 감춰졌던 현실인데, 이게 요소수로 인해 드러났다.

가격은 천정부지로 올랐고, 정부는 매점매석을 단속했다. 1회 구매량 제한 조치까지 나왔다. 청와대가 나서서 호주에서, 베트남에서 급히 물량을 가져왔다. 그것도 비행기로 가져왔다. 아마도 운임이 꽤 많이 들었을 것이다. 그래도 해소는 안 됐다. 중국이 막던 수출을 다시 열어준 뒤에야 사태는 한숨 돌릴 수 있게 진정되었다.

이것이 나비효과인지 채찍효과인지 규정하기는 애매하다. 다만 분명한 것은 생산 단계에서 벌어진 작은 병목과 수요 급증이 전혀 예상치 못한 분야에서 상상하지 못했던 거대한 경제 충격으로 이어질 수 있다는 점이다.

미국의 반도체 공급망 조사

원자재 공급망의 한 상징이 중국의 전력난이었다면, 국제 제조업 분업에서 병목의 상징이 된 장면이 있다. 2021년 4월 12일 글로벌 주요 반도체 기업 관계자들이 참석한 반도체 공급망 화상회의에서 바이든 미국 대통령이 "이게 필요하다!"라면서 반도체 웨이퍼를 들고 흔들었다. 당시 전 세계 언론이 그 장면을 앞다퉈 보도했다.

바이든이 어지간히 답답했던 모양이다. 반도체가 부족해 차를 못 만드는 상황이 왔기 때문이다. 우리는 반도체 하면 스마트폰이 먼저 생각나지만, 바이든의 머릿속은 자동차용 반도체로 가득했다. (자동차는 전자기기화되어 한 대에 수백, 수천 개의 반도체가 필요한 기계가 되었다. 전기차가 아닌 내연기관차도 그렇다.)

인플레이션이 걷잡을 수 없이 가팔라진 최초의 원인은 자동차 가격이었다. 미국의 자동차 생산이 차질을 빚고, 그 결과 중고차 가격이 미친 듯 뛰어올랐다. 에너지 가격 상승을 뺀 2021년 미국 물가 상승률의 3분의 1을 자동차 한 품목이 들어 올렸다.

바이든은 필시 '이 정도 시간이 지났으면 반도체 공급 문제는 해결되어야 하는데, 왜 안 되지? 누가 장난치나?' 하고 생각했을 것이다. 앞서 호떡 경제에 비유해보자면, 호떡 가게 사장이 장난을 치는지 의심한다는 얘기다. '반도체 파는 회사가 이 공급망 병목을 더 즐기려고 일부러 생산을 지연시키나?' 하고 말이다.

물론 실제 상황은 좀 더 복잡한 인과관계 아래 놓여 있었다. 우선 '미국 정부 부양책의 치명적 영향'이 있다.

① 돈을 너무 많이 뿌렸고

트럼프 대통령은 코로나19 부양책을 5차례 내면서^{Cares} 모두 3조 3000억 달러를 쏟아부었다. 바이든 대통령 역시 1조 9000억 달러 규모의 부양책^{ARP}을 냈다. 합치면 5조 2000억 달러다.

이는 2008년 금융 위기 재정투입액 1조 5000억 달러의 3.5배다. 2022년 5월 《에포크타임스》와 가진 인터뷰에서 재닛 옐런 재무장관은 바이든의 거대 지출이 "인플레이션을 먹여 살렸다"라고 실토했다.[11]

생각해보면 간단하다. 사람들은 코로나로 인해 일하지 않았고 밖에 나가지 않았다. 외식

| 표 1-1 | **미국의 코로나 부양책 예산**

트럼프 추경(Cares) 2020		바이든 추경(ARP) 2021	
실업급여	월 500만 원	실업급여	월 400만 원
전 국민 지원금	1인당 최대 140만 원	전 국민 지원금	1인당 최대 180만 원
급여 지원(PPP)		소상공인 현금 지원	

도 하지 않고 여행도 가지 않았다. 그런데 부양책으로 매달 수백만 원의 현금을 지급받았기 때문에 돈은 부족하지 않았다. 그러면 어떤 일이 벌어질까?

② 사람들은 이 돈으로 반도체 들어간 제품만 샀고

집 안에 있는 시간이 길어지니 TV를 산다. 냉장고도 더 커져야 한다. 회의를 화상으로 하니 웹캠이 필요하고 노트북이 필요하다. 집 안에서 사용할 수 있는 신형 운동기구도 산다. 대중교통을 이용하지 않아 더 필요해진 자동차도 산다. 하루 종일 손에 들고 있는 스마트폰도 더 좋았으면 싶다. 그래서 스마트폰도 산다.

이 모든 물건에 반도체가 들어간다. 희한하게도 사람들은 반도체가 들어가는 소비만 늘렸다. 반대로 반도체가 안 들어가는 소비(크루즈 관광 같은 여행, 외식, 놀이공원, 의류)는 하지 않았다. 부양책이 반도체 수요를 늘린 셈이다.

③ 나가서 일하지 않으니 물건은 없다

안 그래도 교란된 공급망에 '가수요'가 낀다. 반도체가 부족하니까, 놀란 사람과 기업과 국가가 필요 이상의 반도체 주문을 세계를 돌아다니면서 넣었을 것이다. 결국 장난을 치는 사람은 미국 외부가 아닌 내부에, 그것도 백악관 안에 있었던 셈이다.

이 인플레이션이 바이든의 앞길을 가로막았다. 바이든의 핵심 공약인 '미국 인프라 구축 예산' 확보가 어려워진 것이다.

제조업을 다시 미국으로 불러들이고, 그러기 위해서 사회 인프라를 탄탄히 한다는 경제 정책(BBB: Build Back Better)은 단순한 경제 공약이 아니고 바이든 정부 정치 경제 공약의 근간이다. 이 계획에는 10년간 한국 돈 수천조 원에 달하는 천문학적 예산이 필요하다. 의회도 민주당이 장악한 상태라 문제가 없을 줄 알았는데 물가가 발목을 잡았다. 공약대로 이행하기가 어려워졌다.

정책 기반이 무너진다는 판단이 결국 삼성전자와 TSMC에 반도체를 대체 '누구한테 얼마나 주고, 지금 얼마나 생산하는지' 정보를 내놓으라는 윽박으로 이어졌다. 자본주의 심장에서 자기 나라 회사도 아닌 회사에다가 '반도체를 어디에 얼마나 어떤 우선순위로 공급하는지 장부를 좀 보자'고 했다. 어찌나 급했던지 냉전 때나 등장했던 국방물자법^{DPA}을 들먹이며 '정보 안 주면 재미없다'는 압박도 했다. 그만큼 답답했다.

모두가 틀리고 또 틀렸다

변화는 읽기 어렵다. 세계의 경제 석학들이 반복하던 '일시적 인플레이션'이란 말은 조롱의 대상이 됐다. 곳곳에 공급망 병목과 그 병목의 후폭풍이 불어닥쳤다. 경제가 이렇게 예측 불가능한 상황에 내몰릴 것이라고는 누구도 상상하지 못했다.

이 와중에 눈에 띄는 건 2021년 노벨 경제학상 수상자의 언론 인터뷰다. 데이비드 카드 교수는 한국의 《한겨레》 신문과의 인터뷰에서 코로나 팬데믹의 경제효과를 설명하는 게 너무 어렵다고 했다. "팬데믹을 분석하는 건 정말 어려운 일이다. 너무 많은 요소가 한꺼번에 교란되기 때문에 장담하건대 20~30년 뒤에도 우리는 실제로 무슨 일이 벌

어진 것인지 가려내는 중일 것"이라고 했다.[12]

　20~30년 안에 완전한 정답은 나오지 않는다는 얘기다. 이것도 노벨상을 수상한 저명한 경제학자의 예측이다. 그러니 다들 너무 자괴감 느낄 필요는 없다. 우선은 이것만 기억하면 된다.

　'줄이 2배가 되면, 기다림은(가격은) 4배, 6배 혹은 그 이상이 될 수 있다.'

　코로나 이후 공급 병목에 대해 경제학이 확실히 설명하는 건 아직 여기까지다.

'일상적 비상사태'의 시대

■ 효율 우선 경제가 저문다

자동차 회사는 부품을 다양한 공급처로부터 조달한다. 우선은 혼자 다 만드는 것은 불가능해서다. 내연기관 자동차는 수만 개, 비교적 구조가 단순한 전기차도 1만 5000개 정도의 부품이 필요하다.

직접 만들 때보다 더 효율적이고 효과적인 조달 방법도 존재한다. 이 넓은 세계 어딘가에는 볼트와 너트와 전선과 타이어를 완성차 업체보다 더 잘 만들고 더 싸게 만드는 회사가 존재한다. 그 회사들을 잘 찾아내서 공급망에 이어놓고 장기적이고 효율적인 파트너십을 맺는 게 더 낫다. 이걸 증명한 회사가 토요타다.

싼 부품을 빠르고 효율적으로 조달하자. 그걸 위해 세계 어디에서든지 싸게 또 빠르게 안정적으로 공급할 업체를 찾자. 세계화로 더 좁아진 지구촌 전체를 샅샅이 훑어서 최적의 공급망을 짜자. 거미줄처럼 치밀하게 온 지구를 이어보자.

소재와 부품 재고도 최소한으로만 보유하자. 그러면 보관에 들어가는 창고 비용, 재고 부담을 최소화할 수 있다. 부품을 사기 위해 융통해야 하는 돈도 줄일 수 있고 자금 회전 속도도 빨라지니 부채 부담도 줄어든다. 매몰 비용이 적으니 소비자 선호도나 요구사항이 바뀌면 더 신속하게 변화할 수 있다.

세계를 석권한 토요타의 이 혁신 전략은 적기$^{Just\ In\ Time}$(이하 JIT) 생산 방식, 린^{lean} 생산, 토요타 생산 시스템 등의 용어로 정식화됐다. 항해에 비유하자면 JIT는 눈에 보이는 암초를 확인해 치밀하게 계산하면 최적의 항로 도출이 가능하다고 믿는다. 최신 레이더와 축적된 항해 기술로 무장했기에 모든 변수를 사전에 계산할 수 있다. 이런 사고방식이라면 세상엔 정답이 존재하고, 똑똑하다면 이 최적의 결론을 찾을 수 있다.

문제는 상시적으로 만일의 사태에 대비해야 하는 공급망 병목의 시대가 도래했다는 점이다. 전염병 때문에, 또는 이웃 국가의 경제 보복 때문에, 아니면 미국과 중국의 패권 경쟁 때문에 상상도 못 하던 일이 벌어진다. 생산 차질이 일상화된다.

| 그림 1-3 | **눈에 보이는 위협 아래 최적화에 대응하던 글로벌 경제가 눈에 보이지 않는 위협과 같은 '만일의 사태'에 대비한 경제로 옮겨가고 있다.**

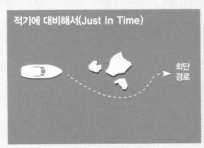

적기에 대비해서(Just In Time)

최단 경로

최단 거리·최저 비용으로 '효율성을 극대화'

만일의 사태에 대비해서(Just In Case)

만약의, 숨겨진 암초의 '위험에 대비'

중국의 석탄 부족이 우리 물류망 대란으로 이어질 수 있는 세상이다. 코로나라는 전염병의 전개와 경제의 충격이 미국 정부가 삼성전자에 '정보를 내라'고 압박하는 상황을 만들 수도 있는 세상이다. 이런 일은 끝없이 반복될 수 있다.

그러면 대비가 달라져야 한다. 기상이변이 잦아지면 30년 주기가 아니라 100년 주기의 강력한 홍수·태풍에도 맞설 수 있는 대책을 마련해야 하듯, 공급망도 그래야 한다. 수입처를 다변화하고 가능하다면 수입 국가도 다변화해야 한다. 정부가 나서서 그 방법을 강구하고 있다. 만일의 사태에 대비한 비상계획을 전방위로 확장한다. '어떤 상황이 닥치더라도' 공급망을 유지하기 위해서다. 비용보다 안정성이 중요한 시대다.

문제는 그렇게 대비해야 할 품목이 너무 많다는 점이다. 한국이 수입하는 원자재, 소재 가운데 단 하나의 나라에 80% 넘게 의존하는 품목은 무려 3900개에 달한다. 이 수많은 물품과 관련한 비상사태 대비 계획 작성을 피할 수 없다면, 그로 인한 비용 상승은 필연적이다. 그리고 그 비용 상승은 반드시 경제-산업적 원칙의 변화로 이어질 수밖에 없다.

재고 비용을 아끼려다가는 전선 뭉치가 없어 생산 자체를 못 한다. 요소 수입을 한 국가에 의존하면 물류가 마비될 수 있다. 항상 만일의 사태 Just In Case(이하 JIC)에 대비해야 하게 됐다.

쉽게 말하면 불확실성의 시대가 됐다. 세상은 더 알 수 없으며 위험하고 예측 불가능한 곳이 되었다. 세계가 평평하고, 돌발 변수가 없고, 시스템이 안정됐을 때의 정답은 더 이상 정답이 아니다.

전염병 대비는 일상이 될 것이다. 미·중 경쟁도 이제 상수다. 그에 따른 크고 작은 지정학적 변수도 곳곳에 돌출할 것이다. 이제 경제와 산업은 바로 이 만약에 대비하는 사고방식을 기본으로 장착할 것이다.

수출과 수입선 모두 다변화한다. 특정 희소물자는 늘 비축량이 충분해야 한다. 개별 기업 단위의 결정에도 국가가 개입해 관리해야 한다. 모두 비용 상승 요소다. 원가 부담의 상승이 발생할 것이다. 이것은 인플레이션을 부추길 요소다. 당장 이 변화된 세계에서 어떤 기업, 어떤 산업이 살아남을지를 놓고 치열한 논쟁이 벌어진다.

■ 중간재 수출하는 한국에는 불리하다?

한국 경제는 원자재 소재 가격을 비롯한 이런 비용 인플레이션에 취약하다. 국제 분업에서 한국 경제가 차지하는 위치 때문이다.

우리는 소재와 부품을 모아 중간재를 만든다. 그리고 수출한다. 수출 대기업들은 반도체나 배터리, 철강 같은 중간재를 만들어, 최종재를 만드는 세계의 고객에 판매한다. 공급망의 시작점이나 마지막이 아니고 가운데 어디쯤 있다.

이 중간재 산업은 비용 상승 국면에는 부정적 영향을 받는다. 원가가 올라간다고 해서 그걸 수출 가격에 그대로 반영하기는 어렵다. 왜 그럴까?

우선은 브랜드가 없어서다. 사람들은 자동차를 살 때 포스코 철강을 썼는지, 전기차 배터리 업체가 SK인지 CATL인지 따지지 않는다. 스마트폰 메모리가 마이크론 제품인지 삼성 제품인지도 따지지 않는다. 독점력도 없다. 그나마 1위를 차지하는 반도체는 그저 시장 사이클에 따라 가격이 움직인다. 삼성과 SK의 물량 조절은 아무 영향이 없다.

그래서 우리는 시장이 정하는 가격을 따른다. 이른바 '가격결정력 Pricing Power'이 떨어진다. 이런 기업들의 운명은 가격을 정하는 기업보다 위태롭다. (가격결정력이라는 용어 자체가 새로운 것은 아니다. 워런 버핏은 늘 투자 대상을 선정할 때 가격을 정할 수 있는 기업의 능력을 가장 먼저 챙겼다.)

외부 충격이 발생했어도 이걸 가격에 반영(전가)할 수 없다. 고객은 충성심이 없다. 가격이 오르면 한 푼이라도 싼 경쟁 업체 제품을 산다. 이 때문에 2022년 에너지 원자재 가격 상승 국면에 한국은 무역 적자가 지속됐다. 물가가 올라 수입 가격은 크게 올랐는데, 수출 가격은 그만큼 올리지 못했다.

새로운 시대, 영국 주간지 《이코노미스트》는 이 점을 강조한다.[13] 세계 투자자들의 심장 미국 뉴욕의 월스트리트가 기업의 가격결정력에 다시금 주목하고 있다는 것이다. 원가가 치솟고 또 특정 소재와 부품의 수급에 문제가 생기는 상황에서도 이윤이 유지될 기업에 투자하기 위해서다.

펩시와 프록터앤드갬블$^{P\&G}$, 힐튼호텔 체인, 치폴레^{Chipotle}, 스타벅스, 리바이스, 에스티로더 같은 회사가 이 리스트에 있다. 세 가지 기준도 제시한다. 시장지배력과 그동안의 발자취 그리고 점유율이다.

① 마크업(상품 가격과 생산 비용의 차이): 시장지배력

② 지속적이고 큰 이윤

③ 충분히 큰 시장점유율(기업 크기)

상품 가격과 생산 비용의 차이(마크업)가 충분히 큰가? 다시 말하면 시장지배력이 있는가 하는 점과 그동안 큰 규모의 이윤을 지속적으로 내왔는가, 시장점유율이 충분히 높은가(기업의 크기)를 살펴봐야 한다는 것이다.

어찌 보면 '대마불사'라는 얘기로 들린다. 달리 보면 최종 소비재 업계에서 이름을 널리 알렸거나, 업력이 오래되었고 영업이익률이 매우 높아야 한다는 이야기로도 들린다. 어떤 의미에서도 우리 중간재 기업들에 호의적인 환경은 아니다.

02

좌절된 꿈:
푸틴의 복수

세계의 오판

2022년 1월, 러시아와 우크라이나의 전쟁 가능성이 회자될 때 나는 전쟁이 안 날 거라고 제목을 달아 기사를 썼다. 꽤 화제도 되었다. 그런데 한 달 지나 전쟁이 나버렸다. 부분적 전투는 몰라도 전면전은 안 날 거라고도 썼는데 전면전이 났다.

뒷덜미가 서늘할 수밖에 없다. 누가 악성 댓글을 썼을까봐 걱정되었다(21세기 기자 노동의 가장 큰 스트레스는 댓글이다). '작두는 타는 게 아니었는데' 후회해봐야 소용없다. 정신 건강을 위해서라면 이미 일어난 일은 돌아보지 않아야 하지만, 인간은 그렇게 생겨 먹은 존재가 아니다. 저승 동굴을 나갈 때까지 뒤를 돌아보지 않아야 한다고 하데스는 경고했다. 그러나 오르페우스는 기어이 돌아본다. 그리스 신화에서 그의 아내는 돌이 되고 만다.

전면전이 벌어진 딱 한 달 뒤 기사 댓글을 확인하러 들어갔다.

"전쟁 났어요. 글 내려주세요."

"기가 막히게 전면전 시행했네요."

슬픈 예감은 틀리지 않는다. 달릴 댓글은 꼭 달린다. 전면전은 없다던 오판, 이 어긋난 작두 타기[14]에서 '푸틴의 복수'에 대한 이야기를 시작해보자.

피 한 방울 흘리지 않은 크림반도 병합

우선 당시 크림반도 병합 과정부터 살펴보자. 크림반도 병합은 사실 지정학적 모험이었는데, 결과는 러시아 입장에서는 완벽했다. 피 한 방울 흘리지 않고 승리했다. 21세기에 지도상의 경계를 바꾸는 모험은 불가능할 것이라는 기존의 통념을 무너뜨렸다.

발단은 우크라이나를 통치하던 친러 지도자의 축출이다. 야누코비치 대통령은 유럽연합(이하 EU)으로, 서방으로 향하던 국민의 집단적 반발을 물리적으로 진압하려다 거대한 민주화 시위의 물결(유로마이단: 2013.12~2014.2)에 직면했다. 그리고 국민적 저항에 부딪혀 우크라이나에서 쫓겨났다(2월 22일).

러시아는 이를 구실로 닷새 만에(27일) 행동에 나섰다. 흑해함대가 주둔하던 크림반도 주요시설을 전격적으로 점령했다. 이후 러시아 병합까지는 순식간이었다.

이틀 뒤(3월 1일) 러시아 의회의 군사력 사용 승인, 닷새 뒤(6일) 크림 의회의 러시아 합병 결의, 다시 닷새 뒤(11일) 독립 선포, 또 닷새 뒤(16일)에 주민투표(96.6%의 압도적 찬성)를 거치고, 이틀 뒤(18일) 러시아에 병합했다.

뜻대로 굴러가지 않는 정치 상황에 화가 난 푸틴이 실력행사에 나섰다. 불과 20일 만에 지정학적 요충지를 손에 넣었다. 세계는 지정학적 도발에 경악했지만, 푸틴은 이 놀라운 성공을 바탕으로 '차르' 지위에 올라서며 절대적 지지를 얻어냈다.

병합 이듬해 푸틴의 러시아 내 지지율은 89%에 달했다. 러시아에서 가장 저명한 유리 레바다 연구소(10년 이상 같은 조사를 하는 야권 성향의 사회조사기관) 조사다.[15] 절대 수치에 대한 신뢰가 어렵다면 지지율의 추세만 봐도 좋다. 경제가 바닥을 치는 시기에도 푸틴의 지지율이 치솟는 양상을 보인다.

| 그림 2-1 | **경제 위기와 무관한 푸틴의 지지율**

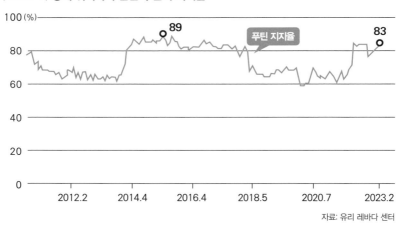

자료: 유리 레바다 센터

1부 새로운 글로벌 경제가 온다

뒤따라온 경제 위기(2015~)

그러나 이후 러시아가 꽃길을 걸은 것은 아니다. 경제적으로는 그 반대였다. 2014년 크림 침공 이후 러시아 경제는 큰 부침을 겪었다. 1인당 국민소득은 갑자기 가라앉았고, 이후 좀처럼 회복하지 못했다.

기름만 팔아도 앉아서 돈 버는 자원 부국이 이렇게 된 이유는 크게 세 가지였다.

① 긴축, 즉 미국의 양적 완화 종료

글로벌 금융 위기 이후 시장에 지속적으로 유동성을 공급하던 미 연준이 돈 푸는 속도를 줄였다. 경제가 충분히 살아나고 있어서 더는 수혈할 필요가 없다고 했다.

실제로 2014년 1월부터 미 연준은 3차 양적 완화 규모를 매월 850억 달러에서 750억 달러로, 또 650억 달러로 단계적으로 줄여나갔다. 10월부터는 추가 매입을 중단했다. 점점 규모를 줄여가는 테이퍼링Tapering이 시작됐다.

| 그림 2-2 | '연준의 양적 긴축'은 미션 임파서블 　　　　　　　　(연준 소유 자산 규모)

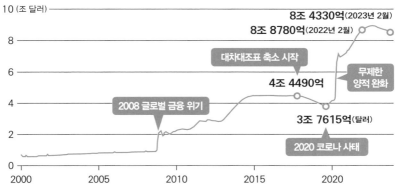

자료: FRED

미국 연준이 보유한 자산 총액을 나타낸 앞의 그래프를 보면 이 흐름이 보인다. 2014년 시작된 테이퍼링 이후 2015년부터는 자산 증가세가 멈췄다. 이후는 양적 긴축Quantitative tightening이다. 코로나19 발발 전까지 보유자산을 조금이나마 줄였다. 물론 코로나 이후 엄청난 유동성 공급으로 인해 수년간 추진해온 양적 긴축은 다시 '미션 임파서블'이 되고 말았지만.

당시 미 연준의 이 긴축으로 인해 일어난 일은 '긴축 발작Taper tantrum'이라고 알려진 신흥국 경제의 붕괴다. 외국과 긴밀히 연결된 '수출 중심 개발도상국' 금융 시장이 무너진다. 에너지나 자원을 수출하는 러시아, 브라질이나 공산품을 수출하는 한국이나 똑같다. 주가가 추락하고 환율은 상승(가치 하락)한다.

튀르키예 역시 당시 된서리를 맞았는데, 에르도안 총리는 "정체를 알 수 없는 해외 세력과 금융권, 그리고 국내외 언론사들이 만들어낸 음모", "모두 같은 목표를 향해 만들어진 똑같은 함정에 똑같은 수작이다"라며 격렬히 비난했다. 그만큼 동시적인 전 세계적 달러 강세와 신흥국 통화 약세가 펼쳐졌다.[16]

② 유가 폭락

또 OPEC(석유수출국 기구)의 증산으로 유가가 폭락했다. 사우디아라비아가 자발적 공급 제한을 풀었다. 6월에 112달러 하던 국제유가는 12월에 60달러까지 떨어진다. 자원 수출에 의존하던 러시아 경제, 나아가 정부 재정은 심각하게 압박받는다. 긴축 발작 영향도, 경기 둔화의 영향도 있었다.

유가는 원래 이렇게 쏠림이 심하다. 2021년 국제 원유 선물 가격이 마이너스(−)가 되는 초유의 일이 발생했는데(상품을 받기로 하고 돈도 받는다!) 불과 1년 뒤에 유가는 배럴당 100달러가 넘는다. 세계 경기에 따라, 또 산유국의 증산과 감산에 따라 쏠림현상이 나타나는데, 2014년 이후 유가가 폭락했다.

③ 제재

러시아가 지원한 우크라이나 동부 돈바스 지역 반군이 그해 여름에 사고를 쳤다. 2014년 7월, 돈바스 상공을 지나던 말레이시아의 민항기를 격추했다. 298명의 민간인 승객과 승무원이 사망했다.

그해 초 크림 합병 당시까지만 해도 '이미 일어난 일을 어떻게 하겠냐'며 제재에 미온적이던 서방도 이번엔 가만있지 않았다. 민간인 희생에 떨쳐 일어나 극적으로 가혹한 제재를 부과했다. 모든 군수품 수출을 차단하고 석유산업용 장비도 막았다. 러시아 국영은행과 에너지 기업의 거래, 서방 기업과의 협력을 차단했다.[17]

이렇게 '미국의 긴축'과 '유가 폭락' 그리고 '고강도 제재'가 결합되어 2014년 12월 러시아 경제는 초토화되었다. 루블화 가치는 폭락했다.

| 그림 2-3 | **폭락한 러시아 루블화 가치**

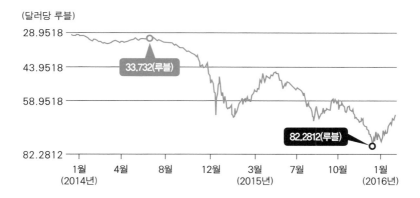

(달러당 루블)

2장 좌절된 꿈: 푸틴의 복수

지정학적 승리와 경제적 패배가 교차한 2014년

결국 러시아는 크림반도 승리에도 글로벌 긴축과 유가 하락, 그 고통을 극대화한 서방 제재의 틈바구니에서 거의 경제 위기 직전까지 갔었다. 견디다 못한 러시아 중앙은행은 금리를 단숨에 17%까지 인상했다. 부호들이 재산을 역외로 빼돌리지 못하게 막았고, 외환 보유고를 사용했다. 석유 재벌이자 푸틴의 측근들인 올리가르히의 희생을 강요해 위기를 견뎌냈다.[18]

그렇게 하고도 붕괴 위기만 겨우 막았다. GDP를 보면 알 수 있다. 10년이 지난 지금까지도 2014년 수준의 1인당 GDP를 회복하지 못하고 있다. 러시아의 경제적 어려움은 장기간 지속되었다.

| 그림 2-4 | **러시아 1인당 국민소득(GDP)**

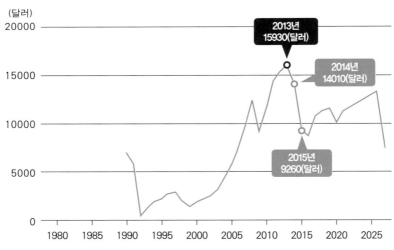

자료: IMF

2022년의 지정학: 도발은 어려울걸?

여러 면에서 2022년은 2014년보다 러시아에 더 어려운 해로 보였다. 경제적 압력은 2014년과 마찬가지로 커서 경제 위기를 걱정해야 할 것이다. 게다가 2022년에 도발을 감행할 경우 전광석화와 같았던 2014년과 같은 승리는 기대하기 어려워 보였다. 군사적으로도, 경제적으로도 전망이 불확실하단 얘기다.

크림반도 병합 같은 속전속결은 불가능

전쟁 시작 전부터 서방은 러시아에 압력을 행사했다. 모두가 우크라이나 국경을 처다보고 있었다. 바이든은 매일 러시아가 침공할지 모른다고 경고했다. 벨라루스 국경 위성지도를 공개하며, 실시간 상황 중계를 했다. 모두가 예상하고 지켜보는데, 어느 날 갑자기 피 한 방울 흘리지 않고 점령할 수는 없다.

따라서 침공하면 전면전이 불가피하다. 러시아 탱크와 장갑차 등 중화기를 우크라이나 국경 안에 들여놓고, 저항하는 적군과 전투를 치르며 진군해야 한다. 이 '전통적 재래전'에서 속전속결은 어렵다. 이는 곧 경제적 비용이다. 막대한 전비를 치러야 한다.

점령 비용 부담은 거대함

전비만 막대한 것은 아니다. 워낙 러시아의 군사력이 강력하니 점령 자체야 어떻게든 할 텐데, 문제는 그 이후다. 점령 비용 이야기다. 점령

한 땅을 계속 지키는 건 또 다른 이야기다. 우크라이나인들이 러시아에 적대적이기 때문이다.

우크라이나인의 절반 이상은 러시아 영향력에서 벗어나고자 목숨을 내걸고 광장에 나온 혁명, 유로마이단의 편이다. 크림을 빼앗긴 뒤 반러 정서는 더 강해졌다. 그래서 EU 회원국이 되자 NATO에 가입하자는 여론이 압도했다. 이들이 목숨을 걸고 저항하는 우크라이나를 점령하는 통치 비용은 거대할 것이다.

국제 경제 판세도 어려움

공교롭게도 미국이 또 긴축이다. 우려가 커진다. 세계가 충분히 회복되지 않은 상황에서 미국이 금리를 올린다면? 긴축에 세계가 함께 기침하는 2015년 전후 긴축 발작 상황이 다시 올 수 있는 상황이다. 그래서 국제사회는 불황을 점친다. 국제 유가 상황도 불확실할 수밖에 없다.

정리하면, 전쟁 자체의 엄청난 비용에 점령 시에 들 경제적 정치적 비용, 거기 더해 국제사회가 부과할 제재의 압력이 있다. 유가 하락과 긴축의 소용돌이가 더해지면 퍼펙트 스톰이다. 2014년보다 경제적 불확실성이 더 큰 이 전쟁을 러시아가 감당할 능력은 없어 보였다. 그러니 합리적으로 '전쟁은 위협에 불과할 것' 같았다.

이 전쟁은 불확실합니다. 사실 전쟁 전에 세계의 경제학자와 정치학자들의 예상은 다 틀렸습니다. 모두 첫째, 러시아는 절대 우크라이나를 침공하지 않는다. 둘째, 침공하면 우크라이나는 금방 러시아 손에 떨어진다고 했어요. 모두 다 틀렸습니다. 세계에 대한 우리의 이해 방식에 대전환 Great Shift이 필요합니다. ◆

2022년 4월 KBS 뉴욕 지국에서 특파원과 인터뷰한 세계적 경제사학자 애덤 투즈도 이렇게 자백했다. 변명 같지만, 흑역사가 된 예측, 실패한 작두 타기는 나만 한 건 아니다. 미국의 CSIS도, 《뉴욕타임스》도, 영국의 《이코노미스트》도 다 예측하지 못한 전쟁이 벌어졌다(그러니까, 나는 혼자가 아니다).

결국 모두가 뭔가를 보지 못했다는 이야기다. 푸틴의 지정학적 갈망을 과소평가했을 수 있다. 혹은 정신병리학적인 과대망상이나 광기일지도 모른다. 그게 뭐든, 이 이해하기 힘든 행동의 근원이 무엇인지 짐작이라도 해보아야 하는데, 그러려면 앞서 언급한 리비아로 돌아가야 한다.

푸틴의 탄생

"푸틴을 악마로 만드는 것은 전략이 아니다. 그것은 전략이 없다는 것을 증명하는 알리바이일 뿐이다."[19]
미국 외교정책의 거인, 헨리 키신저의 말이다.

◆ 사실 강대국Great Power이 전쟁을 시작할지, 시작하면 어디로 갈지 알 수 없다는 사실 자체가 새로운 건 아니다. 큰 나라들은 전쟁에서 많이 졌다. 아프간에서도 이라크에서도(전투는 이겼으나 중동은 미국의 의도대로 구성되지 않았다) 베트남에서도 결국은 그랬다. 규모로 봐도 미국의 이라크 침공이 더 크고 파괴적이었다.

1999년 처음 권좌에 오를 때의 푸틴은 지금의 푸틴이 아니다. 그의 머릿속에 처음부터 '냉전의 부활'이 있었다고 상상하면 오판이다. 사실 푸틴은 2000년에는 미국에 NATO 가입을 언급했을 정도로 친서방 노선을 표방했다. 2001년 푸틴의 독일 의회 연설은 상징적인 장면이다. 그는 "괴테, 쉴러, 칸트를 빌어 러시아는 유럽 우호국가"라고 선언했다. 독일어로 "유럽의 항구적 평화가 러시아의 최우선 목표"라고 말했다. "확고하게, 그리고 최종적으로 냉전이 끝났다고 선언해야 한다"[20]라고 주장했을 정도다. 이에 독일 의원들은 기립 박수를 선사했다. 푸틴이 연설을 하자 첫 줄에 앉아 있던 당시 슈뢰더 총리와 셋째 줄에 앉아 있던 메르켈 총리가 박수를 쳤다. 지금은 상상도 하지 못할 장면이다.

2002년엔 나토-러시아 위원회를 만들었다. 러시아는 9.11 테러 이후 미국이 아프간을 침공할 때는 지원도 했다. 미국과의 화해를 바라는 듯 보였다.[21] 정말 서방 세계의 일원이 되고 싶어 했다. 푸틴 머릿속에 처음부터 차르가 있지는 않았다는 얘기다. 사실 친서방 지도자인 옐친이 1996년 직접 지목한 후계자니 당연한 일이다. ◆

권력 기반도 취약했다. 유연하게 국제협력을 강조하는 지도자에게 카리스마가 있었을 리 없다. 장기 집권은 예상치 못한 일이다. 푸틴이 처음 권좌에 오를 때, 그가 20년간이나 자리를 지키면서 자신의 권력을 강화하는 데 성공할 것이라고 예상한 사람은 아무도 없었다.[22]

◆ 다른 견해도 있다. 《푸틴의 러시아》에서는 "옐친은 대통령에서 물러난 뒤 부패 혐의 수사를 피하게 해줄 확실한 후계자가 필요했고, 그래서 측근을 살피다 푸틴을 발탁했다"라고 기술한다.

예상을 뒤엎은 푸틴의 갈망

이런 푸틴이 어떻게 이런 파괴적 전쟁에 이르게 됐을까? '신냉전'이라 불리는 상황까지 초래한 그의 갈망은 어디서 왔을까? 그 단초는 총리 취임 당시 국정 공약에 담겨 있다. 공약집은 '조국의 재건'에 관한 계획으로 가득했다. 구체적으로는 경제 재건이다.

구소련 붕괴 뒤 혼란이 거듭되면서 1990년대 러시아의 국민총생산은 전성기의 절반으로 쪼그라들었다. 미국의 10분의 1, 중국의 5분의 1 수준이 됐다. 푸틴은 이런 모욕적 상황을 견딜 수 없었다. 공약집에서 그는 "러시아가 역사상 가장 어려운 시기를 겪고 있다"라며 "지난 200~300년 사이에 처음으로 2류 내지 3류 국가로 전락할 처지에 놓여있다. 이 난국을 벗어나기 위해 우리에게 주어진 시간도 이제 얼마 남지 않았다"[23]라고 선언했다.

푸틴은 경제 개혁 조치도 잇따라 발표했다. 미국의 언론인 스티븐 리 마이어스는 푸틴이 취임 초 세율을 낮추되 일반 국민도 기업도 앞으로는 반드시 세금을 내게 하겠다는 정책을 추진한 것에 주목한다.[24]

마침 운도 좋았다. 유가 상승 덕분에 경제 상황이 개선됐다. 2000년대에 유가가 약 150달러까지 치솟으면서 러시아의 에너지 수출 수익이 급증했다. 1999년부터 2008년까지 러시아 GDP는 94% 성장했고 인당 GDP는 갑절이 되었다.[25] 경제가 나아지면서 푸틴의 정치적 입지도 탄탄해졌다.

그러나 그의 경제 재건은 국가 경제 재건이지 시민의 권익 향상이 아니었다. 이게 문제였다. 푸틴의 머릿속은 언제나 국가통합과 애국심으로 가득했다. 강력한 중앙정부 복원도 필요했다.

"사회를 분열시키는 개인의 욕망보다 국가의 권위를 우선하는 자발적인 사회적 협약이 필요하다."

질서와 단결이 먼저다. 민주주의는 후순위다. 결국 질서는 반대파 무력 진압과 독재 체제 구축의 명분이 됐다. 일례로 체첸 반군을 진압하는 과정에서 보인 강경노선에 체첸인은 수만 명이 희생됐다. 진압당한 체첸 반군은 이후 지속적 민간인 테러를 감행한다. 그때마다 푸틴은 희생자가 발생하는 강경 진압을 고수했다. 질서를 위한 소수의 희생은 푸틴 시대의 규범이었다.

상징적인 일은 2002년에 일어났다. 체첸 반군이 모스크바 오페라 극장에서 인질극을 벌였다. 푸틴은 700명을 인질로 잡은 반군 진압을 위해 펜타닐◆계 수면 가스를 극장에 투입했다. 반군은 전원 사살했다. 그 과정에서 민간인도 무려 100명 이상 사망했다. 세계는 푸틴의 진압 방식을 일제히 비판했다.

이런 방식은 끝없이 반복됐다. 특히 '독극물'로 상징되는 러시아 권위주의의 폭력성은 서방의 정치 지도자와 시민들의 마음을 돌려세울 수 없었던 가장 큰 요인이 됐다.

가장 최근은 지난 2022년 3월이다. 영국 프리미어리그 첼시의 구단

◆ 펜타닐은 마약성 진통제로 쓰인다. 그 자체가 독가스인 것은 아니다. 그러나 펜타닐은 문제적 약물이다. 치사량이 2mg일 정도로 강력한 약물이다. 미국에서는 펜타닐 같은 마약성 진통제 중독이 사회문제가 되어(50만 명이 사망한 것으로 평가된다) 제조와 처방, 무분별한 복용에 관계된 수많은 제약회사와 월그린 등 약품 판매 체인, 심지어 월마트까지 조 단위의 배상을 해야 했다. 가장 최근의 배상은 월마트가 2022년 3분기에 치렀다. 《월스트리트저널》은 월마트가 31억 달러, 약 4조 원의 합의금을 내고 마약성 진통제 오피오이드 Opioids(펜타닐과 코데인 등의 합성품) 중독 사태와 관련된 소송을 마무리했다고 보도했다.

주였던 러시아 재벌 로만 아브라모비치가 독극물 중독 의심 증세를 보이며 쓰러졌다. 우크라이나 평화협상에 나서던 참이었다. 이후 독극물은 다시 한번 주목받았다. 러시아 독극물의 역사는 뿌리가 깊기 때문이다.

《포브스》가 정리한 연혁에 따르면 2020년에는 강력한 야당 지도자 나발니를 신경 작용제 '노비초크 계열' 물질로 공격했다. 그 이전에도 2018년 영국 솔즈베리에서 영국으로 전향한 전 이중간첩 스크리팔과 딸에 대한 노비초크 독살 시도가 있었다.

스크리팔 사건은 그 자체가 드라마다. 스크리팔의 집 문손잡이에 신경 작용제를 묻혔다. 스크리팔과 딸은 집 밖에서 쓰러진 채 발견됐다. 의식불명이었으나 다행히 살아났다. 비극은 이웃의 피해다. 갑자기 무관한 여성이 숨졌다. 알고 보니 남편과 함께 쓰레기통을 뒤지다 독극물이 든 향수병을 발견했다. 향수인 줄 알고 뿌렸다가 사망했다. 경찰을 비롯한 131명이 노비초크에 오염됐다. 영국 정부는 수천 시간 분량의 CCTV를 확인해 러시아 암살자 두 명을 찾아냈다. 그들은 체코에서 또

| 표 2-1 | **러시아 독극물의 역사**

푸틴의 독극물 일지[26]
• 2022 로만 아브라모비치 독극물 중독 의심 증세
• 2020 나발니 암살 시도. 노비초크 계열 약물 검출
• 2018 러시아 이중간첩 세르게이 스크리팔 독살 시도
• 2006 반체제 기자 안나 폴리트로코프스카야 암살 이를 비판한 알렉산더 리트비넨코는 '홍차 독살'
• 2004 우크라이나 대선 후보 빅토르 유센코 '다이옥신 중독'

다른 폭발 사고를 일으킨 혐의도 받았다.

2006년에는 반체제 기자 안나 폴리트코프스카야 암살 사건이 있었다. 이 사건을 놓고 푸틴을 비판한 전 러시아 스파이 알렉산더 리트비넨코는 방사성 물질 폴로니움 중독으로 숨졌다. 홍차에 독극물을 넣어 독살한 것으로 추정된다. 리트비넨코는 죽어가면서 푸틴을 향해 이런 말을 남겼다.

> 당신은 인간의 목숨과 자유, 문명의 가치들을 전혀 존중하지 않음을 보여주었다. 당신은 대통령직을 유지할 자격이 없고, 문명인들의 신임을 받을 자격이 없음을 입증했다. 미스터 푸틴, 당신은 한 사람의 입을 다물게 할 수 있을지 모르지만 전 세계에서 일어나는 저항의 소리가 당신이 죽는 날까지 귓가에 시끄럽게 울릴 것이다.[27]

2004년에는 우크라이나의 촉망받던 정치인 빅토르 유셴코가 다이옥신 중독으로 목숨을 잃을 뻔했다. 유셴코는 살아남아 대통령이 되었으나 그의 얼굴엔 독극물 중독의 흔적이 평생 남았다.

푸틴과 그의 범죄 협력자들에게 반대하는 사람들은 총에 맞아 죽거나 알 수 없는 병에 걸리는 게 익숙한 패턴이다.[28] 푸틴 정권의 실세들이 마피아를 구성해 반대파들을 압살하고 권력을 이용해 부정부패를 일삼고 있다는 주장은 셀 수 없이 많다. 부패로 축적한 돈을 해외에 은닉한다는 이야기도 더 이상 비밀이 아니다.

정리해보자면 처음에 푸틴은 조국 러시아의 재건과 부활을 위해 헌신하고자 하는 각오로 가득했다. 강력한 정부가 좀 더 질서정연한 사회를 만들면, 경제 부활이 가능할 거라고 봤다. 서방과 협력하면 경제가 개선되고, 정치적 위상도 회복되리라고 기대했다.

그러나 친서방 노선은 실패한다. 일부 목표는 달성된 듯 보였지만, 정치적 신뢰 구축은 불가능했다. 비민주적인 국가, 인권을 유린하는 국가라는 낙인은 벗을 수 없었다.

푸틴 입장에서는 좌절이었다. 우방이던 이라크를 버려가면서까지 부시 대통령의 이라크 전쟁을 묵인했지만, 소용없었다. 워싱턴에는 진보 진영과 보수 진영을 불문하고 러시아를 소련 이후 약화된 국가로 계속 남아 있게 하고 싶어 하는 목소리가 있다는 사실을 푸틴은 알게 됐다.[29]

러시아 전문가들은 푸틴이 실현될 수 없는 꿈 앞에서 좌절하면서 '흑화'했다고 추측한다. 마음속에 복수심이 똬리를 틀었다는 것이다. 조국 러시아의 부활을 꿈꾸었지만, 러시아를 2등 세계에 매어놓고 견제만 하려는 서방 세계를 확인하고는 분노했다.

그리하여 푸틴은 변해갔다. 러시아 중심의 새로운 세계관 건설을 시작한 것이다. 미국 질서에 대한 반발의 징후도 포착됐다. 2008년 글로벌 금융 위기 당시 미국 재무 장관이던 헨리 폴슨은 "러시아가 중국에 은밀한 제안을 했다는 소식을 전해 들었다"라고 말한 적이 있다. '러시아와 중국 두 나라가 보유한 미국 채권을 시장에 내던져, 미국을 더 큰 경제적 곤경에 빠뜨리자'는 음모였다.[30]

점점 흑화해가던 푸틴을 완성하는 이벤트는 2011년에 터졌다. 그건 바로 리비아 사태다.

리비아 사태, 결정적 계기

'아랍의 봄'은 정치적 변동이다. 2010년 말부터 튀니지, 이집트, 리비아, 예멘 등 북아프리카와 중동에 민주화의 물결이 일었다. 다만 그 시작은 경제 위기다. 인플레이션이 촉발했다. 마치 2022년 초처럼, 밀 곡창지대인 우크라이나와 러시아에 흉작이 들었다. 국제 곡물 공급망에 차질이 생기면서, 대외 곡물 의존도가 높은 중동의 밀값이 치솟았다.

인플레이션으로 흉흉하던 민심은 사회 모순과 결합했다. 장기간 축적된 부패와 빈부 격차, 실업 문제에 불을 붙였다. 이는 반정부 시위로 분출됐다. (모든 정부는 이래서 인플레이션을 무서워해야 한다.)

42년 철권 통치를 이어가던 리비아 카다피의 리더십도 이 연쇄 반정부 시위의 물결을 피해 가지 못했다. 그는 이 시위를 잔혹하게 진압했는데, 이 잔혹한 진압이 서방 개입을 불렀다.

에너지 개발 등 경제사업 등으로 카다피와 장기간 협력하던 서방이 한순간 등을 돌렸다. 무엇보다, 2003년 핵을 포기시키고 적대관계를 청산했다던 미국이 돌아섰다. 그리고 NATO를 통한 군사적 개입으로 나아갔다. ◆

NATO군의 적이 되자 카다피는 무너질 수밖에 없었다. 수도에서 축출된 카다피는 고향 시르테에서 항전하다 2011년 가을, 최후를 맞는다. 시르테의 한 배수구에 숨었다가 발각돼 체포됐고, 이송 중 총에 맞아 사망했다.

그 비참한 모습은 세계에 실시간으로 중계됐다. 권력의 무상함. 인생의 덧없음. 세계에 사진으로 타전된 42년 철권통치자의 초라한 주검을 본 사람은 누구라도 그런 단어를 떠올렸을 것이다.

이 죽음은 서방에 의한 사실상의 '숙청'이었다. 세계 권위주의 국가 지도자들에게 '각성의 시발점'이 될 수밖에 없었다.^{◆◆} 러시아의 외로운 지도자 푸틴도 마찬가지였다.

푸틴, 카다피를 보고 악몽의 정체를 알아차리다

카다피는 조국의 경제적 부상을 이끌었다. 언제나 전통 베두인 복장에 검은 선글라스를 쓴 특이한 사람으로만 기억되지만, 카다피는 사막에서 개발한 북아프리카 최대의 유전을 기반으로 리비아라는 빈국을 부국으로 변화시키려던 지도자였다. 무상 교육과 의료를 추진했고, 주거 지원 같은 복지도 강화했다.

서방과 협력도 했다. 수많은 서방의 석유화학 기업이 리비아에 진출했다. 수도 트리폴리는 고층빌딩이 즐비한 도시로 탈바꿈했다. 한국 기업이 진행한 건설-토목 사업도 수없이 많다. 사막을 가로지르는 리비아 대수로 대역사는 그 상징이다.

21세기에 들어서는 정치적 화해에도 앞장섰다. 부시 대통령이 이라

◆ 다른 나라 내전에 국제 동맹체가 직접 개입하는 상황은 흔하지 않다. 흔치 않은 행동에는 명분이 필요하다. 당시 논리는 R2P라는 개념이었다. 유엔은 2005년 9월, 이런 보호책임(R2P: Responsibility to Protect) 개념을 유엔총회에서 만장일치로 채택했는데, 리비아 개입 결의안 1973호는 그 기반에서 통과됐다. '자국민에게 심각한 반인륜적 범죄나 대량 학살을 저지를 때 국제사회가 개입해 이를 억제할 수 있다'는 명분이다. NATO는 이 R2P에 근거해 개입했다. 초기에는 민간인 보호를 위해 '비행금지구역'을 설정했다. 나중에는 카다피 핵심 근거지를 향한 미사일 공습을 했다. 보호가 공격으로 변했다. 사실상 시민군에 의한 정권교체를 지원했다.

◆◆ 북한 역시 그런 질문을 통해 중대한 학습을 했다. 이는 거침없는 핵개발과 핵실험 행보로 이어졌다. 스스로를 지키려면 날카로운 가시를 가진 고슴도치가 되어야 한다는 결론을 내린 것이다. 이런 인식은 2018년 5월, 싱가포르 정상회담을 보름여 앞둔 시점에 최선희 당시 외무성 부상의 담화문에도 잘 드러난다. "리비아의 전철을 밟지 않기 위해 우리는 값비싼 대가를 치르면서 우리 자신을 지키고 조선반도(한반도)와 지역의 평화와 안전을 수호할 수 있는 강력하고 믿음직한 힘을 키웠다"라고 했다.

크를 침공했을 때, 카다피는 이라크와 단교했다. 빈 라덴과 알카에다 색출 작전에도 협조하는 등 적극적 화해를 추구했다. 이탈리아에게서 는 '식민 지배에 대한 사과'를 받아내기도 했다. 리비아는 정상국가로 인정받았다.

그러니까 이 독특한 권위주의 지도자는 개방과 조국 근대화를 향해 나아가려 했고 성과도 냈다. 핵 프로그램을 폐기한 2003년의 선택은 그것을 보여준다. 오랜 적대관계를 청산하고, 미국과의 국교를 회복했 다. 국제사회는 이를 '리비아 모델'이라고 불렀는데, 푸틴이 추구한 조 국 근대화의 초기 버전과도 흡사하다.

그러니까 카다피의 죽음을 보았을 때, 푸틴은 자신의 미래를 걱정할 수밖에 없었다. 서방을 향한 그때까지의 기대가 무의미한 것이었음을 깨달을 수밖에 없었다. 악몽의 정체가 드러났다.

푸틴은 카다피의 끔찍한 최후가 담긴 동영상을 보고 큰 충격을 받았 다. 아무렇지 않게 카다피를 인정하고 떠받들던 서방 측은 손바닥 뒤집 듯 태도를 바꿔 리비아를 폭격한 후 그를 분노한 폭도들에게 넘겨 살해 하게 만들었다. 그런 서방을 믿는 건 바보짓이었다. 2012년 푸틴은 이 전보다 더 단호해진 모습으로 다시 대통령이 된다. 러시아 정부는 보수 적인 문화우월주의의 모습으로 정체성을 바꾸었다.[31]

푸틴은 한발 더 나아가, 서방의 개입은 결국 혼돈으로 이어진다고 믿게 되었다. 카다피가 제거된 뒤 리비아에서 전개된 수년간의 무질서 와 혼란이 그 근거다. 2014년 발다이 포럼 폐막 기조연설에서 푸틴은 이렇게 말했다.

대체 그대들은 뭘 달성했는가? 아무것도 없다. 혼란만 일으켰다. 이라 크 사태도 똑같다. 그대들은 군대를 끌고 들어갔다. 그곳에서 그대들 은 무엇을 이뤘는가? 좋은 건 하나도 없다. 이제 그곳에서 IS 이슬람주 의자들은 과거 사담 후세인 정권의 좌절한 전직 군인들 수천 명과 함께 신의 국가를 세우려 하고 있다.

그런 다음 푸틴은 보드카 한잔으로 작별을 고하며 그날의 주제, 우 크라이나 문제로 돌아갔다. 회의의 핵심 문제는 '새로운 규칙 혹은 규 칙의 부재 new rules or no rules'였다. [32]

'무질서 말고 새 질서' 러시아를 위한 대안적 질서. 그 결론이 2022년 의 러시아다.

오판과 오판과 오판

푸틴의 오판, 성자 재블린에 막히다

초기 전황은 러시아의 뜻대로 굴러가지 않았다. '성자 Saint' 때문이었 다. 아무도 러시아의 고전을 예상하지 않았는데, 상황은 러시아의 고전 으로 향했다.

수렁에 빠뜨린 것은 미국이 제공한 '성자 재블린,' 즉 재블린 미사일 이었다. 어깨에 올려놓고 쏘면 알아서 전차를 쫓아가 파괴했다. 두 사 람만 있으면 쏠 수 있고, 쏜 뒤 목표물에 맞기 전에 이동할 수 있어서

원점 타격도 어렵다. 똑같은 방식으로 항공기를 타격하는 스팅어 미사일은 수많은 러시아 헬기를 떨어트렸다. 이 초소형 하이테크 미사일들 때문에 러시아는 키이우로 진군하지 못하고 멈춰 섰다.

우크라이나의 젤렌스키 대통령은 서방의 도움을 요청할 때 콕 집어서 "재블린과 스팅어가 하루 500기씩 필요하다"[33]라고 표현했다. 골리앗의 무릎을 다윗이 꿇리나 했다. 러시아가 키이우에서 퇴각할 때까지는 그랬다.

제재도 무시무시한 효과를 거두는 것 같았다. 2014년 당시의 모든 제재에 더불어 아예 국제결제망(이하 SWIFT)에서 러시아를 퇴출했다. 국제사회로부터 한 푼의 돈도 빌릴 수 없는 상황에, 거래조차 할 수 없게 된 것이다. 곧 국가부도 상황에 다다를 것이라는 보도가 쏟아졌다.

환율은 1달러에 124루블까지 치솟았다. 인플레이션은 20%대에 달하고, 예상 성장률은 -10%대에 달한다. 1인당 GDP는 2014년 이후처럼 고꾸라질 것으로 예상된다. 더 큰 문제는 미래다. 이제 서방은 러시아에 미래 산업을 이끌 기술도 주지 않기로 했다. 군사적 전용의 아주 작은 가능성만 있어도 통제한다. 아마도 푸틴이 이끄는 한 러시아의 기술적 성장은 어려울 것이다.

게다가 에너지 수출국가로서의 미래도 어두워졌다. 서방이 당장은 러시아산 가스와 원유 수입을 끊을 수 없지만, 2030년 정도를 목표로 보면 다르다. 가장 긴밀히 협력하던 독일과 이탈리아도 수년 내 에너지 의존도를 0%로 낮춘다고 했다.

'전쟁 못 할 이유'라고 부른 모든 악재가 실현된 듯한 상황이 전쟁 초기에 모두 밀어닥쳤다. 물론 이야기는 여기서 끝나지 않았다.

세계가 푸틴의 경제적 인질이 되다

개전 100일, 세계 곡물 가격이 치솟았다. 러시아가 크림반도에서 수많은 미사일로 우크라이나 곡물 수출항, 오데사를 겨냥하고 있었기 때문이다. 오데사 앞바다에는 기뢰도 무수히 깔려 있었다. 세계 곡물 시장은 우크라이나의 밀과 해바라기 씨를 얻지 못했고, 러시아의 곡물을 사지 않으면서 병목현상을 겪기 시작했다.

그리하여 이 봉쇄가 점점 치솟는 세계 곡물 가격의 한 원인이 되었다. 에너지 가격 급등과 함께 세계적 인플레이션의 한 축이 된 것이다.

우크라이나의 최대 항구 운영 사업체 TIS 대표인 안드레이 스타브니처는 영국 《이코노미스트》와의 인터뷰에서 "사일로(곡물 저장고)가 이미 거의 다 차 있어서, 이대로라면 올해(2022년 당시) 수확할 곡물은 보관할 곳이 없다. 그러면 다 썩게 될 것"이라면서 "오데사 봉쇄 해제가 우크라이나에 대한 무기 공급만큼이나 중요하다"라고 했다.

그즈음 러시아의 전술도 변화했다. 키이우를 비롯한 북쪽 전선을 포기했다. 우크라이나를 장악하겠다는 목표를 버렸다. 대신 전쟁을 장기전으로 끌고 가기로 했다.

《월스트리트저널》은 개전 100일 특집 기사에서 이런 러시아의 전술 전환에 주목했다. 더 이상 전차를 앞세운 신속한 기동은 없다. 수많은 재래식 포대를 배치해 무수한 폭격을 퍼부은 뒤 조금씩, 한 발 한 발 나아간다. 산과 숲과 진흙으로 가득한 키이우 주변과 달리 돈바스가 개방

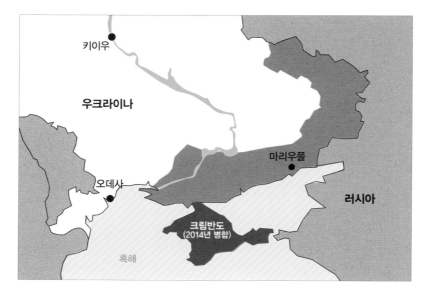

| 그림 2-5 | **크림반도**

키이우

우크라이나

마리우폴

러시아

오데사

크림반도
(2014년 병합)

흑해

된 평지 중심인 점도 주효했다. 중세식, 재래식 전술을 쓴다.

전술 전환의 목적은 분명하다. 이기지 못하지만 지지도 않겠다. 러시아는 군사적으로는 작지만 분명한 이익을 향해 천천히 진군하기를 선택함으로써, 세계 경제를 공포의 도가니로 몰아넣고 있다.

《워싱턴포스트》는 "러시아 엘리트들은 인내심 대결에서 러시아가 EU보다 유리하다고 판단하고 있다"라고 표현했다. 그 이유는 세 가지다.

① 너희 서방의 경제가 힘들잖아

우선은 전쟁과 봉쇄와 제재의 상호작용이다. 이게 서방에 경제 후폭풍이 됐다. 《워싱턴포스트》는 "끝이 보이지 않는다"라고 했다. 미국에 이어 유럽마저 8%대 인플레이션에 도달했다. 에너지 가격 급등과 식량 위기 때문이다.

랜드 연구소의 데이비드 E. 존슨은 "코로나는 조금 역할을 했을 뿐 전쟁만큼 (공급망을) 뒤틀어버릴 수 있는 것은 없다"라고 했다. 《워싱턴포스트》는 러시아의 여유로움이 정치 체제의 차이에서 나온다고 분석했다. 한 러시아 억만장자를 인용해 "푸틴 대통령은 서방 지도자들은 선거가 돌아올 때마다 취약해지고, 여론은 하루아침에 뒤집힐 수 있다고 믿는다"라면서, 반면 "푸틴 대통령은 6∼9개월을 기다릴 여유가 있다. 서방보다 더 강하게 자국 여론을 통제할 수 있다"라고 했다.

당장 바이든의 처지가 그랬다. 언론인 카슈끄지 암살 배후로 사우디 왕세자를 지목하며 "사우디를 국제사회에서 배제하겠다"라고 공언하며 비판했는데, 고유가 때문에 증산을 부탁하러 사우디에 가야 했다. 사우디가 증산하면 중간선거 전망을 어둡게 하는 인플레이션을 조금이나마 완화할 수 있으리라는 기대 때문이었다.

《뉴욕타임스》는 비판했다. "사우디에 간다고 유가를 크게 낮출 순 없을 것"이라고 했다. 실제로 바이든은 망신만 당한 채 사실상 빈손으로 돌아섰다. 빈 살만 왕세자를 만난 자리에서 한 기자가 "사우디는 아직도 왕따 pariah 입니까?"라고 물었는데 대답조차 하지 못했다. 굴욕적인 방문이었다. 빈 살만은 이후로도 기회만 있으면 바이든에게 망신을 줬다.

② 우크라이나의 경제 자립은 불가능해

키이우가 해방됐지만, 우크라이나는 자립할 수 없는 상태다. 러시아가 병력을 집중한 돈바스와 크림을 잇는 남동부 지역은 군사 전략적으로만 중요한 곳이 아니다. 우선은 우크라이나 산업의 중심이고, 동시에 농업의 중심이기도 하며 남부 연해 항구도시들은 수출의 중심이기도 하다.

다시 말해 우크라이나는 이제 이 세 가지 경제의 중심을 모두 잃게 된 것이다. 뺏기지 않은 오데사도 러시아의 허락 없이는 한 톨의 쌀도 바다로 수출할 수 없다. 기뢰와 크림반도의 미사일 앞에 무력하다. 경제적 자생이 불가능하다.

서방 지원 없이는 지탱할 수 없는 나라가 되어가고 있는데, 《워싱턴포스트》는 경제 자립을 잃은 우크라이나가 서방으로부터 매달 50억 달러(약 6조 원)의 지원을 받아야 버틴다고 했다.

③ 글로벌 사우스는 중립

이른바 '글로벌 사우스'라고 불리는 저개발 국가들은 민주주의와 우크라이나를 옹호하라는 서구 시각에 온전히 동의하지 않는다. 각자의 이해관계가 있다.

《워싱턴포스트》는 장기화된 전쟁이 서방과 글로벌 사우스 사이의 이해와 시각(전망) 차이도 노출했다고 분석했다. 식량난이 서방에는 '가격'의 문제지만 개발도상국과 후진국들에게는 '체제 존립'의 문제다. 아프리카 연합의 마키 살은 2022년, EU 정상들에게 "비료 가격이 세 배가 되었고, 얻을 수도 없다"라고 호소했다.

《블룸버그》는 에너지 식량 가격 급등이 신흥국 통화가치 하락으로, 또다시 수입 물가 상승으로 이어지는 악순환이 반복돼 경제 위기가 가까워졌다고 했다. 레바논과 스리랑카, 우크라이나, 엘살바도르, 아르헨티나, 파키스탄 등을 위험 국가로 꼽았다.

당장 체제가 위험한데 '남의 대의'가 중요할 리 없다. 많은 국가가 중립이다. 쿼드 가입국이며 중국을 견제하는 인도조차 러시아 제재에 소극적이다. 오히려 원유 수입을 늘리고 있다. 인도네시아는 G20 회의에 러시아를 참석시키지 말라는 서방의 요구에 답하지 않았다. 결국 푸틴은 불참했지만 러시아 대표단은 참석했다.[34]

푸틴은 살아남았다. 그 상징은 러시아 루블화의 환율이다. 2022년 말 기준으로, 루블화는 개전 이전은 물론, 코로나19 이전보다도 더 안정된 상태를 구가했다. 강달러 시대에 거의 유일하게 가치가 상승한 통화였다.

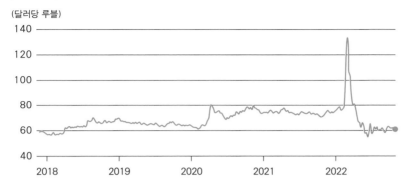

| 그림 2-6 | **강달러를 거스르는 유일한 '루블화'**

(달러당 루블)

그럼에도 메아리치는 보편의 목소리

《워싱턴포스트》는 푸틴이 총과 칼 없이는 우크라이나에 머물 수 없을 것이라고 했다. 전투에 승리해 잠시 머물 수는 있으나, 총과 칼을 앞세운 점령의 천문학적 비용을 생각하면 장기 주둔은 불가능하다. 시민들이 러시아에 반대한다. '사상의 전쟁'에서 이길 수 없다.

푸틴은 우크라이나인들을 '모스크바 크렘린궁의 의지에 따라 운명이 결정되어야 하는 반쯤은 상상에 불과한 나라 시민'으로 규정한다. 이는 러시아인과 우크라이나인의 분열만 심화한다. 즉 푸틴이 잡아매려 하면 할수록 우크라이나인들은 더 벗어나려 한다. 속박을 걷어차고 자유의 세계로 나온 사람들이기 때문이다. 자유를 맛본 인간은 다시 속박으로 돌아갈 수 없다.

《워싱턴포스트》의 국제 에디터인 크리스티안 카릴은 '왜 푸틴은 우크라이나 전쟁에서 패하나?'라는 편지 형식의 기사에서 다음과 같이 말했다. "푸틴, 자네는 정말 끔찍한 실수를 한 거야. 이 공격은 궁극적으로 자네가 가장 피하고 싶었을 결과로 이어질걸세. 이건 이길 수 없는 전쟁일세."

《이코노미스트》는 "인류를 위해서는 푸틴이 이겨서는 안 된다"라고 했다. 푸틴은 '역사적 사명'이라는 위험한 망상에 사로잡혀 있다. 지금의 이 갈등은 그런 푸틴 스스로 만들어낸 것이다. 2014년에는 크림반도를 침공했고 2022년 우크라이나 전체를 침공했다. 그는 여기서 멈추지 않을 것이다. 결국 세계를 위협할 것이다.

그러니 막아야 한다. 오늘의 푸틴이 자유롭다고 느끼면 느낄수록, 미래의 푸틴은 더 많은 사람에게 '자신의 사명'을 강요할 것이기 때문에, 그때 그를 멈추려면 더 많은 피를 흘려야 할 것이기 때문에.

《월스트리트저널》과 인터뷰한 독일 분석가 울리히 스펙은 "공격한 자에게 영토 일부를 주는 타협이 안정을 가져올까? 아니면 러시아가 손실에서 회복해 2~3년 뒤 다시 도발을 감행할 수 있게 잠시 쉴 시간을 주는 걸까?"를 되묻는다.

유발 하라리는 《가디언》의 기고문[35]에서 "국가는 궁극적으로 이야기 위에 세워진다"라고 선언했다. "우크라이나인들이 지금 온 마음을 다해 저항하고, 침략자를 깊이 증오하고 있다"라면서 "지금의 이 이야기가 앞으로 수십 년에 걸쳐 다음 세대에게 더 많이 전해질 것"이라고 말했다. 불행하게도 이 전쟁이 앞으로 수년간 다른 형태를 취해가며 오래 지속될 것 같지만, 가장 중요한 이야기는 이미 정해졌고 바뀔 수 없다는 것이다. 마치 러시아인들이 제2차 세계대전 당시 독일인의 잔학한 '레닌그라드 포위전'을 이겨냈던 역사를 기억하는 것과 마찬가지로.

푸틴의 좌절은 2022년 우크라이나 전면 침공으로 이어졌다. '일어나지 않을 것'이라던 전쟁이 일어났다. 결과적으로 잘못된 예측이 됐다. 오판하기는 푸틴도 마찬가지였다. 전쟁을 이기지 못했고, 초반에는 국가부도를 걱정해야 할 정도로 경제적으로 어려운 순간을 겪어야 했다. 서구의 고통도 극대화됐다. 전쟁과 제재와 봉쇄의 결합으로 인해 최근 30년 동안 겪어보지 못한 거대한 인플레이션이 몰려왔다.

03

네 개의 산:
전염병, 반도체, 금리, 인플레이션

전염병과 정부 방역 수준의 '디커플링'

코로나 대유행이 세계를 휩쓴 2020년 5월, 한국은행은 이때 내놓은 경제전망 보고서를 잊고 싶을지도 모른다. 망신스러워서다. 우선은 많이 틀렸다. 연초에 성장률 2.3%라고 했다가, 코로나 확산세가 심상치 않던 2월 2.1%로 바꾸었고, 5월 전망에선 -0.2%로 크게 낮췄다(석 달 뒤인 8월에 다시 한번 -1.3%로 크게 낮췄다).

사실 넉 달 만에 연간 성장률 전망을 2.5%p 하향하는 일은 상상하기 힘들다(그것도 모자라 석 달 뒤엔 1%p 이상 더 낮춘다). 평소에 이 정도 틀렸다면 한국은행 내 전망 책임자가 사표를 써야 했을지도 모른다.

다음은 그로부터 두 달 뒤인 2020년 7월, 〈KBS 뉴스9〉에서 내가 직접 보도한 내용이다.

〈한은 성장전망치 더 낮추나… '예상 시나리오 달라져'〉

앵커: 한국은행이 두 달 전에 올해 성장률 전망을 -0.2%로 꽤 많이 낮췄는데요. 오늘(16일) 이 전망보다 성장률이 더 떨어질 거란 예상을 다시 내놨습니다. 전 세계 코로나19 확산세가 예상과 달리 하반기에도 좀처럼 진정되지 않을 걸로 보이기 때문입니다. 자세한 내용 서영민 기자가 전해드립니다.

서영민 기자: '2분기 내수 소비는 예상대로 반등했지만, 수출 감소 폭은 예상보다 훨씬 컸다.' 올해 성장률이 -0.2%보다 더 낮을 것이라는 전망을 한국은행이 내놓은 이유입니다. 실제로 5월과 6월의 전체 수출 실적은 이전보다 나아진 것처럼 보입니다. 하지만 속을 들여다보면 휴일이 줄고 조업일수가 늘어난 덕분입니다. 앞으로 수출 추이를 가늠할 수 있는 하루 평균 수출액만 봐도 -18%대가 그대로 유지됐습니다. 코로나19의 세계적 확산세가 진정될 기미를 보이지 않고 있기 때문입니다. 코로나19가 2분기엔 정점을 찍고, 3분기부터는 진정될 것이란 게 한은의 당초 예상, 하지만 7월 중순인데도 확산세는 오히려 더 커졌습니다. 성장률을 -0.2%로 잡은 기본 전제가 달라진 겁니다. 특히 브라질과 인도 등에서는 확진자가 급증하면서 경기 부진이 이어졌고, 재확산 우려가 커진 미국에선 봉쇄를 다시 강화하는 지역도 있습니다. 수출에 의존하는 우리 경제엔 악재가 될 수밖에 없습니다.

한은 금통위는 다만 기준금리는 연 0.5%로 그대로 유지하기로 했습니다. 이미 금리 인하 한계에 가까워진데다 부동산 등 고려해야 할 다른 변수도 있기 때문입니다. 하지만 한은은 완화적인 통화정책 기조는 그대로 유지한다는 점을 분명히 하고, 필요하다면 금리 외에 대출과 국채 매입 등 다른 수단도 활용하겠다고 밝혔습니다.

설상가상, "올해 성장률은 ○%입니다"라고 해야 할 숫자를 하나만 내지도 못했다. "중간치는 -0.2%입니다. 다만, 나쁘면 -1.8%, 좋으면 0.5%가 될 수도 있습니다"라고 했다. 그러니까 국내 최고의 경제전망 기관이 우리나라 한 해 성장률 전망을 한 해가 5달이 지난 시점에 -1.8%에서 0.5% 사이라고 두루뭉술하게 제시한 셈이다.

그러면서 '시나리오'라는 말을 썼다. 세계 경제가 좋을 때와 나쁠 때, 그리고 그 중간쯤을 가정하고 그 상황별로 우리 경제 상황을 전망해본다는 의미다.

한국은행 입장에서도 시나리오라는 개념을 집어넣는 이 상황이 머쓱했다. 그래서 보고서 말미에 사족을 달았다. '코로나 때문에 어쩔 수 없었다'.

그래프로 표현하면 오른쪽과 같다. 일별 글로벌 신규 확진자 수와 경제 봉쇄 정도[ELI]라는 개념이 필요하다. 확진자 수는 세계보건기구(이하 WHO) 자료(7일 이동 평균)이고, ELI는 골드만삭스의 봉쇄조치 강도지수[Effective Lockdown Index]다. 봉쇄 강도가 높으면 숫자가 높아진다.

1부 새로운 글로벌 경제가 온다

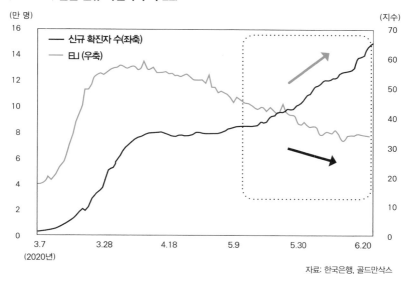

| 그림 3-1 | **일별 신규 확진자 수와 ELI**

자료: 한국은행, 골드만삭스

2020년 3월 초부터 기록된 이 그래프를 보면 4월 중순까지는 신규 확진자 수와 ELI가 거의 동기화되어 있다. 신규 확진자 수가 늘어남에 따라 봉쇄의 강도도 점점 강해졌다. 4월 중순 이후 신규 확진자 수는 유지되는데 봉쇄 강도는 점점 줄기 시작하더니 급기야 5월 말경 교차하여 X자를 그린다. 이후 급격히 다른 방향으로 움직인다. 네모 안의 서로 다른 방향성을 흔히들 '디커플링'이라고 한다. 지표들이 서로 반대 방향으로 움직였다는 의미다.

왜 디커플링이 일어나는가? 한국은행은 "봉쇄조치를 더 이상 감당할 수 없는 국가들이 글로벌 확산이 지속하는데도 경제를 재개하고 있어서"라고 설명한다.

실제로 초기에는 확진자 수가 브라질 등 라틴아메리카 지역에서 급격한 증가세를 보이고, 미국에서는 좀처럼 줄어들지 않아서 글로벌 차원에서 급증하는 그래프가 그려졌는데, 각국은 오히려 봉쇄를 풀었다. 전염병과 경제가 상호 악순환의 고리를 형성하며 세계가 초유의 '감염병으로 인한 불확실성의 시대'로 들어섰다.

한국은행만 망신 주려는 의도는 아니다. 국제통화기금(이하 IMF)도 틀렸다. 2020년 연초만 해도 3.3%이던 세계 경제전망이 4월에 -3%로 바뀌었다. IMF는 표지에 '대봉쇄 The Great Lockdown'라는 부제목까지 달면서 머쓱해했다. 1930년대 대공황 이후 최악의 불황이 전염병으로 초래될 줄 난들 알았겠냐는 뜻일 테다.

IMF는 시나리오도 제시했다. 한국은행은 한국에 대해, IMF는 전 세계 국가들에 대한 시나리오를 제시한다. 여러 나라를 비교하면 왜 어떤 나라는 더 빠르게 회복하고 나머지는 느린지에 대한 설명도 제시해야 한다. IMF는 각국의 전염병 상황과 인구 구조, 경제 산업 구조를 설명변수로 제시했다. 오른쪽 그래프는 그 결론이다. 선진국들은 위축이 크고, 회복이 느리다. 개발도상국들은 위축의 정도도 작고 회복 시점도 더 빠르다.

이 시나리오, 결론적으로 보면 반은 맞고 반은 틀렸다. 미국과 같이 방역에 실패한 일부 선진국은 코로나 초기에는 충격이 크고 회복이 느렸다. 여기까지는 맞다. 그러나 정부 재정 부양책이 나오고 백신 보급이 시작되자 달라졌다. 백신을 가진 선진국이 개발도상국보다 훨씬 빠른 회복을 보이기도 했다. IMF 역시 코로나 분석에서는 본전을 챙기지 못했다.

| 그림 3-2 | **선진국과 개발도상국의 서로 다른 GDP 회복 경로**

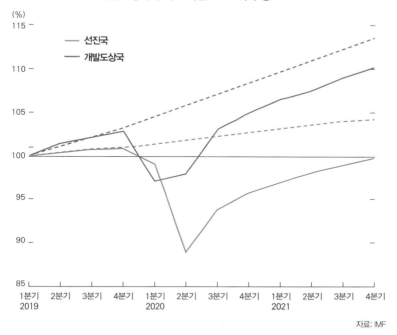

자료: IMF

그러나 진짜 실패한 곳은 따로 있다

2021년 이후 미 연준만큼 체면 제대로 구긴 기관은 없다. 물가와 경기 전망 모두에 실패했다. 세계 시장이 급격히 얼어붙은 데는 세계 경제의 마지막 보루이자, 이정표 역할을 했던 연준의 오판 탓이 가장 크다고 볼 수 있다.

연준 위원들의 생각은 마치 바람 앞의 갈대처럼. 짧은 시간에 크게 변했다. 회의를 열 때마다 전 회의에서 했던 말을 뒤집었다. (연준 위원 19명이 단체로 심하게 틀리는 일은 흔히 일어나지 않는다.) 그럼 얼마나 틀렸는지 살펴보자. 이 오판이 세계 경제를 얼마나 세차게 흔들었는지도 살펴볼 것이다.

틀리지 않았다고 딴소리해봐야 소용없다. 그럴 수도 없는 것이, 이 실패가 부인할 수 없는 증거로 박제되어 있기 때문이다. 바로 '점도표 Dot Plot'라는 그래프로.

점도표는 말 그대로 '점'으로 된 '도표'다. 연준의 연방공개시장위원회(이하 FOMC) 참석자들이 특정 질문에 대한 답의 형식으로 각자 점을 몇 개 찍는다. 회의마다 나오는 것은 아니다. 보통 석 달에 한 번, 1년에는 4번 답한다.

질문은 4~5개 정도다. '올해와 내년, 그리고 내후년 연말 등 기준으로 적절한 기준금리는 어느 수준입니까?', '장기적으로 미국 경제 잠재성장률 수준에서 적절한 금리는 어느 수준입니까?'

세계에서 가장 중요한 중앙은행의 정책을 결정하는 사람들이 분기에 한 번 '연말에 미국 기준금리가 여기쯤 있을 거야'라고 생각하는 구간에 점을 찍고, 이 최대 19명의 의견을 하나의 표에 담아 발표한다. 이 표는 연준 홈페이지에 올라와 있다.

점도표의 장점은 '직관적인데 세밀하다'는 데 있다. 구성원 한 사람 한 사람의 개별적 전망을 한 표로 요약해 보여준다. 그것도 위원 각자 생각하는 현재와 내년, 그리고 장기적 금리 수준을 다 보여준다. 아니면 19명 개별 인터뷰를 통해 들어봐야 하는데, 하나하나 듣기는 쉽지 않을

| 그림 3-3 | **연준의 실패는 점도표에 기록되어 있다**

자료: 美 연준 홈페이지

뿐 아니라, 의미를 추론하는 것은 더 어렵다. 그래서 가장 대표적인 '포워드 가이던스'Forward Guidance', 즉 '향후 정책에 대한 방향'으로 꼽힌다.

2020년 12월부터 2년간의 점도표를 모아봤다. 그리고 이 점도표에서 미 연준 위원들의 오판의 역사를 5단계로 구분해봤다. [36]

1단계: 한번 올릴까 말까(코로나 이후~2021년 9월)

2022년 전망부터 보자. 2020년 12월에는 2022년에 금리를 한 차례(0.25%p)◆라도 올릴 거라고 보는 사람이 19명 중에 한 사람에 불과했다. 2021년 3월과 6월까지도 2022년에 금리를 한 번도 올리지 않을 것으로 본다는 사람이 과반수였다. 0~0.25% 사이 제로금리를 유지할 것이라고 봤다.

전망이 바뀐 건 9월이 되어서다. 반년을 앞둔 시점에야 한 번(6명) 혹은 두 번(3명) 올릴 거라는 사람이 겨우 과반이 된다. 2022년 12월 기준금리 하단이 0.25% 혹은 0.5%가 될 거라고 보는 사람이 과반, 8명은 여전히 제로금리를 예상했다. 약간 바뀌긴 했으나, 여기까지 연준 위원들은 큰 틀에서 연속적이다.

2단계: 3번쯤 올릴 수도(2021년 12월)

그런데 석 달이 지나자 확 바뀐다. 10명이 하단을 0.75%로 본다. 2명은 1%로 본다. 기준금리를 3번, 혹은 4번 올릴 걸로 보는 사람이 절대다수(12명)가 된 것이다. 연준이 '인플레는 일시적'이라는 견해를 포기한 시점이다.

3단계: 7번은 올려야 할 것 같아(2022년 3월)

2022년 3월이 되자 전망은 요동친다. 절대다수(12명)가 7번 이상 인상을 예상했다. 5명이 7번, 2명이 8번, 3명이 9번, 1명이 10번, 1명은 과감하게도 12번을 예상했다.

4단계: 최소 13번 올릴 거야(2022년 6월)

6월이 되자 전망은 더 드라마틱해진다. 직전 전망에서 아웃라이어처럼 보였던 12번 인

◆ 점도표를 설명하는 이번 파트에서 '횟수'는 금리 인상의 기본 단위인 0.25%p를 한 번으로 환산해 계산한다. 이를테면 두 번은 0.25×2, 0.5%p 인상을 말하고, 열 번은 0.25×10, 2.5%p 인상을 의미한다.

상이 하한선이 되어버린다. 12번 4명, 13번 8명, 14번 4명, 15번 1명.

5단계: 미안해, 17번(2022년 9월)

설명하기도 머쓱하다. 단계를 추가하기도 민망하다. 한 번에 간다. 크게 틀리는 게 연례 행사이니까.

6단계: 2023년에 결국…… 20번(2022년 12월~2023년 3월)

2022년 12월, 예상을 뛰어넘어 한 해 동안 금리를 4%p 이상 올린 연준은 "내년(2023년)에도 금리를 추가로 인상하게 될 것"이라고 인정하고 만다. 2023년 연말 금리 수준은 2022년보다 더 높아진다는 전망을 냈다. 문제는 시장의 기대다. 연준은 올릴 거라고 말하지만, 시장은 2023년 연말이 되면 금리를 한두 차례 내릴 수 있다고 해석하는 상황이 왔다.

미국 실리콘밸리은행SVB 파산발 위기 가능성이 대두된 뒤에도 상황은 변하지 않는다. 2023년 3월, 연준의 점도표는 여전히 기존 예측을 수정하지 않았지만, 시장은 '금리 인상기는 끝났다'라며 낙관론을 편다. 연준의 말을 듣지 않는 상황. 결국 모두 '연준이 틀린다'는 사실에 대한 학습효과를 배제하고 설명할 수는 없다.

그러니까 2021년 6월까지만 해도 '내년엔 기준금리를 안 올릴 거야'라고 생각했던 사람들이 불과 1년 반 만에 '금리를 20번 올려야겠어'라고 입장을 바꾼 것이다.

이것이 실패가 아니라면 세상에 실패는 없다. 바다가 육지라고 해도 할 말이 없다. 계속 틀릴 뿐 아니라, 틀렸단 걸 안 뒤로도 더 많이 틀린다. 오차의 폭은 시간이 지날수록 더 커진다. 이렇게 시험을 칠수록 더 많이 틀리는 집단이 있다면 그 집단은 도저히 믿을 수 없는 사람들이 된다. 지금 연준이 그렇다.

틀린 물가 전망, 4개의 산이 되다

연준의 4번에 걸친 거대한 전망 변경은 실제 물가 상승에 대한 예측의 변경으로 이어졌다. 세계적 전망기관인 IMF의 '인플레이션 경로 전망'이 그랬다. 간단하게 말하면 이 전망들은 4개의 산과 같은 모습이었다.

첫 번째 산: 야트막한 뒷산

연준은 '일시적인' 인플레이션이 2%(미국 중앙은행의 목표 물가: 이보다 높으면 금리를 올리고, 낮으면 금리를 내린다)를 일정 기간 넘더라도 용인하겠다고 했다. 곧 내려올 테니까.

두 번째 산: 그보다 훨씬 큰 산

걱정이 시작된 건 가을부터. 인플레이션이 생각보다 오래간다. 그러다 연말이 되면 말이 바뀐다. 이제 '일시적인'이라는 말은 더는 사용하지 않겠다. 좀 더 물가 대응에 신경을 쓰겠다.

그것이 이 인플레이션의 성격이 생각과는 좀 다르단 걸 처음 깨달은 순간이라 할 수 있다. 코로나로 인한 공급망 병목현상은 생각보다 심했고, 반도체나 자동차 등 일부 분야

| 그림 3-4 | **'4개의 산'이 된 인플레이션 전망**

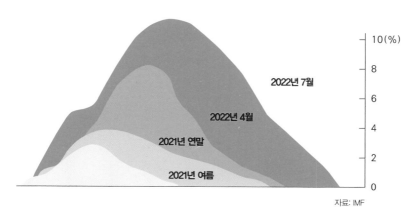

2022년 7월

2022년 4월

2021년 연말

2021년 여름

10(%)

8

6

4

2

0

자료: IMF

수요는 생각보다 더 많이 폭발했다. 정부가 많이 풀어버린 돈 때문이기도, 미래가 좀 더 빨리 왔기 때문이기도 했다.

세 번째 산: 회복을 집어삼키는 인플레이션

전쟁은 모든 것을 바꿔놓았다. 러시아가 우크라이나를 침공한 뒤, 에너지 가격은 폭등했다. 금속 가격도, 곡물 가격도……. 모든 원자재가 폭등했다. 급기야 IMF는 이 인플레이션 때문에 "코로나로부터의 회복이 지워지고 있다"[37]라고 선언했다.

네 번째 산: 스태그플레이션 걱정하게 하는 역사적 인플레이션

그런데 그게 끝이 아니었다. 전쟁이 지속됐다. 예측하지 못한 전쟁이 예상보다 훨씬 길어졌다. 모든 게 판단 착오였다. 제재의 후폭풍, 인플레이션의 시대가 됐다. 그렇게 세계 경제가 거대한 태풍 속으로 빨려 들어가버렸다.

돌아온 거대 인플레이션의 시대

1990년대를 지나 2000년대에 들어서면서 사람들은 인플레이션은 더 이상 현실적인 문제가 아니라고 생각하게 됐다. 글로벌 금융 위기 이후 인플레이션은 확실히 철 지난 이야기가 됐다. 먼저 '망령spector'이라고 부른 사람[38]은 선각자로 불렸다.

각국 중앙은행도 마찬가지다. 인플레이션의 시대는 지나갔다, 아무리 돈을 풀어도 인플레가 오지 않는 시대라고 믿게 되었다. 그래서 코로나 위기 이후 인류 역사상 경험하지 못한 규모로 돈을 풀었다.

그랬는데 돌아왔다. 인플레는 4개의 산이 되어 돌아왔다. 돌아온 걸 본 첫 반응은 '인지부조화'였다. 신념과 실제가 다를 때, 그 불일치가 싫은 뇌는 억지로 불일치를 해소하려 한다. 신념을 강화하는 방식으로. 이를테면 연준이 그랬다. 그 표현이 '일시적'이라는 단어다. 애써 현실을 무시하려 했다. 물가가 곧 떨어질 테니 선제적 금리 인상 등의 조치는 못 하겠다고 버텼다. 돌아보니 정책 실기였고, 미국과 영국 등 주요 국가에서 인플레이션은 수십 년간 전례 없는 수준까지 치솟았다.

그리하여 갑자기 인플레이션의 한가운데다. 코로나와 러시아의 우크라이나 침공이 만든 결과다. 이게 2022년 하반기에 인류가 목도하고 있는 인플레이션의 정체다. (뒤에서 시선을 더 확장할 것이지만, 일단 지금까지 살펴본 내용으로는 그렇다.)

'지나간'헬리콥터 머니 시대의 절정

■ 미국, 한 주 치로만 22조 원 뿌렸다

미국은 코로나로 인한 실업자 생계를 위해 특별실업지원금 ^{Extra} Unemployment Aid을 지급했다. 2020년 3월 말부터 7월까지 약 넉 달간 이 정책을 지속했다.

수당은 주 단위로 지급됐다. 추가 지급되는 돈만 600달러. 원래 지급되는 수당 330달러는 별개다. 《워싱턴포스트》는 2020년 3월 말부터 7월까지 "전형적인 미국의 실업자는 주당 930달러를 받았다"라고 했다. 이를 한 달 치로 환산하면 대략 3700달러 이상이다. 일을 안 해도 국가로부터 한국 돈 440만 원 이상을 매달 받았다는 소리다(주당실업수당 × 4 = 월 440만 원, 한 주 최대 3100만 명에 지급).

금액도 놀랍지만, 더 놀라운 것은 수당을 받은 사람의 수다. 《월스트리트저널》은 특별실업수당이 가장 많이 지급된 기간이 6월 20~26일 주간이라고 했다. 이 주간에 특별실업수당을 받아 간 사람은 (놀라지 말 것) 3100만 명이다. 600달러에 3100명을 곱하면 186억 달러다. 한국 돈으로 22조 원. 딱 한 주 치 특별실업수당으로만 미 연방정부는 22조 원을 뿌렸다. 넉 달 동안 실업수당으로 쓴 돈은 모두 2500달러, 300조 원이다. 성인 1인당 1200달러를 지급한 보편적 재난지원금은 별도다.

미 의회는 실업 보너스Unemployment Bonus라고도 불리는 특별실업지원
금을 추가로 계속 줬다. 돈을 물처럼 뿌려대며 코로나 상황을 버티기로
결정한 것이다.

■ 실업보다는 고용에 보조금 지급하는 유럽,
일당 16만 원을 정부가 주는 일본

유럽은 '고용 유지'에 더 집중했다. 기업이 어려울 때 실업수당을 줘
서 해고를 장려하기보다, 보조금을 줘서 일자리가 사라지지 않게 유도
한다는 취지다. 다만 천문학적 규모는 다르지 않다.

《월스트리트저널》은 2020년 4월, 독일과 프랑스, 스페인 세 개 나라
만 합산해도 180조 규모의 고용유지지원금을 기업에 풀었다고 했다.
프랑스의 경우 78만 5000개 기업의 노동자 960만 명에게 임금 지급을
지원했다. 민간 부문의 절반이다. 영국은 고용 유지 지원금이 없던 나
라인데 코로나 사태 이후 만들었다.

일본은 둘 다 했다. 두 번의 추경(일본식 표현은 보정 예산)으로 234조
엔을 투입했다. 이 가운데 재정은 121조 엔, 국채는 57.5조 엔이다. 빚
만 한국 돈 640조 원을 냈다. 한국 정부 내년 예산안 규모 555조 원보다
많다. 추경 규모는 일본 GDP의 40%에 달한다.

이 돈, 직원을 해고하지 않고 쉬게 한 기업에 '고용조정 조성금'으로

줬다. 1일 지급 상한은 1만 5000엔. 최대 하루 16만 원의 일당을 정부가 줬다. 매출이 급감한 기업, 개인사업자에게는 임대료도 지급했다. 규모는 최대 600만 엔(약 6700만 원)이다.

■ IMF "2021년 선진국 부채는 제2차 세계대전 직후 수준 추월"

IMF는 선진국이 빚잔치를 하고 있다고 했다. 제2차 세계대전 직후 선진국 부채가 세계 GDP 대비 124% 수준이었는데, 2020년에는 이 수치가 128% 수준을 기록하고 있다는 것이다.

미 정부는 이미 4회에 걸쳐 우리 돈 3000조 원 이상의 경기부양책을 집행한 바 있다. 2021년 미국 연방정부 부채는 2차 대전 직후인 1946년 이후 처음으로 GDP의 100%를 넘어선다. 일본은 국가 부채의 신기원을 향해 나아간다. 230%가 넘는다. 그 어떤 나라도 따라갈 수 없다. 거기에 2020년에만 40%p를 더 얹었다.

사실 하늘에서 돈을 뿌린다고 표현해도 이상하지 않다. 그러니 국가 채무가 느는 것은 이상하지 않다. 이상한 것은 이 거대한 빚을 미국, 유럽, 일본 정부가 모두 별로 걱정하는 것처럼 보이지 않는다는 점이다.

■ 헬리콥터 머니의 선봉 일본,
2023년 도쿄 증시 최대 주주는 일본은행 BOJ

하늘에서 뿌리는 돈 '헬리콥터 머니'는 사실 미국 연준 의장이었던 벤 버냉키가 꺼내든 말이다. "디플레이션에 빠져들면 하늘에서 돈을 뿌려서라도 경기를 살리겠다"라는 2002년 발언으로 '헬리콥터 벤'이란 별명도 얻었다. 미국과 유럽, 일본 등 각국의 중앙은행들은 지금 이 헬기에 탑승해 하늘에서 돈을 뿌리고 있다.

일본중앙은행(이하 BOJ)은 주식에도 투자한다. 상장지수펀드^{ETF}를 매입한다. 주가 안정을 위해서다. 2019년 말 기준 350조 원, 도쿄 증시 상장 1부 기업 전체 시총의 5%다. 이미 '도쿄 증시 최대주주'다.

국채는 말 그대로 '천문학적'으로 보유하고 있다. 5천조 원이 넘는다 (2019년 말 기준 485조 엔). 일본 정부 국채의 40%를 샀다. 급기야 주식과 국채 등 보유 자산은 일본 GDP 규모의 100%를 넘어섰다. 정부의 경기 부양 자금을 중앙은행이 '돈을 찍어대면서' 벌어진 일이다. 이 비율, 천문학적 돈을 쓴다는 미 연준조차 20% 수준이고, 유럽 ECB는 40% 수준이다(한국은행은 1% 안팎).

중앙은행과 정부가 모두 빚더미다. 일본은 매년 국가 예산의 절반만을 세금으로 충당하고 나머지 절반은 국채 발행으로 조달한다. 매년 국채 이자로 나갈 돈이 조세 수입의 22%에 달한다. 달리 말하면 매년 정부 지출의 11%가 국채 이자를 갚는 데 쓰인다.[39]

■ 그들은 달러·유로·엔을 가지고 있어 두려워하지 않는다

영국의 《이코노미스트》는 달러를 '기축통화'이자 '국제 결제통화'이

며 '지급준비통화'라고 표현한다. 국제 거래에 사용되는 은행 통장 50%가 달러 통장이고, 무역에 사용되는 통화는 달러이며, 각국 중앙은행들이 외환 보유고에 쌓는 돈의 62%는 달러다.

세계는 항상 이 달러를 원하고 위기가 도래하면 더 원한다. IMF는 2022년 상반기 신흥국들이 1240억 달러어치의 채권을 발행했다고 밝혔다. 코로나 사태 초기 투자자들은 주식은 물론 금까지 돈 되는 건 모두 팔아치워 달러를 확보했다.

심지어 미국 때문에 위기가 와도 달러를 사야 한다. 투자자들은 달러를 팔기는커녕, 오히려 달러 자산을 더 사들였다. 2008년 글로벌 금융 위기, 미국 금융 시스템이 붕괴됐을 때, 투자자들은 달러를 사들였다. 위험할수록 달러가 든든하니까. 2011년 미국의 국가 신용등급이 하향됐을 때도 그랬다.

달러는 궁극의 안전자산이다. 그러니 미국은 실업자들에게 뿌리기 위해 아무리 달러를 찍어내도 두려울 것이 없다. 유로화도 마찬가지다. 역시 국제 거래에서 통용되며, 위기 때 보유 욕구가 커진다. 위기면 전 세계에 투자했던 유럽의 돈이 다시 돌아온다.

일본에게는 달러의 안전자산 지위가 오히려 골칫거리가 된다. 아베노믹스는 돈을 풀어 돈의 가치를 떨어트리는 정책이었다. 그렇게 해서 수출이 잘되게 하고, 수십 년째 디플레 상태인 물가를 올려 경기를 살리겠다는 체계다. 그런데 위기만 되면 전 세계에 투자했던 엔화가 열도로 돌아온다. 그러면서 엔화 가치가 높아지는 '엔고'가 벌어진다. 수출 경쟁력이 떨어지고, 물가는 다시 하방 압력을 받는다.

다시 말해, 엔화 가치가 너무 안정적이어서 고민이다. 가치 하락 걱정은 어디에도 없다. (사실 일본의 상황은 달라지고 있다. ◆)

■ MMT, 그들을 부채질하는 '이상한 나라의 앨리스'

저금리, 저물가가 영원한 '뉴노멀 New Normal'에서는 정부가 발권력을 동원해 돈을 무제한으로 찍어내서 경기부양에 사용해도 아무 상관없다는 '현대통화이론(이하 MMT)'을 주장하는 경제학자들까지 나타났다.

《파이낸셜타임스》는 MMT의 대모 스테파니 켈튼을 인용해서 뉴노멀이면 재정적자는 얼마든지 감당 가능하니 필요하다면 정부는 얼마든지 돈을 빌려도 상관없다는 주장을 소개한다. 빌린다는 형식을 취하지만 실은 빌리는 게 아니라 찍어내는 것이다.

일례로, 일본 정부가 국채를 발행할 때 '돈을 빌리는 것처럼' 보이지만, 절차를 보면 우리가 흔히 생각하는 대출과는 차이가 있다. 일본 정부가 채권에 필요한 만큼의 숫자를 써서 중앙은행 BOJ에 주면, 중앙은행은 컴퓨터를 켜고 키보드를 통해서 정부의 통장 계좌에 숫자를 쓰고 '이체' 버튼을 누른다.

갚을 걱정은 안 해도 된다. BOJ가 정부를 독촉하는 일은 없을 테고,

◆ 궁금한 독자는 KBS '달러당 150엔'의 거대한 의미, 일본열도 위기일까?'(2022.10.21.) 기사를 참고할 것

금리는 극히 낮으니 이자는 부담이 없다. 일본 정부는 그냥 낮은 이자에 돈을 '빌리는 척'하면서, 찍어낸 돈을 민간에 뿌리면 된다. 중앙은행의 '무제한 돈 풀기'에 정부의 '강력한 재정지출', 그리고 '경제 구조 개혁'을 합한 '세 개의 화살'로 일본 경제의 강한 성장을 추동하겠다는 계획이 바로 아베노믹스다.[40]

'공짜 점심이 있다'는 이상한 이야기다. 일본이 먼저 갔다. 그래서 일부는 '일본화 Japanification'라고도 부른다. 코로나를 맞아 미국도 합류하는 듯 보였다. EU 집행위원회도 동참했다. 찍어낸 돈으로 이탈리아 같은 개별 국가를 지원하는 '경제회복기금'이 집행된다. 돈 펑펑 쓰는 계획을 발표했다.

영국의 경제학자 에드워드 챈슬러는 《파이낸셜타임스》와의 인터뷰에서 '공짜 점심이 있다'는 '이상한 나라의 앨리스' 같은 이야기라고 말했다.

■ 폴 크루그먼 "쫄지 마", 영구 부양책이 필요한 시대

심지어 노벨상 받은 경제학자, 폴 크루그먼도 괜찮다고 했다. 지난 2022년 3월 부양책 통과 당시 《뉴욕타임스》 기고에서 "인플레이션 겁 먹을 것 없다"라고 했다. 물가가 오르는 건 일시적 현상이고, 경제 회복 과정은 여전히 진행 중이라는 것이다.

부양책 때문에 인플레가 발생하고, 이게 미국 경제를 약하게 할 거

라는 '공포 팔이'에 "쫄지 마"라는 논리다. 중앙은행인 FRB, 연준 의장인 제롬 파월도, 직전 연준 의장이자 지금은 재무장관인 재닛 옐런도 같은 입장처럼 보였다.

크루그먼은 진지하게 '영구 부양책Permanent Stimulus'이라는 말도 만들어냈다. 2020년 3월 영국 경제정책연구소CEPR 기고 논문[41]에서 그는 "지금은 인플레이션이 없는 시대가 됐고 세계가 이걸 뉴노멀로 받아들이고 있기 때문에 경기가 좋건 나쁘건 관계없이 정부가 계속 돈을 찍어내도 된다"라고 했다.

"GDP 2% 범위에서 영구적으로 돈을 찍어내자, 그리고 인프라에 투자하자, 그리고 갚지 말자."

이 논리를 다음과 같은 그래프로 표현했다.

| 그림 3-5 | **제로금리 시대의 아웃풋 갭**

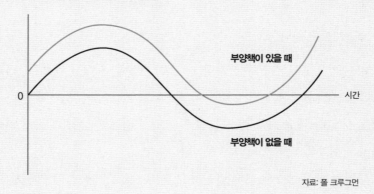

자료: 폴 크루그먼

부양책 Stimulus 이 생산적이어서 산출물 GDP 을 높이는 데 기여하기만 한다면 '비전통적 통화정책'처럼 '빚내서 공공투자'하는 '비전통적 재정정책'도 효과가 있다. [그림 3-5] 그래프에 따르면 비전통적 재정정책은 경기 사이클 전체를 위로 들어올려서 불황을 더 짧고 덜 고통스럽게 하고, 전반적인 성장률도 높인다.

■ 비전통적 재정정책론: "빚 걱정은 하지 마, 갚지도 마"

빚은 어떻게 하냐고? 갚을 필요 없다. 앞의 기고문에서 크루그먼이 주장한 것은 다음과 같다.

"2% 빚내서 4% 성장하고 인플레가 2%라면, 빚의 명목 금액은 늘겠지만 (경제가 더 빠른 속도로 성장하기 때문에) 부채비율은 크게 높아지지 않을 것이다. 성장이 중요하지 빚이 중요하진 않다. 저금리니까."

말도 안 되는 소리 같지만, 바이든이 펼치려던 '인프라 부양책'은 마치 크루그먼 논리를 차용한 듯 유사하다. 우선 정부가 빚내 인적, 물적 인프라에 투자한다는 측면에서 같다.

규모 역시 크루그먼이 제안한 수준이다. (당초 규모는) 4조 달러였다. 10년간 쓸 돈이니 연간 평균 0.4조 달러 정도다. 0.4조 달러는 2020년 GDP를 기준으로 1.9% 정도. 크루그먼이 제안한 GDP 2%와 거의 같다. (바이든에게 증세 계획이 있긴 하지만, 언제나 얼마나 증세할 수 있을지는 불확실하다.)

걱정하는 목소리도 물론 적지 않았다. 하버드 총장 출신에 미 재무장관을 역임하기도 한 경제학자 래리 서머스, "중앙은행은 규칙에 근거해 통화정책 해야 한다"라는 '테일러 준칙'으로 유명한 경제학자 존 테일러 등이다. 지나친 재정정책이 경기 과열을 불러오고 물가 상승 압력을 가져온다고 지속적으로 경고했다.

특히 중앙은행의 초저금리 정책이 경기의 구조적 침체^{secular stagnation}를 불러왔을 가능성을 제기하며 초저금리 상황을 지속적으로 우려[42]해온 서머스는 여러 근거를 들었다. ① 미국의 잠재 GDP와 실제 GDP의 차이(GDP 갭)를 고려할 때 이미 집행이 확정된 재정지출만으로도 물가는 급등할 수 있다는 논리, ② 미·중 충돌 이후 글로벌 가치사슬 재편과 인구 고령화 등으로 인한 비효율도 물가 상승을 유발할 수 있다는 논리, ③ 과도한 재정 지출로 미국의 국가신용등급이 떨어질 수 있다는 점, ④ 빚을 갚으려 하는 세율 인상은 일자리 창출에 부정적인 영향을 미칠 수 있다는 점을 제시한다.

전통적인 경제학 논리다. 빚은 무한정 지속할 수 없고 어느 시점에서는 상환이 불가피하다는 '상식' 차원에서도 부정할 수 없는 논리다.

2023년, 모두가 인정하겠지만 지금은 분명 서머스의 시대다. 인플레이션은 지난 10여 년 세계 경제를 지배했던 뉴노멀 담론을 집어삼켰다. 말도 안 되는 소리로 만들었다. 일단은 그렇다. 정말 이대로 '이상한 나라의 앨리스' 같던 뉴노멀의 시대는 끝난 것일까.

04

두 갈래의 길:
인플레이션의 세기

인플레이션 비관론 vs 낙관론

상황을 비관하는 사람들이 한쪽에 있다. 이미 스태그플레이션이라는 악성 인플레이션의 시대에 들어섰다는 관측도 나온다. 경기 침체와 함께 물가 때문에 생활고도 가중되는 최악의 상황이 장기 지속될 수 있다는 전망이다.

그러나 물가가 곧 잠잠해질 것이라는 정반대 전망도 적지 않다. 2000년 이후 계속 그랬던 것처럼. 인류의 생산성 향상과 성장에는 한계가 있으니까. 물가 상승을 억제하려는 긴축은 이 성장에 찬물을 끼얹어 불황을 만든 뒤 물가를 잠재울 것이다.

인플레이션의 성격을 놓고 이렇게 상반된 의견이 존재한다. 인간의 성격을 16가지 유형으로 분류한 MBTI 조사에 빗대어 볼 수도 있다. 이를테면 한편에서는 인플레이션이 외향형이고 직관적이고 감정 기복이 심한 ENTP처럼 출렁출렁할 것이라고 말한다. 그렇다면 지금 인플레이션은 치솟고 있지만, 상황이 바뀌면 반대로 확 꺾일 것이다.

반대편은 인플레이션이 내성적이되 변함없는 ISTJ처럼 꿋꿋할 것이라고 믿는다. 인플레를 둘러싼 세계 정치와 경제의 중력이 완전히 바뀌어버렸고, 그래서 인플레 없던 시절로 돌아갈 수는 없다는 주장이다.

인생극장처럼, 두 가능성 다 검토해보자.

비관론: 물가는 변함없이 꿋꿋한 ISTJ 같을 것

① 정부 재정부양책이 과했다

래리 서머스가 대표적인 학자다. 미국의 재무장관을 지냈고 하버드대학 총장을 역임한 민주당 경제의 거목 래리 서머스는 '비극'을 상상한다. GDP 갭을 이유로 들었다.

코로나로 인해 초기에 실제 GDP가 잠재 GDP를 크게 하회했으니, 부양책 자체는 옳았다. 그러나 너무 심했다. 트럼프와 바이든 정부가 몇조 달러어치의 돈을 쏟아부으면서 경기가 잠재 GDP를 크게 상회할 정도로 과열되어버렸다. 강제로 꺼트리는 과정은 고통스러울 것이다. 경착륙이다.

② 미·중 경쟁과 글로벌 공급망 분리, 저물가 시대는 끝났다

미국이 더는 중국 좋은 정책은 안 한다. 심지어 자유무역과 세계화도 안 한다. FTA는 더는 안 한다. 리쇼어링^{Reshoring}을 한다. 국내 유권자들이 자유무역을 원하지 않는다. 그 결과는?

첫째, 상품 조달 원가가 상승한다. 가격은 더 비싸질 수밖에 없다. 둘째, 중국 시장을 상당 부분 잃게 될 것이다. 1000개 팔 때는 개당 이윤을 100원만 붙여도 10만 원을 번다. 하지만 판매량이 500개로 줄면? 똑같이 10만 원을 벌려면 개당 이윤은 200원이 되어야 한다. 시장을 잃은 기업은 가격을 올린다. 셋째, 코로나 같은 만일의 사태에 대비해야 한다. 재고를 쌓고, 공급망은 다변화해야 한다. 다 원가 부담이다.

저물가는 돌아오지 않는다.

경제 모순의 상징, 스태그플레이션

"춤을 추면 다 잊어버려요. 좋아서 내가 사라져버리는 것 같아요. 내 몸이 변해서, 마치 새가 되어 하늘을 날아가는 것 같달까요?"

〈빌리 엘리어트〉는 백조가 되어 비상하는 소년의 꿈을 그린 영화다. 스크린에는 결국에 발레리노의 꿈을 이뤄 백조가 되는 소년의 희망차고 밝은 몸짓이 가득하다. 다만 춤을 추는 열한 살 빌리 주변에는 무거운 현실의 중력이 자리한다. 1980년대 중반 영국, 빌리의 고향 더럼은 역사상 가장 길고 처절한 파업으로 기록된 '광부 대파업'의 현장이다. 아버지와 형은 바로 그 파업 현장의 중심인 광부다.

경찰은 '권리'를 말하는 광부들을 말 그대로 두들겨 패 진압한다. 시위대는 결사 항전했지만, 알다시피 역사는 광부의 편이 아니었다. 패배한 그들은 엘리베이터를 타고 지하 갱도 안으로 힘없이 '하강'하지만, 그 대신 그들은 '날아오르려는' 빌리의 꿈을 지지하기로 한다.

"빌리에게 기회를 주자꾸나."

이 어두운 시대가 배경이기에 꿈과 희망으로 가득한 '비상의 몸짓'이 주는 감동이 더 커지는지도 모른다.

이 어두운 시대를 만든 악마는 '대처'다. '철의 여인' 마거릿 대처는 영국 블루칼라 노동자의 삶을 앗아간 원흉으로 꼽힌다. 영화에서도, 광부들의 머릿속에서도, 급진적 사상가들의 머릿속에서도, 그녀는 악마다. 이미 세상을 떠났지만, 지금도 영국 노동자들은 해마다 철의 여인에 대한 적개심을 분출한다.

하지만 한 사람이 한 집단의 운명을 바꾸지는 못한다. 구조적 사실에 부합하지 않는다. 당시 노동자의 삶을 빼앗아 간 것은 변화한 경제구조이기 때문이다. 세상이 바뀌어서 더는 과거의 방식으로 살 수는 없게 됐다. (영국은 1976년 IMF 구제금융을 받았다.)

그리고 스태그플레이션은 이 변화를 상징하는 단어다.

원인은 '비효율'

제2차 세계대전 뒤 60년대까지 자리했던 '자본주의의 황금기', 이 황금기는 '케인스의 시대'로 불리기도, '필립스 곡선의 시대'로 불리기도 했다. 같은 말이다. 풀이하자면 자본주의에 정부가 적극적으로 개입한 시절이다. 그 수단은 경제에 영양주사를 주는 부양책(재정정책)이다.

물론 영양주사를 무턱대고 쏟아부으면 안 된다. 기술적으로 잘 주입

해야 한다. 기준은 필립스 곡선이다. 물가와 실업의 반비례 관계를 나타낸 곡선이다. 어떤 특정한 실업률을 달성하기 위해서는 특정 수준의 물가를 감당해야 한다.

영국의 윌리엄 필립스는 1960년, 100년 동안의 임금 상승률과 실업률 자료를 분석한 논문 '영국의 실업률과 임금 변동률의 관계, 1861~1957'에서 고용과 물가 사이에 존재하는 역의 상관관계인 트레이드오프 trade-off를 그래프화했다. [43] 정부는 이 실업률과 물가 사이의 관계를 잘 관찰하면서 경제라는 환자에게 언제 주삿바늘을 넣고 뺄지를 결정한다. 이 필립스 곡선만 잘 살핀다면 사고는 나지 않는다.

돈을 투입한다는 이야기니 부작용은 당연히 있다. 바로 약간의 인플레이션이다. 큰 문제는 아니다. 인플레이션 속에 건전한 수요가 일어나서 실업률이 낮아지고 성장이 일어나니까. 성장이 장기간 지속되니 정부도 기업도 안정적이다. 노동자와 싸울 필요가 없으니, 복지는 확대되고 사회 전반에서 삶의 질이 상승한다. 윈윈 Win-win의 시대다.

| 그림 4-1 | **필립스 곡선 시대의 종말**

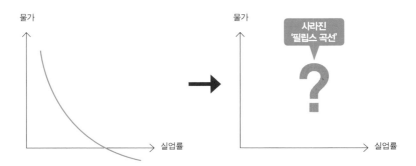

하지만 모든 좋은 시절에는 끝이 있다. 돈을 투입해도 성장은 없고, 과도한 인플레이션만 일어나는 시대가 찾아온 것이다. 경기는 나빠지는데, 강력한 노조의 힘이 뒷받침된 광산업 등 공공부문과 중화학 제조업 현장에서 노동자 임금은 올라간다. 좋던 시절에는 '성장의 과실을 분배'해 임금이 상승했지만, 이제 '물가가 오르니' 임금도 올라야 한다. 임금의 하방경직성이다.

중동발 오일쇼크까지 터진다. 에너지 가격이 오른다. 기업은 비용 부담에 허우적대며 생산량을 줄인다. 경제가 그렇게 뒷걸음치는 와중에 물건 가격은 오르고, 임금도 오르고, 임금과 원자재 가격 부담에 기업은 물건 가격을 또 올릴 수밖에 없다.

비효율이 확대된 기업은 생산을 줄여간다. 경제는 하강한다. 임금-가격의 악순환Wage-Price Spiral의 깊은 늪이다. 10년 넘게 지속된다. 이걸 스태그플레이션이라고 부른다.

스태그플레이션은 영국 보수당 이언 매클라오드가 1965년, 영국 의회에서 처음 사용한 단어다. '성장의 정체stagnation와 물가의 상승inflation이 동시에 닥친 최악의 상황stagflation'을 지칭한다. 5년 뒤 재무장관이 된 정치가가 만든 이 단어는 역사에 길이 남는 생명력을 얻었다.

스태그플레이션의 시대에는 재정정책이 불가능하다. 돈을 부으면 분명 물가는 올라가는데, 실업률이 줄어들지 않는다. 오히려 늘기도 한다. 필립스 곡선 자체가 사라져버린다.

인플레이션과 역성장, 그리고 실업이 가득한 시대가 됐다. 정부가 비효율과 물가 상승만을 부르는 시대, 이제 보수적 자유주의자들의 시대다. 비효율적 정부 역할을 축소해야 한다. 수요 정책은 끝났고, 공급을 촉진하는 정책(감세, 복지 축소, 노조 억압 등)의 시대가 되었다.

영국으로 시작했지만, 스태그플레이션의 시대는 '미국의 위기'를 상징하는 시대였다. 쉽게 이길 줄 알았던 베트남전(1960~1975)에서 수렁에 빠지면서 막대한 돈을 (찍어내서) 써야 했다. 인플레이션이 일어났고, 그와 함께 '반전 여론'이라는 국내 정치의 늪에도 빠져든다.

패권국가가 된 뒤 처음으로 진정한 달러의 위기가 왔다. 미국은 돈을 너무 많이 풀어버린 뒤 35달러를 금 1온스로 바꿔주는 '브레턴우즈 체제'의 근간을 포기한다. 이 '금 태환 포기' 선언(1971)은 닉슨 쇼크로 불린다. 달러 위기를 부채질하고 동시에 세계적 스태그플레이션을 부추긴다. 물가는 오르고 성장은 침식하는 장기 불황의 시대다.

[그림 4-2] 그래프는 인플레이션이 성장을 잠식하는 1970년대 당시

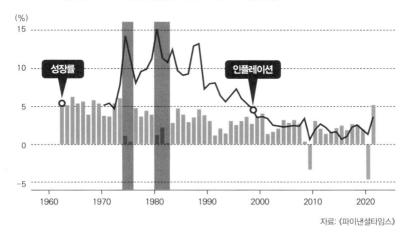

| 그림 4-2 | **OECD 국가들을 강타한 1970년대 스태그플레이션**
(OECD 국가 연간 성장률과 소비자물가 상승률)

자료: 《파이낸셜타임스》

상황을 잘 보여준다.

흥미롭게도 스태그플레이션이라고 세계 경제가 늘 역성장만 하는 건 아니다(실제로 한국 경제는 물가 상승률이 20%를 넘을 때도 계속 성장했다). 다만 인플레이션이 특히 높은 해는 반드시 성장률이 고꾸라진다. 물가가 연 15% 안팎 상승한 1975~76년이 그랬고 1980년도 그랬다. 영국은 1976년 IMF 구제금융을 받을 정도로 망가졌다.

영국은 결국 스태그플레이션을 '영국병'이라고 부르기로 했다. 그리고 그 영국병을 때려잡기로 했다. 친노동 정책은 모두 폐기했고, 복지는 없앴다. 재정을 줄였다. 비효율적 공공부문은 민영화했다. 노동시장은 유연화했다.

미국은 '인플레이션 파이터'를 등장시켰다. 연준 의장 폴 볼커. 기

| 사진 4-1 | **스태그플레이션 때려잡는 영국(1984)**

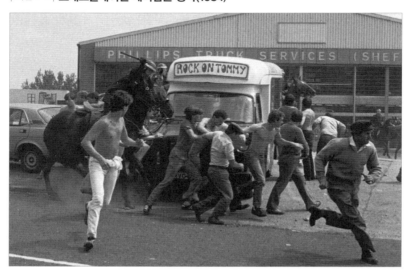

준금리를 20% 수준까지 올렸다. 실업은 급증했고, 기업은 도산했다. 이 강력한 긴축으로 물가를 잡는 동시에, 막대한 감세를 단행했다. 레이건의 시대였다. 긴축과 자율의 시대, 비효율적인 정부 역할을 줄이는 시대가 도래했다. 비효율을 혁파하는 이 시대사조를 '신자유주의'라고 부른다.

스태그플레이션은 노동을 밀어냈다

고통 뒤에 상황은 나아졌다. 물가는 떨어졌고, 성장은 회복되었다. 달러는 다시 강해졌다. 전반적으로는 더 풍요로운 시대가 돌아왔다. 다만 제조업 노동자를 위한 시대는 돌아오지 않았다.

대신 '금융자본주의'의 시대가 왔다. 영·미권은 비효율적이고 비용이 큰 제조업을 포기했다. 적은 직원으로 고부가가치를 내는 산업만 살아남기 때문이다. 금융과 하이테크 산업, 프로젝트를 설계하는 '두뇌'만 남았다. 세계화가 이걸 가능하게 했다. 부가가치가 낮고 비효율적인 산업은 '세계화'시키면 됐다. 한국이나 대만이, 또 중국이 그렇게 떠오른다. 부가가치가 낮은 제품은 이들이 만든다. 영국 경제학자 데이비드 리카도가 일찍이 말한 대로 비교우위에 따라 교역하면 된다.

대신 선택한 금융은 점점 큰 황금알을 낳았다. 부가가치가 높은 새로운 상품은 끊임없이 태어났다. 옵션과 선물이, 파생상품이, 그리고 그림자 금융이 돈의 팽창을 촉진하고 부동산 가격의 팽창을 부르는 시대가 왔다. 그 결과 런던의 시티와 뉴욕의 월스트리트는 풍요로웠다.

미국의 혁신기업은 디지털 세계에서 자연 독점 상태에 도달했다. 금융과 테크 기업 부문이 모든 인재를 빨아들였다. 풍요를 누렸다. 문제는 그 황금알을 딱 그들끼리만 나눠 가졌다는 점이다.

언제나 고통은 낮은 사람들의 몫이다. 고통받은 것은 광산 노동자, 제조업 노동자, 서민과 취약계층이었다. 수많은 노동자가 직장을 잃었고, 임금이 삭감됐고, 비정규직이 됐다. 복지는 축소됐다.

다시 스태그플레이션 공포의 시대

2022년, 다시 스태그플레이션에 대한 두려움이 돌아왔다. 코로나 전염병으로 인한 공급망 병목현상과 러시아의 우크라이나 침공으로 인한 에너지 원자재 가격 상승이 초래한 두려움이다. 미국의 긴축은 그두려움을 증폭했다. 진짜 스태그플레이션이 올까봐 두려워진 연준은 전례 없는 수준으로 금리를 올려야 하는 상황으로 내몰렸다. 지난 20년간 본 적 없는 속도다.

게다가 물가 압력을 수출할 때 받아준 중국이 이젠 없을지도 모른다. 미·중 경쟁 국면에 들어선 미국이 중국 없는 세계를 계획하고 있기 때문이다. 중국이 만든 혁신 제품을 사지 않고, 중국에 기술도 주지 않으면서, 안보에 필수적인 산업, 그리고 신재생 에너지 산업은 이른바 '리쇼어링'이라고 불리는 국내 회귀를 추구하고 있다.

미국은 성공할 수 있을까. 임금 상승과 물가 상승의 악순환을 잠재우고, 제조업만 다시 키워낼 수 있을까. 전망은 엇갈린다. 다시 제조업을 하기엔 미국이 너무 비효율적인 국가가 아닐까? 규제는 많고 도로나 철도 같은 인프라는 부족하고, 숙련 노동자는 적은 곳이 아닐까? 만약 그렇다면 리쇼어링은 물가만 높이고 상품 공급은 부족해지는 세상을 만들 수 있다. 그 결과는 한층 더 높은 인플레이션과 불황이 될 수 있다. 그 어느 때보다 불확실성은 높고, 걱정은 크다.

이때 한 가지 확실한 것은 실패의 고통이 귀결되는 지점이다. 경제의 충격과 불확실성은 언제나 노동자 서민의 고통으로 귀결된다. 이 사실은 불변이다. 이미 〈빌리 엘리어트〉에 아로새겨진 노동자와 서민의 고통은 또다시 반복될 것이다.

코로나19라는 대전염병 이후에 찾아온 공급망 병목과 에너지 부국 러시아가 감행한 전쟁과 제재의 악순환이다. 에너지 가격 폭등과 경제 충격, 그리고 이어진 거대한 긴축 전략의 끝이 디플레이션일지, 스태그플레이션일지는 몰라도 이 점만은 분명하다.

만약 시대가 그렇게 흘러간다면 서민과 노동자가 가질 수 있는 것은 희망이 아니다. 〈빌리 엘리어트〉 속 아버지와 형이 그러했듯 자신의 세대는 하강하되, 다음 세대만은 다시 부상하리라는 막연한 기대뿐이다.

낙관론: ENTP처럼 기복이 있어 결국 떨어질 것

① 장기 물가는 제자리

여전히 선봉장은 폴 크루그먼이다. 사실 그는 사과를 했다. 예측에 실수를 좀 했다고 쿨

하게. 2022년 7월 21일 자 《뉴욕타임스》에 일종의 사과문을 실었다. 제목부터가 '인플레이션에 관해 내가 틀렸다I Was Wrong About Inflation'였다.

하지만 소신을 굽히지는 않았다. 그는 이 칼럼을 쓰기 보름쯤 전에 잠시 인플레가 올 수는 있으나 인플레이션 기대심리가 통제를 벗어났다는 생각은 잘못이라고 트위터에 썼다. 근거는 '5년 뒤 인플레이션 기대(세인트루이스 연준 5년물 BEI)가 2.48%'라는 것이다. 장기적으로 물가가 이 수준에 근접할 거라는 이야기다.

사실 연준도 크루그먼과 같은 의견이다. 앞선 장에서 검토한 점도표, 2022년 말고 장기Long term 점도표를 보면 지난 2년간 거의 변하지 않았다. 19명은 모두 물가는 장기적으로 2.5% 선으로 수렴할 것으로 보고 있다.

② 역사를 봐라, 가만히 있으면 내려갈 인플레이션

클린턴 행정부 재무부 부차관보를 역임한 미국의 경제사학자 브래드포드 드롱은 《이코노미스트》 기고문을 통해 이 인플레이션을 미국 역사상 가장 큰 4번의 인플레이션과 비교했다. 역사적 고찰인데, 결론은 가만히 있으면 내려간다는 것이다.

드롱은 연준이 아무것도 하지 않아 관리에 성공한 인플레와 지금의 인플레에 유사성이 있다고 본다. 제2차 세계대전 직후인 1947년과 한국전쟁 발발 직후인 51년에 있었던 인플레이션이 그 예다. "급변기 인플레이션은 내버려두면 잠잠해진다"라고 했다. 언론이 낚시질하지 않고, 연준이 신중하다면 말이다.

경기 침체란 무엇인가?

스태그플레이션은 '장기적 고물가와 경기 침체의 조합'이다. 2023년, 고물가 조건은 충족한다. 그런데 장기적 경기 침체 조건도 충족했거나 할 가능성이 있을까?

답하려면, 경기 침체가 무엇인지 정의부터 내려야 한다. '2분기 연속 마이너스 성장'이라는 답이 튀어나온다면 당신은 경제를 좀 아는 사람이다. 그러나 꼭 그런 것은 아니다.

미국의 경기 침체를 공식적으로 확정하는 기관은 '전미경제연구소(이하 NBER)'다. NBER이 위와 같은 정의를 쓰기는 한다. 다만, 판단 기준은 하나가 아니다." NBER은 GDP가 감소했느냐와 함께, 실질 개인 소득이 줄었느냐와 실업률을 중요하게 본다. 이 두 가지를 GDP와 함께 살펴보면 훨씬 나은 판단에 이를 수 있기 때문이다.

우선, 실업률이다. 오일쇼크 당시를 지배한 경기 침체는 '구조적 실업'으로 귀결됐다. 공급 충격인 오일쇼크가 기업의 원가 부담을 높였다. 상품 가격을 높일 수밖에 없게 됐다. 판매량이 줄어든다. 동시에 물가가 너무 높으니 노동자는 임금 인상을 요구한다. 이는 기업의 부담 증가로 이어진다. 다시 상품 가격의 상승이 일어나는 악순환이 끊임없이 반복된다.

시간이 지날수록 경제가 위축되고 물건이 덜 팔리니 기업은 고용을 줄인다. 에너지 등 공급발 인플레이션이 지속되는 한, 이 구조적 실업 상황을 벗어날 방법은 없다. 이게 스태그플레이션이라는 과거사다.

현재의 그림은 상당히 다르다. 당장은 '구조적 실업'이 존재한다거나, 앞으로 나타날 수 있다고 말할 수 없다. 조금씩 나빠지고는 있으나 실업률은 여전히 낮고, 기업은 일손이 부족하다.

그러면 지금은 어떤 상황인가? 침체인가, 둔화인가, 아니면 숨을 고르는 중인가? 질문에 답하려면 다시 역사를 더듬어야 한다. 다행히 미국의 인플레이션을 되짚은 경제사학자가 있다. 그의 결론은 "스태그플레이션 같은 소리 하네"에 가깝다.

1951년 2월, 미국의 인플레이션은 9.4%까지 치솟았다. 전쟁 때문이었다. 바로 한국전쟁이다. 《뉴욕타임스》는 전쟁을 치르면 인플레이션은 피할 수 없다고 했다.[45] 당시에도 공급망 병목과 생필품 품귀로 물가가 치솟았다.

게다가 이 전쟁은 냉전의 신호탄이 된다. 미국은 제2차 세계대전 승리에 도취해 세계 유일 강대국으로 거칠 것이 없다 생각했지만, 한국전쟁을 치르며 '전면전'으로는 얻을 게 없다는 사실을 절감한다. 그래서 냉전이 펼쳐진다. 중심부에서는 전쟁을 치르지 않되(주변부 제3세계에서는 끊임없는 전쟁과 도발이 반복된다) 상시적인 유사 전쟁 구조를 장기 지속하는 체제다.[46]

미국의 경제사학자 브래드포드 드롱은 《이코노미스트》에 기고한 글[47]을 통해 한국전쟁 중의 인플레이션이 미국 역사상 가장 큰 인플레이션 다섯 가운데 하나라고 했다.

미국 인플레이션의 역사

드롱의 기고문 〈미국은 과거 인플레이션에서 뭘 배울 수 있나〉에는 모두 5개의 거대한 인플레이션이 등장한다. 인플레이션이 일어난 시간 순서에 따라 ①~⑤까지 번호를 매겨보겠다. ① 제1차 세계대전 당시인 1917~1918년, ② 제2차 세계대전 중의 인플레이션, ③ 제2차 세계대전 직후인 1947년, ④ 앞서 언급한 한국전쟁 중의 인플레이션, 그리고 ⑤ 오일쇼크 당시인 1960년대 중후반부터 1980년대 중반까지다.

드롱은 ①번은 연준이 잘못 대처해 문제가 커진 인플레이션, ②번은 전쟁 중 완전한 가격 통제로 넘어가버려 시사하는 교훈이 없는 인플레이션, ③~④번은 연준이 아무것도 하지 않은 가운데 자연스럽게 넘어간 인플레이션, ⑤번은 볼커가 나타나 금리를 20%까지 올려 극복한 인플레이션이라고 했다.

유형 1: 아무것도 하지 않아 관리에 성공한 인플레이션

먼저 ③, ④번부터 보면 1947년 인플레이션은 군수 경제를 민간 경제로 전환하며 소비가 봇물 터지듯 나타났다. 탱크 공장이 자동차 공장이 되었다. 1947년 3월 물가는 19.7%까지 갔다.

연준은 아무것도 하지 않았다. 대신 전쟁을 수행하느라 찍어낸 어마어마한 양의 채권 가격 유지에만 신경을 썼다. 오히려 막대한 전쟁 빚의 실질적인 크기를 줄여주는 인플레이션을 반겼을지도 모른다. 인플레는 이듬해 1948년에도 8%에 이르렀다. 하지만 1949년에는 마이너스 전환되며 갑자기 끝났다.

1951년 인플레이션 역시 마찬가지다. 전쟁을 치르느라 인플레가 치솟았지만 연준은 아무것도 하지 않았다. 그리고 인플레이션은 지나갔다. 1952년 3월이 되자 2% 아래로 떨어졌다. (한국전쟁은 1950년부터 3년 동안 지속됐지만, 사실 뜨거운 전투는 1951년에 다 마무리되었다.)

두 인플레이션은 모두 짧게 끝났다. 임금 상승과 가격 상승의 악순환은 없었다. 연준의 개입 없이도 가격 상승 압력 요인이 해소되자 빠르게 해소됐다. "전쟁 중에는 무슨 짓을 해도 가격이 치솟는 것을 막을 수 없다"라는 격언을 뒤집으면, 전쟁이 끝나면 상황은 급반전된다는 뜻이기도 하다.

유형 2: 고통스러운 긴축을 거쳐 겨우 정상으로 돌아간 인플레이션

오일쇼크 당시의 ⑤번 인플레는 1980년 3월, 12.8%까지 치솟았다. 1970년대 연준 의장은 아서 번스였다. 닉슨의 친구였는데, 그는 금리를 높이지 않았다. 그는 의회가 금리를 장기간 높게 유지하도록 내버려두지도 않을 거라고 생각했고, 경제가 과열되어도 둔화보다는 낫다고 생각했다. 닉슨의 재선을 위해 경제 과열을 내버려두었다는 책임론에도 시달렸다. 유약한 의장으로 평가받았다.

이후 임금-가격 악순환은 장기간 반복됐다. 스태그플레이션을 잠재운 건 후임 의장인 폴 볼커다. 인플레이션 파이터는 1978년부터 불거진 2차 오일쇼크 대응 과정에서 이자율을 20% 수준까지 끌어올린 뒤 1982년 8월까지 장기간 두 자릿수에서 유지했다. 고통스러운 긴축 기간이었다. (번스가) 호미로 막을 것을 막지 못해, 어쩔 수 없이 (볼커가) 가래로 막았다는 표현이 어울리는 인플레이션이다.

유형 3: 연준이 잘못 대응해 불황을 부른 인플레이션

제1차 세계대전 당시(오해하지 말 것, 미국은 대부분의 기간에 유럽에서 벌어진 이 전쟁과는 무관했다) 연준은 새롭게 형성되어 활동을 시작했다. 기준금리 정책은 존재하지 않았다. 연준은 재할인율 정책을 활용했다.

당시 연준은 긴축을 너무 늦게 시작한 뒤 너무 강력하게, 또 오래 지속해 대응에 실패했다는 평가를 받는다. 연준은 1917년에서 1918년 사이 재할인율을 3.75%에서 4.5%로 높인 뒤, 1919년 9월부터 20년 6월까지 7%로 유지했다. 당시 밀턴 프리드먼은 "최소한 1년 전에 금리 인상에 나섰어야 할 연준이 너무 늦게 행동에 나섰고, 동시에 실제 움직였을 때는 너무 멀리까지 갔다"라고 평가했다.

아무것도 하지 않으면 지나갈 인플레이션

드롱은 지금 상황은 첫 번째 유형, 아무것도 하지 않아 관리에 성공한 ③, ④번 인플레이션과 유사하다고 본다. 러시아와 우크라이나가 전쟁 중이고 코로나까지 겹쳐 피하기 어려운 상황이지만, 여전히 장기 인플레가 2.5% 안팎일 것으로 보는 사람이 많다. 따라서 당분간만 힘들 것이다. 채권 시장을 보면 그렇다. 지나갈 가능성이 크다는 얘기다.

그러면서, 나쁜 시나리오로 넘어갈 위험도 짚는다. 두 가지 경착륙 위험 요소가 있다. 우선 연준이 정책 대응에 실패하는 상황이다. 제1차 세계대전 당시의 실패(유형3)인데, 당시 연준은 너무 늦게 대응했고, 또 그 대응 자체는 너무 오랫동안 지속했다. 지금 연준 역시 잘못된 상황 판단으로 너무 늦게 금리를 올렸다. 또 너무 급하게 올렸다. 다만 이 수준을 얼마나 오래 가져갈지는 미지수다.

다른 하나는 '자기실현적 예언self-fulfillment prophecy'의 가능성이다. 이것은 미국의 경제학자 로버트 머튼에 의해 정식화된 개념으로 "상황에 대한 잘못된 정의가 새로운 행동을 촉발하고, 그에 따라 본래는 틀린 개념이 실현되게 한다"[48]라는 의미다. 즉 자꾸 부정 타는 소리를 해서 진짜 그렇게 되어버린다는 뜻이다.

당혹스럽게도 '자꾸 부정 타는 소리', 즉 상황에 대한 잘못된 정의를 하는 주체는 기자들이다. 혹은 소셜미디어상에 범람하는 정보들이다. 하도 스태그플레이션 얘길 해대고, 1970년대와 비교하니 이게 경제주체들의 '기대 인플레이션'을 1970년대에 맞춰버릴 수 있다는 얘기다.

물가가 장기 지속적으로 오를 상황이 전혀 아니고 좀 지나면 떨어질 텐데, 미디어의 입방정들 때문에 여기에 노출된 사람들이 '아 물가가 장기적으로 많이 오를 거야'라고 믿게 되면 실제로 스태그플레이션이 올 수도 있다는 얘기다.

드롱은 이런 소셜미디어, 전문미디어의 글들이 '온라인 낚시질Clickbait'이라고 말한다. 기자들이 자중해야 한다는 얘기다. 이를테면 이런 말이다.

"너희가 수십조 원을 거래하는 채권 시장 참여자들보다 똑똑하니? 걔들은 데이터에 근거해서 장기 인플레이션을 2.5% 근방으로 보거든. 그런데 너희가 진짜 불황을 만들 수 있어!"

참고로 앞서 언급한 연준의 19명이 지난 2년간 수없이 자신들의 오판을 인정하면서도 한 번도 바꾸지 않은 전망이 바로 이 장기 인플레이션이다. 이들은 금리 인상 횟수를 0회로 볼 때나 20회로 볼 때나 변함없이 장기 인플레이션은 2.5%라고 보고 있다.

정리해보면, 이 인플레이션의 MBTI, 성격을 결정할 변수는 우크라이나에서 벌어지는 전쟁의 경로와 연준의 판단 정도가 된다.

다가올 인플레이션의 '제5원소'

이제 여기에 또 다른 불확실성을 언급해야 한다. 그동안 논의 과정에서 애써 언급을 최소화한 주제다. 바로 미·중 경쟁의 전개 방향이다.

미·중 경쟁으로 인한 공급망 분리의 효과가 거대할 것이라고 전망하는 사람들은 인플레이션의 장기 지속을 점친다. 인플레이션을 각오하고 미국이 중국과의 관계를 끊을 것이니까. 세계의 시장은 공장을 잃고, 공장은 시장을 잃으니 분리된 각각의 시장에서는 인플레이션이 불가피하다는 주장이다.

그러나 조금 다른 미래를 전망하는 사람들도 적지 않다. 미·중 경쟁이 만드는 새로운 경제 지형도가 면도칼로 그은 것 같은 날카롭고도 선명한 선으로 구분되는 두 진영으로 쪼개진 모습은 아닐 것이라는 전망이다.

우선 미국이 모든 제조업을 본국으로 송환할 수는 없다. 그럴 인프라가 미국에는 없다. 인건비가 비싸고(각종 노동 규제는 강하고, 법률 비용도 크다), 원료 조달은 어렵다. 뉴욕이나 샌프란시스코를 여행했다면 무슨 얘기인지 알 가능성이 크다. 기념품점에 들어가서 열쇠고리, 티셔츠, 가방, 손수건, 무엇이든 집어보라. 십중팔구 '메이드 인 차이나'이다.

그러면 중국이 아닌 나라에서 조달할 수 있어야 하는데, 그럴 가능성도 작다. 인구가 많고 인건비가 저렴하다고 모두 중국이 되는 것은 아니다. 중국만큼 믿고 의지할 수 있는 제조 국가는 많지 않다.

애플과 테슬라 같은 기업은 다른 맥락에서 이런 분리를 원하지 않을 것이다. 인구 10억 이상의 거대한 내수시장을 가진 중국을 포기할 수 없기 때문이다. 그래서 이 분리가 일부 첨단 산업에서 기술을 공유하지 않고, 공급망을 흐릿하게 나누는 형식으로 귀결될 가능성이 크다고 보는 입장도 적지 않다.

그렇다. 이 인플레이션의 '제5원소'를 본격적으로 탐색하지 않고 인플레이션의 방향을 점치는 것은 무의미할 수 있다. 하버드대학 케네스 로고프 교수는 2023년 전미경제학회 정기총회에서 "우리는 충격shock의 시대를 살고 있다. 세계 경제의 전환점에 있는지도 모른다"라고 말했다. 그렇게 된다면 지금까지의 사건은 진짜 이야기가 시작되기 전의 '프리퀄'에 지나지 않는지도 모른다.

05

패권 경쟁이 자극할
인플레이션의 미래

균열의 징후

'삶의 끝자락으로 향하는 사람은 열이나 통증, 불운한 낙상 사고 같은 서로 관련 없어 보이는 많은 병으로 고통받게 마련이다. 세계의 전략적 질서가 사그라질 때도 비슷한 일이 일어난다. 동아시아 전반에 걸쳐서, 지난달 발생한 외교 안보적인 사건들은 더 광범위한 질병의 징후들이다.'[49]

2019년 7월에 동북아시아에 일어난 일

– 중국과 러시아가 한국의 방공식별망 KADIZ을 침공했다.

– 북한은 미사일 시험발사를 재개했다.

– 일본은 한국을 향한 수출 규제를 단행했다.

  (일본의 수출 규제에 주목하라. 성격이 달라 보이는 독립적 사건 같아 보일 텐데, 아니다. 한 맥락에 있다.)

2019년 7월 미국과 중국이 한 일

– 중국은 분쟁지역 남중국해에서 석유시추선을 세워 베트남과 해상에서 대치했다.

– 홍콩 민주화 시위 강제진압을 위한 군사개입 가능성을 공공연히 내비쳤다.

– 미국의 트럼프 대통령은 '중거리핵무기폐기협정'을 폐기하겠다고 한 뒤, 동아시아에 중거리 미사일을 배치하겠다고 말했다.

서로 관련 없어 보이는 독립적 사건들 같지만(특히 일본의 수출 규제, 그리고 트럼프의 예측 불허 결정이 그렇다) 영국의 국제정치 전문 칼럼니스트 기디온 래커만은 2019년, 《파이낸셜타임스》에 쓴 칼럼에서 그 사건들이 모두 '열, 통증, 낙상사고' 같은 '징후'라고 했다. 아시아 질서 구조라는 거대한 판이 '끝자락으로 향하고' 있기 때문에 나타나는 증상이다. 그는 이 모든 사건을 씨줄과 날줄로 엮어 하나의 그림을 완성한다. '아시아의 전략적 질서가 죽어가고 있다'는 제목이다.

몇 가지 이야기를 더 포갤 수 있다. 필리핀은 중국 해군의 도발에 미국에 도움을 요청했고, 중국은 캄보디아에 사상 첫 동남아시아 군사기지를 개발했다. 미국 전함은 대만 해협을 항해했고, 중국은 〈방위백서〉를 통해 대만 정부가 독립을 추구하고 군사적 대응으로 위협을 야기한다고 비난했다.

핵심적인 요소는 역시 중국이다. 중국이 이젠 만족하지 않는다. 래커만은 경제력을 기준으로 글로벌 G2로 성장한 중국은 이제 앞마당인 동아시아에서만큼은 이인자 역할에 만족하지 않는다고 했다. 러시아와 협력해 이 지역에서는 처음으로 합동 공중 순찰을 벌이며, 한국의 방공식별망이라는 기존 질서를 테스트한다. 남중국해 곳곳에서 벌이는 도발도 '어느 정도 선의 도발이 용인되는지' 확인하는 과정이다. 일국양제로 표현되던 홍콩의 자치는 이제 없다. 눈치 보지 않고 무력으로 통제한다. 중국의 부상이 질서의 '판 구조'를 시험하고 있다.

일본의 수출 규제도 핵심 징후다. 일본이 시작한 도발적 수출 규제에 한국이 소부장 국산화로 정면 대응한다. 이게 '아시아 전략적 질서 소멸'의 징후란 게 의아할 수도 있으나, 관점을 바꾸면 다른 그림이 보인다. 한일 갈등을 아시아에서 가장 강력한 미국의 두 동맹국가 사이 불화라는 관점에서 보면 말이다.

한·일 두 나라는 늘 미국의 패권 질서에 순응했다. 역사 문제로 인한 대립과 갈등이 일어날 때마다 미국이 중재했다. 1965년 체결된 한일 청구권 협정 자체가 미국이 기획한 일이었다. 이후 50년 넘게, 미국은 늘 갈등을 동결시키는 힘으로 작용했다. 그렇게 갈등을 덮은 자리에 눈부신 경제 성장이 찾아왔다. 성공을 거뒀으니, 갈등은 뒤로 제쳐둘 수 있었다.[50]

이제 그 영향력 행사가 불가능해졌다. 미국이 말려도 양국이 듣지 않는다. 미국이 아무리 중재를 해도 일본과 한국은 전례 없는 수준으로 갈등 수위를 끌어올린다. 동맹국 사이에서도 소위 '말빨'이 안 먹히는 현상, 이게 '전략적 질서의 소멸'의 한 장면이다. 그사이 북한은 기회의 영역을 더 자유롭게 탐험한다.

'한·일·북·중·러' 모두 무질서한 행동을 선택한다. 미국이 주도해 지역의 안정을 가져왔던 어떤 질서 혹은 체제가 깨지고 있다.

무너지는 '키신저 질서'

래커만은 기존 질서를 '키신저 질서'라고 이름 붙인다. 미국 현실주의 정치의 거인 헨리 키신저에서 왔다. 그가 1972년 극비리에 중국을 방문해 데탕트 시대를 열어젖힌 게 시작이다. 베트남전이 끝난 뒤 미국과 중국이 화해했다. 미국은 소련 견제 차원에서 중국의 부상을 묵인하거나 촉진했다. 중국은 대신 역내에서 소련이 아닌 중국의 우위를 받아들였다. 그렇게 해서 동아시아에 평화 체제가 성립했다.

미국의 투자가인 레이 달리오는 이 거래로 중국과 미국은 공생관계로 발전했다고 본다. "중국은 소비재를 비용 면에서 매우 효율적으로 제조했고, 미국은 중국에서 돈을 빌려(미국 국채를 팔아) 이 소비재를 구매했다. 그것은 미국인에게는 유리한 선구매, 후지불 거래였다. 중국인에게는 세계 기축통화로 저축할 기회였다."[51] 이는 양자 모두에게 이익이 되는 거래였다.

《짱깨주의의 탄생》에서 김희교는 이 평화 체제에 앞선 조약 하나를 추가한다. 1951년 체결된 샌프란시스코 평화조약이다. 그리고 동아시

아 전후 체제라고 이 시스템에 이름을 붙인다. ◆

　사실 전후 미국은 일본의 재건과 재무장에 대한 아시아의 반대를 모른 체했다. 탈식민 전후 처리 문제도 무시했다. 한국전쟁 발발 이후 미국의 필요에 따라 일본과 상호방위조약(1951. 9. 8)을 체결해버렸다.[52] 같은 날 샌프란시스코 조약도 체결됐다. 일본을 동아시아 냉전 체제의 핵심 축으로 끌어들였다. 여기에 1972년 중국을 끌어들여 동아시아 전후 체제를 완성했다는 분석이다.

　키신저 질서 혹은 동아시아 전후 체제로 불리는 이 시스템은 '동아시아 번영'으로 이어졌다. 평화의 제도화는 힘이 세다. 지역 정치는 안정됐고, 바다에는 미국에 의한 '항행의 자유'가 찾아왔다. 아무도 바다를 항해하며 군사적 위협을 걱정할 필요가 없었다. 동아시아 역사에 이런 평화는 전례가 없었다.

　그 결과는 경제 성장이다. 각국은 전례 없는 성장과 번영의 가도로 달려간다. 먼저 일본이 달려갔고 대만과 한국이 모방했다. 경제사학자이자 환경과학자인 바츨라프 스밀은 저서 《대전환》에서 대만은 초반에 비싸지 않은 소비재에 집중한 뒤 빠르게 고부가가치 전자제품으로 눈을 돌렸고, 한국은 대규모 선박 건조와 자동차 제조 그리고 대기업(삼성, 현대, LG)을 통한 전기 전자 제품 생산에 집중했다고 정리했다. 그렇게 일본이 간 길을 따라갔다. 싱가포르와 태국, 말레이시아와 인도네시

◆ 샌프란시스코 조약은 제2차 세계대전 전후처리 문제에 대한 협정이다. 일본 패전 후 6년이나 미뤄지다가, 한국전쟁 중에 미국의 필요에 따라 서둘러 체결됐다. 조약을 통해 미국은 일본을 단죄하는 대신 동아시아의 파트너로 만든다. 한국과 같은 식민지 피지배 국가들의 목소리는 충분히 담기지 않았다. 그 기틀에서 한일 수교가 이뤄졌기에 애초에 역사 문제는 갈등 요소로 자리할 수밖에 없게 됐다.

아, 베트남에도 일본 모델의 영향이 미쳤다. 중국은 그 질서의 수혜를 본 마지막이자 가장 거대한 조각이었다.

모두가 미국의 질서 아래 있었다. '수능 시험 공부만 하면 되는 고3 수험생처럼' 안보 걱정 하지 않고, 경제 성장에 몰두했다. 정치적 불안정과 외교적 마찰은 '쓸데없는 잡생각'이다. '보호자(미국)'의 입김으로 잠재울 수 있다. 공부나 하자. 그렇게 아시아는 빠르고 지속적인 경제 성장을 이룬다. 경제에만 몰입해서 번영에 당도했다.

미국도 남는 장사를 했다. 김희교는 '키신저 협약이 구소련 견제 전략인 동시에 전 지구를 단일시장으로 묶은 미국의 경제적 세계 전략'이었다고 봤다. 중국은 국가 간 분업체계에 적합한 저임금 노동력과 거대한 시장을 가지고 있다. 그래서 닉슨 전 대통령은 "이 작은 지구에 10억 명이나 되는 잠재적으로 유용한 사람들이 분노의 고립 상태에서 살아갈 공간은 없다"라며 중국을 '지구 단일시장'으로 초청했다.[53]

한국의 부상도 균열의 주요 이유

물론 중국이 부상하고 미국의 힘은 쇠퇴한다. 키신저 질서가 무너지는 가장 중요한 이유다. 또 하나의 무시할 수 없는 이유를 꼽자면 한국의 부상이다. 1인당 국민소득으로는 이미 일본에 근접했고, 첨단기술 분야의 존재감은 일본을 능가한다. 음악과 영화를 비롯한 문화적 존재감에서는 그보다 더 강렬하다. 제국주의 시기를 식민지로 경험한 국가

가운데 한국처럼 성장한 나라는 없다. 이 한국의 부상 또한 질서에 균열을 가져왔다.

게다가 한국은 제도적 민주화에 있어서도 거대한 진전을 거뒀다. 상자에 갇힌 민주주의 체제◆를 가진 일본과 달리, 세계적 평가에서 서구 유럽에 견주어도 손색없는 민주적 과정을 제도화했다. 더 이상 과거 미국의 힘으로 '동결해놓은 역사적 문제'를 외면할 수 없게 됐다. 공정과 정의감, 자부심 가득한 시민들에게 강제징용이나 위안부와 같은 '문제적 역사'를 외교를 위해 눈감으라는 요구를 할 수는 없어졌다.

반대로 일본은 수세적 입장이 분명해졌다. 잃어버린 30년 이후 국력 쇠퇴 속에서 자신감을 잃었다. 1989년, 세계 20대 기업(시가총액 기준) 가운데 14개가 일본 회사였다. 2018년에는 하나도 없다. 중국(4개)과 한국(1개, 삼성전자)만 있다. '세계 상위 기업들이 30년 동안 10배 성장하는 동안, 일본은 성장을 멈췄기 때문'이다.[54]

일본 안에서 나오는 경고음도 분명하다. 노구치 유키오 히토쓰바시

◆ 일본은 제2차 세계대전 패배 후 제대로 된 역사 정리나 청산을 겪지 않았다. 미국의 필요에 따라 군국주의 국가에서 민주주의 국가로 재구조화되었다. 전후 미군정기 일본 역사를 기록한 《패배를 껴안고》(민음사, 2009)의 존 다우어는 이런 일본의 민주주의를 '상자 속 민주주의'라고 표현한다.
"천왕 히로히토를 비롯한 대부분의 일본 지도자들은 전쟁의 책임을 면제받았다. 전범들이 저질렀을지도 모르는 모든 행위는 암묵적 용서를 받았다. 물론 그들의 행동이 초래한 결과를 느껴본 적 없는 사람들(미국을 의미한다)의 용서였다. 끔찍한 전쟁과 전쟁터에서 자행된 모든 잔인한 행위에 대해 진정한 책임을 지지 않았다."
"민주주의는 '너무 쉽게' 나타났고 결국 튼튼한 뿌리를 내리는 데는 실패했다. 위로부터의 민주화는 '무책임의 논리', 즉 상위자의 명령에 묵묵히 따르기만 하면 된다는 식의 논리를 강화하는 데 일조했다."
이렇게 미국의 영향력 아래 자발적으로 들어감으로써, 일본은 패배의 책임을 면제받았다. 책임을 면제받아 좋을까? 결코 그렇지 않다. 역사에 공짜는 없다. 반성문을 써야 할 때 쓰지 않은, 숙제를 하지 않은 대가는 반드시 치른다. 위(미국)로부터 내려온 민주주의라는 옷을 입은 일본의 관료와 정치인, 무역 경제인, 국민은 집단적으로 진실로 반성할 기회를 상실했다. 현존 질서에 순응하며 살아가는 법을 배웠다. 이런 환경에선 '민주주의'조차 새로운 선택을 하는 시스템이 될 수 없었다. 현존하는 천황 아래 질서를 긍정하는 수단이 되었다. 이게 존 다우어가 말한 '상자에 갇힌 민주주의'다. 이 책임 면제로 일본은 역사를 정면으로 응시할 기회를 박탈당했다.

대학 교수 같은 경제석학은 "일본이 한국에 역전당했고, G7에서 일본을 빼고 한국을 넣어도 할 말 없는 상황이 됐다"라고 소리 높인다. 여전히 "잃어버린 30년의 본질을 알지 못한다"라는 경고도 있다.[55] 대표적인 우익신문 《산케이》에서조차 한국의 실질임금이 이미 2013년 일본을 추월했다는 기사가 나온다.[56]

일본의 역사인식과 대응이 우경화된 것과 이 경제 쇠퇴는 무관치 않다. 일본은 '과거사'는 샌프란시스코 조약과 한일 청구권 협정 등으로 일단락된 문제라는 입장만 되풀이한다. 인류 보편의 문제를 직시하라는 요청은 가닿지 않는다. 대신 '한국은 믿을 수 없는 국가'라는 프레임이 작동한다. '한국이 골대를 옮긴다'는 표현이 대표적이다. ◆[57]

한국의 요구는 끝이 없다. 문제 제기를 받아주면 다른 문제를 가지고 와 또 다른 문제 제기를 한다. '계속 생떼를 쓴다'. 과거에는 "중국이 요구할 때마다 사과하자. 돈이 드는 것도 아니고, 나중에 가면 중국이 제풀에 지쳐 사과를 요구하지 않을 것이다"[58]라며 과거사 사죄 요구에 대범하던 일본이 이렇게 변했다.

미국의 질서가 작동할 때는 이런 '얼려둔 갈등 요소'가 불씨가 되지 않았다. 그러나 얼음은 이미 녹았다. 한국의 부상과 일본의 쇠퇴 속에 상황은 위험하고 예측 불가능한 방향으로 빠르게 움직일 수 있게 되었다.

◆ 2021년 5월에는 모테기 도시미스 당시 일본 외무상(장관)도 쓴 표현이다. "2015년 한·일 합의에 대한 한국 정부의 태도를 묻는 아리무라 하루코有村治子 자민당 참의원 의원의 질의에 '솔직히 말해 한국에 의해 모처럼의 (문제 해결의) 골대가 항상 움직이는 상황에 있다'고 말했다."

바이든 시대에도 키신저 질서는 무너진다

2019년 당시에는 질서의 판구조가 흔들리는 이유가 돌발 변수 때문이라는 주장도 적지 않았다. 그 돌발 변수는 트럼프다. 트럼프는 질서 자체의 효용을 부정했다. 중국과 미국 사이에 상호 이익이 존재한다고 믿지 않는다. 한국과 일본이라는 동맹이 미국에 이익이 된다고도 믿지 않는다. 패권국가인 미국에서 세계 질서를 부정하는 리더가 탄생했고, 그래서 세상이 좀 어지러워졌다고들 말했다.

그러나 바이든이 대통령이 되어도 상황은 달라지지 않았다. 딱 이세 장면만 봐도 분명하다.

1. 전기차 보조금 제도 개편

2022년 8월, 미국은 인플레이션 감축법(이하 IRA)을 통해 전기차 보조금 제도를 개편했다. 미국에서 최종 조립한 전기차만 보조금의 대상이 된다. 한국과 일본, 유럽의 동맹국 전기차는 배제한다. 앞으로는 배터리 규제도 도입한다.

중국을 전기차 공급망에서 배제하기 위해서다. 바이든의 미국도 목적을 위해 동맹의 명백한 이익을 침해하는 '개입주의 노선'을 천명한다. 한국과 유럽은 즉시 미국에 '우려'를 표명했지만 반응은 없었다.

2022년 중간선거를 앞둔 바이든의 고육책이었다. 이후 새로운 대안을 제시하기도 했지만, 본질은 변하지 않는다. 미국은 중국과의 대결을 위해 스스로 만든 질서에 큰 균열을 내고 있다.

2. 삼성전자에 무리한 요청

코로나 위기로 인한 경제 공급망 병목이 심해졌던 지난 2021년, 백악관은 삼성전자를 콕 집어 호출한 뒤 무리한 요청을 했다. '반협박'을 했다. 지난 3년 매출과 주문량, 출하 대비 주문 비율 정보를 달라고 했다. 재고 현황도 달라고 했고, 제품별 3대 고객 리스트도, 공정 기술과 생산 장비 유형, 반도체 공장 증설 계획과 증설 판단 때 무엇을 고려하는지, 수요가 초과되면 누구부터 물량을 주는지까지 알려달라고 했다. 답안 제출은 45일 이내에 하라고 했다.

자본주의 세계 수장이라 할 국가가 자국 기업도 아닌 외국 기업에 '너의 모든 정보를 내놓으라'고 으름장을 놓은 것이다(관보로 알렸으니 '구두 협박'도 '은밀한 요청'도 아니다). '동맹'과 '미국의 이익'이 합치하지 않는 상황이 지속된다.

3. 우방의 뒤통수를 치다

2021년 10월, 영·미와 호주 사이에 체결된 오커스^{AUKUS} 안보 협정으로 프랑스가 뒤통수를 맞았다. 오커스를 통해 핵잠수함을 공급하기로 결정해 호주와 프랑스 사이의 디젤 잠수함 12척 공급 계약이 일방적으로 파기된 것이다. 프랑스는 주미 대사관에서 대사를 본국으로 철수시켰다. 70조 원이 넘는 초대형 계약을 강탈당했으니, 프랑스의 뒤통수가 얼얼할 만도 하다.

우방 사이에 전례 없는 일이 벌어졌다. 미국이 분명 '무리'를 한 것인데, 아무도 놀라지 않는다.

그러니까 미국의 리더가 '질서 파괴자' 트럼프에서 '전통적 외교론자' 바이든으로 바뀌었지만, 질서 구조 변동의 역학은 달라지지 않았다. 미·중은 날 선 언어를 앞세운 첨예한 대립도 지속한다. 키신저 질서는 바이든 시대에도 무너지고 있다.

　미국은 딱 냉전 때 같은 개입주의 국가로 변모했다. 미국의 자동차 제조 산업을 지키고, 첨단 반도체 공급망을 국내에 유치하기 위해서 산업 정책을 쓴다. 소련을 적으로 뒀던 냉전기 미국의 모습이다. 당시 미국은 "공산주의가 위협이 되는 모든 곳에서", "자본이나 기술 자체보다는 사회구조가 더 중요하다"고 믿고, "개입을 더 강화"했다.[59] 21세기의 문법으로 경제적 차원에서 전개되고 있어 차이는 있지만, 국가가 적극적으로 개입한다는 측면에선 냉전 당시와 유사한 모습이다.

　'비시장적 결정의 시대'가 왔다. 패권이라는 근본적 국익을 지켜야 하기 때문이다. '근본적 질서'를 지켜야 하니 '시장의 자유'는 후순위다. 이대로라면 거대한 분기점이다.

　경제를 국익과 안보 차원에서 재해석한다. 핵심 전략물자는 조금 비싸더라도 조달 구조가 안전해야 한다. 혁신적인 기술은 중국이 이용하지 못하게 해야 한다. 싸다는 이유로 중국의 물건을 무분별하게 구매해도 안 된다. 봉쇄해야 한다. 중국이 너무 혁신적인 국가가 되어 미국에 실질적 위협이 되고 있기 때문이다. 이제 그런 중국을 좀 더 자세히 살필 때다.

중국, 미국을 닮은 혁신의 땅

　2000년만 해도 혁신과 중국은 무관했다. 《이코노미스트》의 인포그래픽 [그림 5-1]을 보면, 2000년 당시 세계 100대 일류기업은 서구가 독차지했다. 미국이 50개 이상, 유럽도 41개. 90% 이상이 서구였다. 중국의 자리는 보이지도 않았다.

　2020년, 기업 지도는 완전히 바뀌었다. 우선 미국은 더 강해졌다. 100대 기업 가운데 60개 이상이 미국 기업이다. 그런데 중국도 확실히 부상했다. 7위 텐센트와 9위 알리바바를 포함해 13개(홍콩 포함)다 (Statista 집계, 2021년 5월 기준). 메이투안(43위, 배달플랫폼) 같은 비제조업 회사도 상위권에 올랐다. 중국 업체들을 제외하면 미국 바깥의 소프트

| 그림 5-1 | **시가총액 상위 100대 기업**

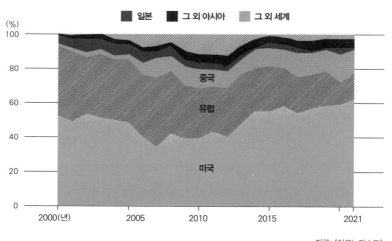

자료: 《이코노미스트》

웨어 혁신 기업은 독일의 SAP(68위, 소프트웨어)뿐이다.

　대신 유럽은 급전직하했다. 41개에서 15개로 줄었다. 수만 줄어든 게 아니다. 살아남은 15개 유럽 회사를 보면 상위권엔 사치품 화장품 기업(LVMH 20위, 로레알 39위), 식품회사(네슬레 26위, 로쉐 28위), 반도체 장비회사(ASLM 29위) 같은 전통적인 제조업 회사가 대부분이다.

　혁신 기업으로 시야를 한정해보자. 《이코노미스트》는 이를 위해 지난 25년간 새롭게 생겨나 가치가 1000억 달러를 넘은 기업 수도 살펴봤다. 혁신의 선두에 선 가장 큰 기업의 수를 살피기 위해서다. 그러면 누가 트렌드를 주도하는지 알 수 있다. 세어봤더니 지난 25년간 새로 생긴 뒤 가치가 1000억 달러(120조)를 넘은 기업은 딱 19개밖에 없었다.

| 그림 5-2 | **지난 25년간 생겨 가치가 1000억 달러를 넘은 기업**

자료: 《이코노미스트》

이 가운데 9개가 미국 기업이었다. 스냅이나 페이팔 같은 회사다. 놀라운 건 중국이다. 19개 최고 혁신회사 가운데 중국 회사가 무려 8개다. 미국에 1개 모자란다. 중국판 배달의 민족 메이투안과 제3의 이커머스 핀둬둬 같은 회사다. 핀테크와 온라인커머스, 게임, 전기차와 배터리, 모빌리티, 5G 통신 등, 떠오르는 모든 산업에서 중국은 맨 앞에 있다.

친환경 에너지 산업도 다르지 않다. 여전히 석탄 발전에 의존하기에, 중국의 에너지 산업이 낙후돼 보일지 모른다. 그러나 태양광 발전에서만큼은 가장 앞선 나라가 중국이다(누적 발전설비 설치 용량 기준). 전기차 배터리 세계 1위 기업도 중국 회사(CATL)다.

혁신 경쟁에서 중국은 이미 G2로 선도국가 자리에 있다. 어떻게 이렇게 되었을까? 간단하다. 중국의 핵심 강점과 미국의 핵심 강점이 데칼코마니처럼 닮았기 때문이다. 미국과 중국은 다음 세 가지 면에서 닮았다.

1. 무형경제의 시대

순식간에 무형경제 Intangible economy 의 시대가 됐다. 휴대전화 안 앱 장터에서 디지털 부호에 불과한 앱을 사고, 사진은 인화하는 대신 저장할 온라인 저장소(클라우드)를 산다. 사람을 사귈 때, 만나고 대화하는 만큼이나 중요한 건 페이스북이나 인스타그램, 틱톡 같은 가상공간에서의 활동이다.

중국은 중간 과정 없이 무형경제에 진입했다. 서울대 공대 이정동 교수는 중국 혁신의 핵심을 '건너뛰기'라고 정의한다.[60] "유선 건너뛰고 휴대전화로, 신용카드를 건너뛰고 모바일 결제로, 화력발전을 넘어 신재생으로 가는 식"이라는 것이다. 이런 전략으로 차세대 기술에 집중 투자해서 "6G나 양자컴퓨팅 등 일부 첨단 분야에서는 이미 미국이 기술 패권을 걱정할 수준까지 올라갔다. 아직 초기인 6G 관련 기술의 특허 가운데 중국 특허가 이미 40%를 넘었다"라는 조사 결과를 근거로 분석을 내놓았다.

모바일 세계에서 애플과 구글, 아마존과 마이크로소프트 그리고 메타가 세계를 지배하는 것은 사실이나, 중국만은 중국 업체가 지킨다.

2. 거대하고 통합된 내수시장

무형경제에서 규모는 곧 경쟁력이다. '규모와 범위의 경제'가 생사를 좌우한다. 네트워크의 크기가 곧 플랫폼의 경쟁력이기 때문이다. 승자가 다 가지고, 2등마저 도태된다. 미국이 유럽까지 포함해 검색은 구글, 소셜미디어는 페이스북이나 인스타그램, 쇼핑은 아마존, 결제는 페이팔을 통해 장악한 이유다.

중국은 규제를 통해 해외 업체의 진입을 막고, 국내 경쟁력을 키웠다. '막대한 규모의 내수시장' 덕분에 가능한 전략이다. 카카오톡은 한국을 독점해도 실가입자 5000만 선을 넘지는 못한다. 그러나 거대하고 통합된 내수시장이 있는 중국은 수억 명의 가입자를 확보한 알리바바(상거래, 금융)나 디디추싱(교통), 텐센트(게임, 메신저, 금융) 같은 혁신 기업을 여러 개 키워낼 수 있다.

3. 강력하고 효율적이고 '유능한' 정부

대통령제의 미국과 공산당 일당독재 통치체제의 중국 정부는 효율성이 높다. 코로나 발발 이후 가장 먼저 통제에 성공한 건 권위주의 국가 중국이다. 막대한 돈을 혁신적인 제약기업에 투자해서 가장 먼저 백신을 보급한 나라는 미국이다. 두 나라 정부 모두 이 점에서 유능했다.

사실 유능한 정부, 그리고 거버넌스의 역할은 지난 2008년 글로벌 금융 위기 때 이미 확인됐다. 미국 은행의 탐욕 때문에 벌어진 위기였지만, 미국은 기축통화 달러를 중심으로 안정을 제도화하는 데 성공했다. 유럽은 실패했다.

중국은 아예 충격을 겪지 않았다. 미국 중심 글로벌 금융망에서 한 발 떨어져 있기로 했기 때문이었다. 다들 상처 입었을 때, 중국은 거대한 부양책을 펼치며 오히려 세계 경제 회복을 주도했다. 이때가 중국이 자신의 정치 시스템이 '질서 있고 체계적이어서 우월한 체제'라고 믿기 시작한 시점이다.[61]

결국 무형경제에서, 대규모 내수시장을 가졌단 점에서, 또 이 조건을 효과적으로 이용한 정부가 있었단 점에서 중국은 미국을 그대로 빼다 닮았다.

현대 중국을 탄생시키고,
다시 침몰시키려는 미국의 아이러니

《뉴욕타임스》칼럼니스트 토머스 프리드먼은 이 냉전 이후 세계를 상징하는 스타 작가다. 그는 '부를 원한다면 세계화를 해야 한다'는 확고한 믿음을 전파했다. 그의 책《렉서스와 올리브 나무》나《세계는 평평하다》는 이 시대의 복음서였다. 세계화에 순응하는 '황금 구속복'을 입으면 언뜻 불편한 듯하지만 곧 부강해진다는 논리였다.

이른바 '워싱턴 컨센서스'도 그 핵심가치를 잘 표현한다. '비효율적인' 국가는 작아져라. 규제는 없애고, 공기업은 민영화하라. 민간의 재산권을 보호하라. 국제무역은 촉진하라. 관세는 철폐하고, 환율은 가만두고, 시장금리도 손대지 마라. 그렇게 하면 번영이 올 것이다.

2000년 중국의 WTO 가입은 미국의 시대에서 '승리의 선언'으로 여겨졌다. 중국은 미국이 허락해 세계 시장에 물건을 팔 수 있게 됐고, 세계의 공장이 되었다. 성장의 한계에 부딪힌 미국은 이 중국의 거대 시장에 접근해 이익을 얻었다. 상호 이익이 되는 거래라 믿었다. 소련과의 체제 경쟁 과정에서 키신저가 판을 깔아 지속된 평화의 질서가 최고조에 다다른 것도 바로 그 시점이다.

그런데 20년이 흘러보니 그것은 새로운 갈등의 씨앗이었다. 글로벌 금융 위기 당시인 2008년 미국의 30% 수준에 그쳤던 중국의 GDP는 2020년 미국의 70%를 넘어섰다. 추세대로라면 이제 국가 GDP 규모로 미국을 추월하는 것은 기정사실이다.

단순히 규모만 문제가 아니다. 첨단기술 산업에서도 중국이 세계를 선도하는 국가가 될 것 같다. 5G 장비 산업을 화웨이가 석권하기 시작할 뻔했다. 화웨이의 부상은 강제로 막았지만, 중국에는 세계적 경쟁력을 가졌거나 곧 가질 업체의 수가 셀 수 없이 많다. AI, 빅데이터, 우주 산업, 반도체 할 것 없다.

그러자 미국은 이 중국을 다시 잠자는 나라로, 혹은 미국이 속한 세계와는 관계없는 나라로 만들고자 한다. 한때 중국을 부상하게 도운 미국이 이제는 중국의 침몰을 기획하고 있다. 이 기획은 크게 순수 안보와 경제 안보, 그리고 경제의 세 가지 틀로 구성된다.

1. 순수 안보 블럭: 오커스, 파이브 아이즈, 쿼드

프랑스의 분노를 사면서 출범한 오커스는 호주와 영국, 미국 3국의 안보 동맹이다. '핵잠수함 8척 건조' 약속을 골자로 하는 동맹은 호주를 미국 편으로 굳건히 자리매김한다.

《이코노미스트》는 이 오커스를 미국과 인도, 일본, 호주 4자 간의 안보 회담인 쿼드Quad, 전통적 영어권(미국, 영국, 캐나다, 호주, 뉴질랜드) 군사 동맹체인 파이브 아이즈Five Eyes 와 함께 바이든의 '대 중국 안보 블럭'의 최신 버전으로 평가했다. 그러면서 봉쇄containment 가 목적이라면 합리적 정책이라고 평가했다.[62]

자원과 상품의 상호 수출로 맺어진 호주와 중국의 분리를 가속화한다. 또 중국의 위협을 받는 동맹에 '핵안보 우산'을 제공한다. 중국으로부터 같은 위협에 시달리는 동남아시아 국가들에게 미국 편에 설 수 있는 인센티브도 제공한다.

2. 경제와 안보의 결합: TTC, IPEF, CHIP4

미국과 EU 사이에는 무역기술위원회(이하 TTC)가 있다. 단순하게 말하면 기술 표준을 만들기 위한 협의체다. 표준은 단순한 규격 통일의 문제가 아니다. 첨단기술에서부터 공급망에 이르기까지 미래 기술의 방향을 정의한다. AI나 양자컴퓨팅 기술의 방향을 정한다. 기후 기술도 마찬가지다. 표준이 곧 진영이다. 기술 표준에서 중국을 배제할 방법을 찾으면, 미래에서 중국을 배제할 수 있다.

인도태평양경제협의체(이하 IPEF)는 TTC와 동일한 생각에서 출발했다. TTC가 유럽과 미국에서 중국을 봉쇄한다면 IPEF는 인도 태평양 지역에서 중국을 봉쇄한다. 중국에 유리한 국제무역 규범을 끝내겠다는 게 주목적이다. 이를테면, 지금의 국제화가 중국에 유리한 한 이유는 중국이 국제 노동 규범을 어기기 때문이다. 주 40시간 노동이나 아동 노동 금지 같은 기준을 적용하지 않기 때문이다. 빈곤선 이하의 임금을 지급하는 관행도 내버려 두기 때문이다.

중국은 WTO 가입 당시 했던 약속도 이행하지 않는다. 시장에 의한 가격 결정, 모든 정부 보조금을 WTO에 보고하겠다던 약속, 외국 기업 차별 금지, 시장 접근 보장, 지식재산권 보호, 공정한 사법 심사와 비관세 조치[63] 등 수많은 약속이 공약空約이 되었다.

'중국제조 2025'도 눈엣가시다. 중국 정부가 국영기업에 막대한 돈을 투입해 '반칙'을 하기 때문이다. 우주 산업, 빅데이터 산업, AI 산업은 다른 해외 경쟁자들이 꿈꾸지 못할 수준의 막대한 지원을 한다. 가격도 시장이 아닌 국가가 결정한다. 때로는 원가 이하의 '후려치기'로 해외의 경쟁자를 말려 죽인다. 지적재산권도 존중하지 않는다. 외국의 기술을 주저하지 않고 훔친다.

더 큰 문제는 미래다. 기술을 이용해 자국 시민들을 감시하고, 인권을 탄압하고, 소수 엘리트가 권력을 독점한 국가의 장악력을 높이는 방식으로 사용한다. 중국의 기술은 이제 발전될수록 민주주의와 자유로운 시민사회에 대한 위협이 된다. 이제는 미국조차 제어할 수 없다. 그래서 중국적 가치를 국제 경제 공동체에서 고립시켜야 한다.

그렇게 출범한 IPEF이지만 아직은 성격이 좀 모호하다. 바람직한 무역의 규범과 표준이 갑자기 마련될 리 없다. 큰 틀만 나왔다. 노동과 환경 가치를 반영해야 한다. 코로나 이후 부각된 공급망 안정성도 확보해야 한다. 인프라와 탈탄소 청정에너지 분야 협력, 반부패 규범과 조세 협력 규범도 포괄해야 한다. 중국이 받아들일 수 없는 모든 가치를 반영해 자연스럽게 중국을 견제하는 틀로 만드는 것이다.◆ 이 정도의 원칙이 마련됐을 뿐이다.

한국과 대만, 일본을 포함하는 'CHIP4' 역시 반도체 분야에서 IPEF와 같은 안보 경제 협력체를 구성하고자 하는 미국의 의지가 투영된 협의체다. 마찬가지로 중국의 위협에서 안전한 반도체 공급망 구성이 목적

◆ 문제는 불확실성이다. 이 구상은 이제 막 걸음마를 떼었다. 아직 구체적 형태나 강령을 확정 짓지 못했다. 참여 국가에게 미국 시장을 개방해주는 '자유무역협정'이 아니다. 즉 당근도 없다. 미국은 이제 더 이상 '외국 기업에 시장을 내줘서 자국민들이 일자리를 뺏기고 화나게 되는 자유무역협정'을 체결할 수 없는 나라이기 때문이다. 따라서 '무엇이 이익인지' 특정할 수 없고, 목적도 명시적이지 않다는 한계가 분명하다. 미국의 CSIS도 IPEF를 정의하면서 이제 막 정립되는 단계로 불확실한 점이 많다고 했다.[64]

이나 역시 '목적이나 인센티브 구조'가 명확하지 않다. 경제와 안보 개념의 결합 자체가 새로운 개념이니 어쩌면 당연한 상황이다.

3. 중국을 꼭 닮은 산업정책

2022년 8월 9일 바이든 미국 대통령이 상하원을 통과한 미국의 반도체법 'CHIPS(Creating Helpful Incentives to Produce Semiconductors for America Act: 미국을 위한 반도체 제조에 도움이 될 인센티브 제공법)'에 서명했다. 미국에 공장을 짓기만 하면 국내외 기업을 따지지 않고 세제와 재정 지원을 아끼지 않는다. 직접 지원만 2800억 달러 규모다. 반도체 공급망은 이제 안보 문제가 되었다. 특히 대만의 TSMC가 장악한 시스템 반도체 제조산업, 파운드리가 문제다. 중국이 대만을 점령할 경우, 혹은 대만 반도체 제조를 막을 경우 공급망은 멈춘다. 이 지정학적 안보 위험을 명분으로 반도체 리쇼어링을 추진한다.

IRA가 겨냥하는 '전기차 규제' 역시 달라진 미국의 경제 정책을 확인시켜준다. 미래의 이상적인 전기차 공급망을 그려놓고, 그걸 실현하는 인센티브를 제공한다. 보조금은 '미국 내 최종 조립' 시에만 지급되고, 배터리는 장기적으로 중국의 공급망 바깥에서 만들어야 한다. 3900억 달러 규모다. 한국이나 유럽 같은 동맹마저도 배제할 정도로 보호주의 성격이 짙다. 10년 전만 해도 미국이 이럴 것이라고는 상상하지 못했다.

여기에 앞서 인프라 법안을 통해 1조 2000억 달러를 투입해 미국 내 인프라 구축을 지원한다. 결국 미국이 2조 달러 가까운 천문학적 돈으로 중국과 꼭 닮은 자국 우선주의 경제 정책을 펼치는 것이다.[65]

패권 경쟁의 세 폭탄

이 미래가 현실화된다면 분명한 것은 인플레이션이다. 관세전쟁과 보복의 악순환 속에 국제무역은 둔화되고, 공급망 충격은 상시화될 수 있다.

'내 편이냐, 내 적의 편이냐'를 묻는 일도 더 잦아질 것이다. 질문에 답하는 자체가 반드시 이쪽 혹은 저쪽으로부터의 더 큰 압력으로 이어질 것인데, 질문의 강도는 더 세질 것이다. "함께해줄래?"로 시작해서 "선택해"가 될 것이고, 궁극적으로는 "우리 편이 안 되면 재미없을 줄 알아"가 될 수 있다. 이 같은 지정학적 변동을 경제 언어로 번역하면 '인플레이션'이 된다.

1. 더 싼 걸 안 쓰는 공급망 조정

IRA를 조금 더 들여다보자. 우선 미국에서 팔 전기차 배터리용 광물은 미국과 미국의 동맹국가에서만 조달해야 한다. 양극재, 음극재, 분리막, 전해액에 들어가는 무수한 다른 광물과 부품도 마찬가지다.

우선 '코발트'다. 코발트 전 세계 채굴량의 78%는 아프리카 콩고에서 나온다. 간단히 말해서 지구상에서 코발트를 찾으려면 콩고 외에 갈 곳이 거의 없다.[66] 그런데 콩고 광산 대부분은 중국 기업이 장악했다. 그래서 콩고 코발트의 70% 이상을 중국에서 가공한다. 한국과 일본이 수입한 가공 전후의 코발트도 대부분 콩고와 중국에서 온다. 이런 식으로 중국이 장악한 광물은 차세대 기술 표준을 만드는 과정에서 배제할 가능성이 크다.

그런데 이 코발트는 '삼원계 리튬이온 배터리' 핵심 광물이다. 그리고 삼원계는 한국 배터리 3사의 주력 배터리다. 예측이 사실이 된다면 앞으로 미국용 배터리에서는 콩고산 코발트의 자리가 없을 것이다. 콩고가 아닌 나라에서 더 비싸게 코발트를 사 오든지(호주가 떠오른다), 코발트를 빼고 니켈의 함량을 높인 '하이니켈' 배터리에서 확실한 성과를 내야 한다. 이도 저도 아니면 아예 흔한 광물이라 어디서든 조달할 수 있는 인(P)과 철(Fe)을 활용한 '인산철 리튬이온 배터리'로 주력 종목을 교체해야 한다.

알루미늄도 '안보상 고려가 필요한' 광물이 될 수 있다. 러시아의 우크라이나 침공 직후 가격이 급등했었다. 러시아의 영향력이 큰 광물이기 때문이다.

가격표 전에 원산지를 봐야 하는 시대라면, 조달 비용은 당연히 증가할 것이다. 구매 가격이나 운반비 등도 증가할 것이다. 시장은 작게 쪼개지니 마케팅도 시장별로 따로 해야 한다. 지정학적 변동이 있을 때마다 거기 적응하느라 추가로 신기술을 개발해야 한다. 모두 비용이다. 효율만 생각하며 세계를 단위로 사업하던 세상, 그 단위로 공급망을 짜던 세상은 지나갔다.

2. 안팎의 물건이 비싸지게 할 리쇼어링

애플은 아이폰을 만들지 않는다. 설계만 한다. 제조는 대부분 중국과 대만의 기업이 위탁생산 방식으로 한다. 아웃소싱의 극단에 있다.

물론 제조를 위한 부품의 조달과 단가 협상은 직접 한다. 효율은 높이되 독점력도 충분히 이용한다.

미국의 산업은 이런 식으로 '설계'나 '컨설팅'만 한다. 혹은 '금융'을 한다. 제조는 하지 않는다. 자동차와 항공 산업 등 극소수 제조업을 제외하면, 나머지는 모두 내수 서비스업 일자리인 외식, 배달, 운송직이다.

지금 반도체와 배터리 제조가 돌아가야 할 미국은 그런 나라다. 게다가 기존 아시아 공급망과는 지리적으로 멀리 떨어져 있다. 중국이나 베트남에서 만들면 확실히 더 싸질 상품을 이제 이곳에서 더 비싸게 만들어야 한다.

베트남과 중국, 한국 공장의 효율성도 줄 것이다. 생산 기지가 쪼개지면 기존 공장 생산량을 줄이게 될 것이다. 그러면 좀 더 만들면 더 싸질 구간에서도 생산을 멈춰야 할 수 있다. 리쇼어링은 이렇게 미국 안팎에서 비용 압박을 높일 것이다.

3. 세계의 공장을 배제하기

〈블레이드 러너〉 같은 1980~1990년대 영화에서 디스토피아적 풍경은 언제나 일본 글자와 기모노로 가득했다. 사실 당시 미국에서는 '일본이 미국을 다 사버릴 것이며, 미국은 일본에게 경제적으로 지배당할 것'이라는 두려움이 가득했다. 우울한 미래가 일본과 결부되는 것이 이상한 일은 아니었던 셈이다.

이 기분 나쁜 불안감 앞에서 미국은 일본을 희생양 삼기로 했다. 미국은 힘으로 해결한다. 플라자합의(1985)로 환율을 조정하고, 미일반도체협정(1986)으로 일본의 반도체 경쟁력을 강제로 꺾어버렸다.

이번에도 미국은 똑같다. 미국의 기술이 들어간 첨단 반도체 장비는 더 이상 중국에 수출할 수 없다. 처음에는 화웨이만 규제했지만 이제 전방위적 규칙이 됐다. 문제 삼는 기업의 수는 계속 늘고 있다. 중국의 경쟁력 약화를 목적으로 한다.

이 역시 가격 상승 요인이다. 가장 저렴한 공장의 경쟁력이 떨어지면 그 공장 가격이 비싸진다. 이는 한국 수출에는 악재다. 한국의 수출과 수입은 모두 중국에 의존하기 때문이다.

중국의 인권을 문제 삼아 신장의 의류 산업이나 홍콩의 금융 산업을 흔든다면 역시 섬유와 의류, 금융 산업 비용이 커질 것이다. 러시아의 우크라이나 침공 이후 가시화된 금융 규제는 러시아로부터 물건값을 받아야 하는 우리 수출기업 속을 까맣게 만들 수 있다. 러시아나 중국이 가장 직접적인 피해를 입겠으나, 이들과 교역하는 모든 국가가 잠재적 2차 피해를 입는다. 모두 인플레이션 요인이다.

대한민국의 성공 비결은 단연 수출이다. 식민지 지배와 치명적인 전쟁의 참화를 겪고 파괴된 공간에서 한강의 기적이 일어난 건 '우리가 필요로 하는 것보다 훨씬 많이 만들어서 남는 것을 해외에 팔아오는 방식'을 선택했기 때문이다. 처음에는 미국을 가장 큰 고객으로, 지금은 중국을 가장 큰 고객으로 삼아 급속히 성장했다.

또 다른 중요한 비결은 '키신저 질서'다. 이 단어가 마음에 들지 않으면 다른 어떤 용어로 대체해도 좋다. 미국이 동북아에 처음에는 냉전의 교두보를, 나중에는 평화의 공간을 만들어주었다. 한·중·일이 국제무역에 참여해 글로벌 경제에 연결될 기회를 만들어주었다.

이제 두 핵심 비결이 다 위협받고 있다. 키신저 질서가 사라진다. 평화의 바다는 사라졌다. 환경은 점점 불확실해지고 있다. 비유하자면, 판 구조가 뒤틀리고 있다. 안보는 보호자(미국)에게 맡겨두고, 경제만 살피면 되던 시대는 끝났다. 심지어 보호자는 중국과는 거래하지 말라고 압박한다. 트럼프는 노골적이었고, 바이든은 매너가 있지만 결론은 같다.

전염병과 전쟁 뒤에 미·중 대결이 왔다. 모든 게 인플레이션 압력이다. 2020년부터 누적된 여러 다양한 충격은 계속 위세를 떨치며 최소한 앞으로 10년은 세상을 좌지우지하게 될 것이다.[67] 한국 역시 이 세상에 속해 있다.

아, 물론 한 가지 기가 막힌 시나리오는 있을 수 있다. 중국이 머지않은 미래에 어려움을 겪고 러시아도 침공의 대가를 톡톡히 치르는 시나리오다. 세상의 빌런(악당)들이 '죗값'을 치른다. 사필귀정. 정의로운 민주주의가 결국 승리하고 혼란이 수습된다. 이 시나리오라면 한국이 겪을 충격은 모두 일시적인 것이 될 것이다. 이 경우 우리는 미국의 충실한 동맹이 되는 게 최선이다.

그런 최상의 시나리오는 아니더라도, 중국과 러시아 같이 현존하는 위협이 '더 커지지만 않아도' 좋다. 현 질서가 그래도 지속된다면, 미국은 무리하지 않을 것이다. 예전처럼 여유롭고 근엄하게 국제 질서를 수호하기만 하면 충분하다.

문제는 그럴 가능성이 크지 않아 보인다는 점이다. 이른바 '권위주의 빌런'들이 '민주주의 히어로' 앞에 무릎 꿇기보다는 오히려 점점 더 득세하고 있기 때문이다. 1부의 마지막은 바로 이 권위주의 국가들에 대한 이야기다.

"우리가 발명한 반도체,
이제 집으로 가져와야죠"

반도체법(이하 CHIPS)은 '지금과는 다른 미국'을 상징한다. 그 달라진 미국의 속내를 잘 보여주는 회의가 하나 있다. 반도체법 상원 통과 직전이던 지난 2022년 7월 백악관 사우스코트 강당에서 열린 회의다.

말은 회의이지만 사실 '연극'이었다. 출연하는 기업과 백악관 관계자는 배우였고, 제목은 '왜 반도체를 다시 집(미국)으로 데려와야 하나?'였다. 바이든이 이 연극을 지휘했다. 아주 미국적인 정치 풍경인데, 이를 엿보면 그들의 필요가 정확히 보인다.

실은 한국의 윤석열 정부가 지난 2022년 10월에 TV를 통해 생중계한 '비상경제민생회의'가 바로 이 미국적 정치 과정을 벤치마킹한 사례다. 대통령이 질문하고 장관 등 정책 담당자가 답하는 연극적 행사다. 핵심 정책의 목적이 무엇인지를 쉽고 효과적으로 전달하기 위한 장치다. (물론 의도가 유사하다는 평가가 그 결과물의 효과가 비슷하다는 평가로 이어지는 것은 아니다.)

다음은 사우스코트 강당 회의의 대화록 중 일부다. 전문은 백악관 홈페이지에서 확인할 수 있다.[68]

■ 의제: 반도체법이 통과되어야 하는 이유

짐 타이클레(록히드마틴 CEO): 강건한^robust 반도체 공급망은 미국의 국가안보와 항공우주 산업에 기반을 둔 방위 산업 전반에 필수적입니다. 앨라배마에서는 (우크라이나에서 러시아 탱크를 격파하고 있는) 재블린 미사일을 만드는데, 한 대에 250개의 마이크로프로세서가 들어갑니다. 미 해군 헬리콥터 CH-53K에는 2000개가 들어갑니다.

미국 내 생산과 실험 역량 보유는 매우 중요합니다. 특히 최신 기술^The latest cutting-edge technologies 일수록 미국산^Made in USA 이어야 합니다. 특히나 지금은 거대한 파워게임이 다시 시작되었습니다. 그런데 우리는 이 반도체 생산의 많은 부분을 중국과 대만에 의존합니다. 미국의 반도체 산업을 다시 일으켜야 합니다.

바이든: 무기나 무기체계를 미국에서 만들거나 건설하고, 또 비축하는 것의 중요성을 확신합니다. 시스템을 첨단으로 만드는 데 지금 이 법안이 중요한가요?

타이클레: 첨단 우주 센서나 F35 스텔스기 같은 물리적 기술에서 앞서나가고는 있지만, 이 분야에서도 5G, AI, 클라우드 컴퓨팅 시스템 도입이 필요합니다. 바로 신뢰할 수 있는 10나노 이하 초미세공정 마이크로칩이 필요한 분야입니다.

바이든: 그게 꼭 미국산이어야 할 필요가 있나요?

타이클레: 기존 칩으로는 5G 클라우드 컴퓨팅을 할 수가 없습니다. 초미세 공정 칩이 필요합니다. 미국 내에서 제조하고 테스트할 수 있어야 합니다. 러시아가 지금 천연가스로 압박하는 것처럼, 중국이 중국 혹은 대만의 반도체를 이용해 압박할 수 있습니다.

캐슬린 힉스(국방부 부장관): 마이크로 기술에 대한 접근성은 양자, AI, 극초음속, 5G, 6G는 물론 넥스트G 분야에서까지 중요합니다. 그런데 국방부가 이렇게 의존하는 마이크로 기술 분야 제조와 조립, 테스트의 98%가 아시아에서 이뤄지고 있습니다. 특히 반도체는 중국과의 기술경쟁의 그라운드 제로Ground Zero입니다. 중국은 보조금을 주고 제도적 인센티브를 줘서 자국 내 연구 개발 제조 역량 구축에 투자합니다.

우리도 반도체 분야에서 확실히 국내에 제조 역량을 갖출 수 있도록, 또 우리 전투자원에 최신 기술을 제공할 수 있게 하기 위해서 CHIPS 법안 통과가 절실합니다.

제이크 설리번(미국 국가안보보좌관): 우리 국방, 정보, 전략 분야를 위해서라도 CHIPS 법안은 매우 중요합니다. 그리고 우리는 이 공급망 강화가 동맹과 함께하는 일이며, 협력이 필수적이라는 사실도 이해하고 있습니다. 또 CHIPS만큼이나 CHIPS 플러스plus 법안도 필요합니다.

바이든: 제이크, 질문 하나 할게요. 우리가 30년 전에는 R&D에 GDP 2%를 투자했는데, 지금은 0.7%에 불과하죠. 중국은 엄청나게 투자하고 있는데 말이죠. 이게 법안의 두 번째 부분이기도 한데, 우리가 정확하게 어떤 투자를 해야 합니까?

설리번: 인공지능, 양자컴퓨팅, 바이오 기술, 미래 인터넷, 미래 전기통신에서 최신 혁신 역량을 보유해야 합니다. 일자리도 창출할 수 있고 중산층의 성장도 도모할 수 있습니다. 그 과정에서 기술 표준을 우리의 이해관계를 반영하는 방식으로 확립할 수도 있습니다. 도전자나 경쟁자에 의해 정해져서는 안 되는 부분입니다.

브라이언 디즈(미국 국가경제위원회 NEC **위원장)**: 경제 얘기도 해야겠죠. 상무부 라이몬도 장관이 주도할 텐데, 설명 좀 부탁해도 될까요?

지나 라이몬도(상무부 장관): CHIPS 법안은 520억 달러 투자를 제안하고 있습니다. 사실 반도체는 우리가 만들었거든요. 실리콘밸리가 왜 실리콘밸리겠어요('실리콘'은 반도체, CHIP과 동의어처럼 쓰인다). 예전에는 40%를 미국이 만들었는데 지금은 12%입니다.

더 중요한 건 첨단칩 the leading-edge chips 인데, 우린 첨단칩을 만들지 않습니다. 전적으로 대만에 의존합니다.

우린 아무 투자를 하지 않는 사이 중국은 1500억 달러 이상을 투자

했어요. 의료기기나 산업기기, 항공기를 위한 칩은 중국에 의존하게 되었습니다. 이를 CHIPS 법안으로 바꿔야 해요. 이 법은 대기업이 해외 투자하거나, 주주를 위해 현금 보유하는 걸 도우려는 게 아닙니다. 미국의 노동과 경제 국가안보에 투자하는 거죠.

제프 마타(메드트로닉, 세계 최대의 의료장비와 기기 기업 CEO): 최신 의료 기술도 반도체에 의존하고 있습니다. 당뇨환자 인슐린 펌프, 심장박동기, 코로나 치료기기 모두 그렇습니다. 환자 생명에 반도체는 치명적 영향을 미칩니다. 그런데 이 반도체가 지금 굉장히 부족합니다.

미래를 내다보자면 생체공학이나 바이오공학은 지금 전환점에 있습니다. 파킨슨병 치료의 경우 데이터와 컴퓨터로 정확하게 약물 주입 시기와 방법을 통제할 수 있게 됩니다. 의사를 찾아가지 않고도 필요한 때 적절하게 치료할 수 있는 겁니다. 이런 클라우드 컴퓨팅을 위한 최신 기술 적용에 칩은 필요합니다. 접근성도 높이고 비용도 줄이는 건데, 지금의 칩 공급량을 가지고는 어렵습니다.

톰 라인버거(커민스, 디젤과 대체연료 엔진 전문 제조업체 CEO): 우리는 100년도 더 된 회사고, 인디애나에 본사가 있어요. 2만 5000명 정도 고용하고 있고요. 우리도 지금 공급망이 위기입니다. 구할 수 없는 것 가운데 1위는 반도체예요.

기계에 전력을 공급할 때 반도체에 의존합니다. 배출을 통제하는 엔진 시스템에 전자통제 장치를 부착해야 합니다. 초미세 칩 말고 이른바 '레거시 칩Legecy Chip'이라고 부르는 더 크지만 효율적인 칩이 많이 필요합니다. 자동차에 전력을 공급하는 거죠. 음식 배달을 하고, 병원과 데이터센터도 지원하고, 에어컨도 틀 수 있게 해줘요. 반도체 제조에 투자하면 우리 국내 제조업에 도움을 줄 수 있습니다.

크리스 셜턴(미국통신노조 CWA 위원장): 법이 통과되면 수만 개의 일자리가 생길 겁니다. 장기적으로 산업을 성장시키고 도움을 주겠죠. 중국의 불공정한 무역관행에 대항하는 데도 필요합니다. 포괄적 접근법이 필요한데, 이번 법안은 그 훌륭한 시작점이 될 겁니다.

바이든: 톰, 질문 있어요. 제 임기가 시작된 후 전기차와 배터리에 엄청난 투자가 있었죠. 커민스는 가장 앞선 연료전지와 배터리 기술을 보유했는데, 여기 반도체가 더 많이 사용되지 않아요? 법이 통과되면 혁신에 도움이 될까요? 전기충전소 인프라 같은 것에도 도움이 될까요?

라인버거: 반도체 사용이 기하급수적으로 늘고 있습니다. 새로운 모델마다 말이죠. 차량 수요가 늘고 있는데 반도체가 얼마나 더 필요할지 정확히 계산할 수도 없을 정도입니다. 연료전지로 가면 더 많이 필요할

겁니다. 단순 필요에 부응할 뿐만 아니라, 기술 혁신을 선두에서 이끌어나가야 합니다. 그러면 95% 더 많은 고객을 확보할 수 있습니다. 그런데 시간이 촉박합니다. 지금 투자를 해야 합니다. 유럽과 중국이 더 빨리 움직이고 있거든요.

바이든: 네, 고마워요. 그런데 이제 이 법안에 따라 생길 일자리나 연관 반도체 일자리, 건설 일자리가 좋은 일자리 맞아요?

셜턴: 네, 바닥으로의 경주가 아닙니다. 반도체 만드는 공장이나 이 산업에서 일하는 노동자가 된다면요. 좋은 일자리예요.

바이든: 난 사실 이런 일자리들이 중요하다고 생각하는데, 말하자면 (내가 연두교서에서도 말했는데) 경제를 바닥에서 위로, 중산층을 두텁게 하는 방식 build from the bottom up and the middle out 으로 재건하면 더 지속 가능하고 강한 경제가 될 거란 얘깁니다.

자, 어찌 됐든 CHIPS 법은 꼭 필요합니다. 빨리 통과되어야 해요. 왜 급한지 제가 몇 가지 이유를 말씀드릴게요.

우선 경제적으로 꼭 필요합니다. 스마트폰부터 식기세척기, 자동차 등 모든 걸 반도체가 작동시켜요. 꼭 필요합니다. 미국이 반도체를 만들어냈죠America invented semiconductors. 하지만 지난 시간 동안 우리는 반도체 만드는 일을 해외에 맡겨버렸어요.

그리고 코로나 공급망 병목이 있었죠. 지난해(2021년) 근원 인플레이션의 3분의 1, 와우, 3분의 1이 자동차 가격 상승 때문이었어요. 왜인 줄 알아요? 반도체가 없어서 생산할 수가 없었거든. 2400억 달러의 경제적 손실이 있었습니다. 이제 반도체는 집에서 만들어야 해요.

둘째, 국가 안보상 필요합니다. 나는 앨라배마 록히드마틴 공장에 갔습니다. 아까 들었죠? 이유 없는 전쟁으로부터 자신들을 지키는 우크라이나인들, 그들에게 공급하는 재블린 미사일을 만듭니다. 재블린 뿐 아니라 미래 첨단 무기는 더욱더 반도체에 의존할 겁니다.

그런데 우리는 반도체의 0%를 만들어요. 대만이 최첨단 칩의 90%를 만듭니다. 중국도 점점 앞서나갑니다. 우리는 세계 반도체 점유율이 40%에서 12%로 감소할 때, 중국은 2%에서 16%로 늘었어요. 중국은 최근에 목표가 25%라고 했어요. 그럼 자급자족할 수 있다는 거죠. 지금 중국이 CHIPS 법안 반대 로비하는 게 이해 못 할 일이 아닌 겁니다.

미국이 반도체를 만들었어요. 이제 반도체를 집으로 데려올 때입니다It's time to bring it home. 집으로 데려올 때예요. 바로 우리의 안보와 경제 성장을 위해서 말입니다.

셋째, 오늘 기업인들 얘기 들으셨죠? 기업들은 지금 투자를 어디에 할지 결정하고 있습니다. 이들이 중국과 인도와 일본과 한국과 EU에 투자하면 어떻게 하죠? 저 나라들은 하나같이 기업들의 투자 유치를 위해 역사적인 규모의 투자 유인책을 펼치고 있습니다.

이제 법안이 통과되면 혜택받는 기업들을 꼼꼼하게 살필 겁니다. 납세자의 돈이 미국의 노동자, 중소기업, 지역사회에 돌아가는지 볼 겁니다. 주식을 되사거나 배당하는 데 쓰게 두지 않을 겁니다. 상무부 장관은 준 돈 다 회수할 수 있어요. 백지수표가 아닙니다.

그리고 마지막으로, 이건 미국의 과학기술에 대한 투자입니다. 미래에 대한 투자입니다. 자, 다 왔습니다. 다 왔어요. 이제 법안이 통과되게 합시다. 너무나 많은 게 걸려 있으니까요. 도와주셔서 감사합니다. 진심으로 감사드립니다. (끝)

반도체법은 이 회의록이 올라온 다음 날인 27일 상원을 64 대 32로 통과하고, 바로 다음 날인 28일 하원을 243 대 187로 의회를 통과했다. 반도체 제조시설 증설 지원 등에 520억 달러, 미국 내 반도체 공장 건설 기업에 25% 세액공제(10년간 240억 달러 규모) 혜택을 준다. 그 외 첨단 과학 연구 지원에 투입하는 자원을 포함, 총 2800억 달러, 한국 돈 360조 원 규모가 넘는 거대 법안이다.

법안은 삼성 같은 외국 기업도 지원받을 수는 있으나, 중국에 신규로 공장을 만들거나 현 생산 능력을 확장하는 기업은 보조금을 받을 수 없다고 규정하고 있다.

06

돌아온
권위주의의 시간

빈 살만과 바이든의 악연

"이제부터는 서구 제국주의 세력이 중국에 간섭하는 것을 막아내야
한다."[69]_쑨원

"중국인은 머나먼 과거의 영광, 그 이후의 치욕, 현재의 성과, 미래의
패권을 한꺼번에 의식한다. 이 결합은 아주 강력한 힘을 발휘한다."[70]

_리처드 맥그리거

2018년 사우디아라비아 국적의 반체제 언론인 자말 카슈끄지는 재
혼을 준비하고 있었다. 9월, 그는 튀르키예 수도 이스탄불의 사우디 영
사관을 방문했다. 재혼에 필요한 이혼 확인 서류 발급을 위해서였다.

영사관 측은 시간이 걸린다며 10월 재방문을 요청했다. 약속된 날 카슈끄지는 영사관 안으로 들어갔다. 재혼 상대는 영사관 밖에서 기다렸으나, 그는 영원히 나타나지 않았다.

튀르키예 정부는 사우디 요원들이 카슈끄지를 고문한 뒤 살해해 시신을 토막 내 처리했다고 밝혔다. 사우디 정부는 처음에는 부인했다. 그러나 튀르키예 에르도안 대통령은 암살팀의 행적을 공개하며 '치밀하게 계획된 살인'임을 폭로했다. 사우디는 뒤늦게 우발적으로 일어난 사고라며 살인을 인정했다.

사건의 배후로 MBS가 떠올랐다. MBS는 무함마드 빈 살만, 사우디의 왕세자를 서방이 부를 때 즐겨 쓰는 이니셜이다. 1985년생, 사건 당시 30대 초반에 불과했던 MBS는 이 사건으로 국제적 악명을 얻는다. 2017년 말레이시아 쿠알라룸푸르 공항에서 벌어진 김정남 살인 사건으로 김정은이 오명을 얻은 것처럼.

잔혹한 살인에 전 세계가 공분했고, 특히 바이든 현 대통령은 강도 높게 비판했다. 대선 후보 시절 이후 줄곧 '사우디가 대가를 치를 것'이라며 '국제사회에서 배제하겠다'고 한 바 있다. 민주 세계의 수장인 미국이 21세기에 백주대낮에 외교 조직을 활용해 살인 사건을 벌인 국가를 가만히 보고만 있을 수는 없다는 얘기였다.

그러나 운명의 시계는 얄궂게 흘러가기 시작했다. 코로나가 왔고 인플레이션의 고통이 찾아왔다. 2022년, 치솟는 고유가의 고통 속에서 정치적 코너에 몰린 바이든은 해법이 필요했다. 고유가 해결을 위한 석유 증산이 필요했다. 산유국 카르텔인 OPEC이 증산하게 해야 하는데,

그러려면 사우디의 도움이 필요했다. 문제는 사우디가 자신을 '배제시킨다'며 국제적 망신을 준 미국 대통령의 요청에 화답하지 않는다는 점이었다.

사실 사우디는 미국의 전통적 우방이다. 사우디는 국제 원유 결제는 달러로만 하게 만든 '페트로 달러 체제'의 일등 공신이다. 또 미국의 중동 전략에 필수불가결한 조각이다. 혁명적 시아파 이슬람으로부터 미국의 이익을 지키고, 또 중동에서 중국과 러시아의 영향력을 제한하는 역할을 했다. 반대급부로 미국은 사우디를 군사적으로 지원했다. 혁명을 추구하는 주변의 시아파 국가들로부터 사우디를 방어할 무기와 방어망을 제공해왔다.

바이든의 배제 발언이 이 관계에 균열을 가져왔다. 사우디와 미국의 관계가 예전 같지 않게 되었다. 불량국가로 몰린 사우디의, 더 구체적으로는 실권자인 빈 살만의 복수라는 얘기가 나왔다. 복수의 메시지는 아마도 이랬을 것이다.

미국은 사우디 없이는 중동 질서에 영향 미칠 수 없다는 냉정한 현실을 깨달아라.

더군다나 사우디는 2022년 3월, '중국과의 원유 결제는 위안화로 할 수도 있음'을 시사했다. 수출하는 원유의 4분의 1을 사 가는 최대 수입국 중국을 위한 조치라는 설명이 나왔다. 미국의 안보 지원에 대한 사우디의 실망 때문이라는 얘기도 나왔다. 구체적으로 예멘 내전 지원에 대한 불만, 그리고 이란과의 핵 합의 복원 시도(이란과 사우디는 앙숙이다)

를 거론하기도 했다.

　이유가 무엇이건, 위안화 결제는 단순한 결제 이상의 의미를 지닌다. 중동 석유는 달러로만 결제한다는 페트로 달러 체제의 종말을 의미하기 때문이다. 반세기 지속된 이 체제야말로 글로벌 달러 수요를 유지하는 기축통화 체제의 근원이다. 중국 위안화가 더 높은 지위를 얻으려면 이 체제를 깨야 한다. 사우디가 돕는다면 불가능한 일도 아니다. 실현된다면 미국에 엄청난 타격이 될 얘기였다.

　고유가 상황을 풀기 위해서나 중동 질서 안정을 위해서나, 여러모로 바이든은 사우디에 도움을 청해야 하는 상황으로 내몰렸다.

　결국 바이든은 2022년 7월 중동 순방 중에 사우디를 방문했다. 배제하겠다고 한 나라에 제 발로 걸어 들어갔다. '기름 증산 좀 해달라'고 사정도 했다. 《뉴욕타임스》는 이 순방을 앞둔 바이든의 처지를 놓고 "기름값을 내려야 하는 바이든에게는 나쁜 선택지만 있다"라는 제목의 기사로 이렇게 비꼬았다.[71]

> 전쟁 나면 정치인들은 머리 잘린 닭처럼 여기저기 내달리며 당장 무슨 소비자 구제책을 낼 수 있는지에 골몰하지만, 역사는 전쟁 중 에너지 위기는 피할 수 없는 일이란 걸 보여준다. (…) 장기적으로 전기차에 투자하고 효율적인 에너지 망을 구축하고 에너지 수요를 낮추는 기회로 삼는 수밖에 없다.

　그러나 중간선거를 앞둔 정치인 바이든에게 이런 장기적 시야의 조

언은 쓸모가 없다. 당장이 급하다. '머리 잘린 닭' 비유를 듣는 모욕 속에서도 바이든은 끝내 사우디를 방문했고, '예정된 망신'을 당하고야 말았다.

기자들은 빈 살만을 만나 '주먹인사'를 하고, 회담을 가진 바이든을 가만 내버려두지 않았다. 빈 살만과 마주 앉은 테이블에서 기자들은 "희생된 자말 카슈끄지의 가족에게 사과할 것입니까?"라는 질문을 던진다. 앞에서도 언급한 "아직도 사우디는 왕따입니까?"라는 도발적 질문으로 바이든을 난처하게 했다. 바이든의 건너편에서 옅은 미소를 짓고 있는 빈 살만이 카메라에 잡혔다.

바이든은 성과를 거두지도 못했다. 빈 살만은 바이든 바로 옆에 앉아 "이미 최대치를 생산하고 있다. 추가 생산은 불가능하다"라며 증산이 어렵다고 말했다. 바이든의 요청을 면전에서 거절한 것이다. 바이든의 수난은 여기서 그치지 않았다.

기자들은 바이든 괴롭히기를 멈추지 않았다. 회담 뒤 기자회견장에서 "과거 사우디를 따돌리겠다고 했던 말 후회합니까?"라는 질문이 나오자, 바이든은 질문이 끝나기도 전에 말꼬리를 잘랐다.

"난 아무것도 후회하지 않습니다. 다음 질문?"

그러나 기자 집단은 '약한 고리'를 보면 멈추지 않는다.

곧이어 "이제 카슈끄지처럼 살해당하는 일이 없을 거라고 확신할 수 있나요?"라고 누군가 소리쳤다. 바이든은 화가 난 듯 "정말 바보 같은silly 질문이군요. 그걸 내가 어떻게 압니까?"라고 톡 쏘았다. 순간 잔뜩 찌푸린 바이든의 표정이 모든 것을 말해주고 있었다.[72]

잔혹하지만 개혁적인 군주, 빈 살만은 굳건하다

카슈끄지 암살 전에도 빈 살만은 잔혹한 통치 방식으로 서방에 악명이 높았다. 2017년, 제1왕위 계승자였던 사촌 형 '무함마드 빈 나예프'를 대신해 왕세자가 되었고, 이후 실질적 지도자 행로를 걸었다. 반부패 투쟁 명분으로 사촌 형의 가신들과 정적들을 축출하고 가혹하게 탄압했다. 일종의 왕자의 난이다. 집권에 방해되는 인물들은 제거하는 방식으로 권력을 공고히 했다.

영국《이코노미스트》는 빈 살만이 여전히 한 해 81명의 사형을 집행하는 사우디의 유일한 지도자라고 했다.[73] 형제들을 제압할 때도, 예멘 문제를 다룰 때도 잔인한 통치 방식에는 예외가 없었다. 그는 국방장관에 오르자마자 예멘 공습을 단행했고, 자국 내 원유시설이 공격당하자 민간인 희생을 개의치 않는 군사 작전을 감행했다.

카슈끄지의 죽음에 관해서는 '내 권위에 의문을 제기하면 일어날 일'이라면서 본인에게 '책임은 있으나 지시하지는 않았다'라고 언급했다고도 전했다.

그런데도 국제사회에서 빈 살만의 지위는 굳건하다. 잔혹한 범죄와의 연관성으로 비판받아도 문제없다. 당장 따돌리겠다던 바이든조차 한 테이블에 앉아서 꾹 참고 회담을 해야 한다. 민주적이지 않다는 이유로 무시하기에는 세계 에너지 공급망에서 사우디의 경제적 존재감이 너무 크다.

한편으로 빈 살만은 '여성의 운전을 허용'하는 진보적 조치로 주목받는다. 그는 보수적인 이슬람 문화에서 개혁의 아이콘이다. 또 사막 한가운데 짓겠다는 거대한 미래 신도시 프로젝트 '네옴 시티'는 세계적인 관심을 받는다. 한국도 이 거대 토목 프로젝트 참여를 위해 물밑에서 움직인다.

아랍 세계의 기대감도 크다. 오랜만에 30대의 젊고 영향력 있는 이슬람 지도자가 출현했다. 빈 살만에게는 보수적이고 연로한 지도자 일변도인 이슬람 세계의 변화를 이끌 역량이 있다는 평가가 나온다. 한편으로 잔혹하지만, 다른 한편 단호하고 개혁적인 군주라는 이야기다.

'잔혹하고도 개혁적인' 전제군주라니. 20세기에나 어울리는 '시대착오적인 세계관' 아닌가 하는 생각이 들지도 모르겠다. 그렇게 생각한다면 하나는 맞고 하나는 틀렸다. 우선 빈 살만이 전제군주 행세를 하는 것은 맞다. 사우디는 실제로 왕이 다스리는 나라이고, 빈 살만은 그 나라의 실질적 리더로서 당당하게 통치하고 있다.

다만 시대착오적이라고 말할 수 있는지는 다시 생각해봐야 한다. '시대착오'의 사전적 의미는 '변화된 새로운 시대의 풍조에 뒤떨어진 생각이나 생활 방식'이다. 빈 살만 같은 지도자가 소수여야 시대착오라는 말이 성립할 수 있다. 법이나 인권보다 지도자의 의지가 더 중요한 나라의 수가 많지 않아야 시대착오적이라고 정의할 수 있는 것이다.

아니면 최소한 그러한 나라의 수가 장기적으로 줄고 있어야 한다. 그것도 아니면 구시대적 지배구조에 사로잡힌 나라들이 대부분 약소국이어서 국제정세 차원에서 의미가 없어야 한다. 세 가지 조건 가운데 한두 개라도 만족한다면 빈 살만을 시대착오적인 지도자라고 부를 수 있다.

정리하건대, 빈 살만이 시대착오적 인물이 되려면 법과 인권보다 지도자의 의지가 중요한 나라가 소수이거나 장기적으로 줄고 있거나 대부분 약소국이어야 한다.

그러나 현실은 그렇지 않다. 때때로 암살이나 정적 탄압과 같은 방식의 억압적인 통치 방식을 사용하는 절대 군주나 권위주의 Authoritarianism 지도자가 통치하는 국가(이하 '권위주의 국가')는 소수가 아니고, 줄고 있지도 않고, 약하지도 않다. 당장 유가 안정을 위해 미국의 바이든이 부탁할 만한 빈 살만을 제외하고, 다른 산유국에는 어떤 나라가 있는지만 살펴봐도 된다.

《뉴욕타임스》는 바이든이 선택할 수 있는 사우디 다음 대안으로 먼저 이란을 제시한다. 사우디의 숙적인 이란은 핵개발 시도 때문에 국제사회와의 교역에서 이미 배제된 국가다. 이란은 종교지도자가 실질적인 힘을 지닌 국가로, 민주주의의 수준으로 보자면 사우디와 크게 다르지 않은 권위주의 국가로 분류된다.

그런데 이란은 세계 최대의 산유국 가운데 하나다. 국제교역에 복귀만 한다면 당장이라도 국제사회에 공급할 수 있는 엄청난 양의 '비축유'를 이미 저장고에 담아두고 있다.

선결 조건은 이란과의 '핵 합의' 체결이다. 미국의 트럼프 대통령이 이란과 체결했던 기존의 핵 합의를 휴지 조각으로 만들어버렸기 때문이다. 이후 이란은 핵 고도화에 나섰다. 이 합의의 복원은 쉽지 않다.

고유가 상황에서 스스로의 가치를 잘 알고 있는 이란은 협상에서 매우 까다로운 조건을 제시한다. 잔혹한 살인의 대가로 배제하려 한 국가(사우디)가 싫으면, '불량국가'로 규정한 국가(이란)의 요구조건을 너무 많이 들어줘야 한다.

사우디도 이란도 어렵다면 다음은 베네수엘라다. 베네수엘라는 미국이 체제 정당성을 가장 인정하기 어려운 권위주의 국가 가운데 하나다. 말 그대로 '첩첩산중'이다. 사우디와 이란, 베네수엘라……. 《뉴욕 타임스》가 "바이든에게는 나쁜 선택지밖에 없다"라고 단언하는 이유는 여기에 있다.

산유국만 그런 것 아니냐고? 그렇지 않다. 전 세계 모든 국가로 시선을 확장해봐도 상황은 다르지 않다. 권위주의 국가는 지금도 민주주의 국가보다 수적으로 우세하고, 기세도 등등하며, 줄기는커녕 늘고 있다.

빌런의 무대가 되어가는 지구촌

《이코노미스트》는 해마다 '민주주의 지수'를 발표한다. 대상은 167개국. 2022년에는 그 가운데 단 21개 나라만이 '완전한 민주주의full democracies' 국가다.

자랑스럽게도 한국은 16위로 완전한 민주주의 국가에 포함된다. 생각보다 완전한 민주주의 국가의 수는 많지 않다. 인구를 기준으로는 세계 인구의 6.4%다.[74]

| 그림 6-1 | **2022년 지구촌에서 '민주 진영'은 소수**

한국 16위(2023년 24위)

| 21개국 | 53개국 | 34개국 | 59개국 |

완전한
민주주의　결함이 있는 민주주의　혼합 체제　권위주의 국가

자료: 《이코노미스트》

미국(26위)은 물론 스페인(24위), 이탈리아(31위), 민주주의 본고장 그리스(34위)마저 약간의 결함 때문에 완전한 민주주의 국가가 되지 못했다. 결함이 있는 민주주의 국가 flawed democracies다. 이 그룹의 53개국을 포함해도, 민주 진영은 74개국밖에 되지 않는다. 조사 대상의 과반이 안된다. 반면 권위주의 59개국과 민주주의와 권위주의가 혼합된 형태인 혼합 체제 hybrid regime 34개국을 더하면 93개다. 과반이다. 비민주주의 국가 수가 훨씬 많다.

사우디아라비아는 152위다. 완전한 권위주의 국가다. 이란은 155위, 베네수엘라는 151위다. (참고로 북한은 꼴찌 앞인 165위, 166위는 미얀마이고 167위는 아프간이다.)

이런 비민주적 국가들이 민주화되고 있지도 않다. 오히려 그 반대다. 민주화 지수의 글로벌 평균 점수는 2014년 이후 지속적으로 하락하고 있다. 《이코노미스트》의 2022년 기사 제목은 '글로벌 민주주의의 새로운 저점 A New Low for Global Democracy'이었다.[75]

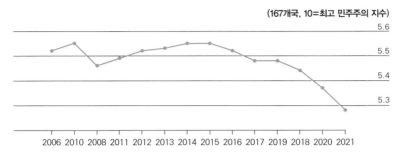

| 그림 6-2 | **하락하는 세계 민주주의 지수**

(167개국, 10=최고 민주주의 지수)

자료: 《이코노미스트》

세계 전체로 보면 정치는 점점 더 민주화와는 먼 곳으로 가고 있다. 《이코노미스트》는 중남미의 민주주의 지수가 포퓰리스트들의 등장으로 가장 가파르게 하락했다고 했다. 페루는 선거 결과를 오래도록 확정하지 못했고, 칠레는 심각한 양극화 속에 저조한 투표율을 기록했다. 아이티는 대통령 암살 뒤 어려움이 지속되고 있다.

이러다 보니 국가 수뿐만 아니라 지수 자체도 하락하고 있다. 민주주의 지수는 2015년 이후 줄기차게 내리막을 걸어, 10점 만점에 5.3점 아래로까지 떨어졌다.

미국의 민주주의 학자 래리 다이아몬드는 "지난 15년간, 세계 167개 나라 가운데 3분의 2에 해당하는 108개 나라에서 민주주의가 후퇴했다"라고 했다.[76] 또 지역별로 보아도, 2006년 이후 모든 지역에서 민주주의 지수가 후퇴했다.

| 그림 6-3 | **'내 편 아니면 적' 양극화되는 미국 정치**

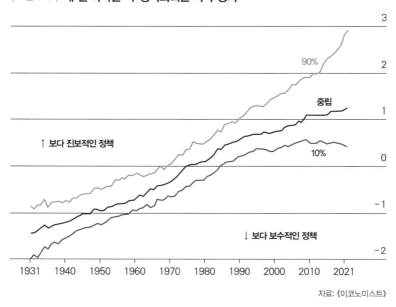

자료: 《이코노미스트》

놀라운 점은 점수가 가장 많이 하락한 지역이다. 중동이나 중국이 아니고, 북미와 서유럽이다. 정당의 등록 당원 수는 물론 정당의 수 자체가 줄고 있다. 다양성보다는 양대 정당 구조다. '내 편 아니면 적'이 되는 정치 문화가 보편화되고 있다. 타협 가능성은 사라지고 있다.

미국 정치의 양극화는 대표적인 예다. 크리스 워쇼 조지워싱턴대학 정치학 부교수와 데빈 코피 MIT 부교수가 1930년대부터 2022년까지 190개 정책을 분석한 결과 위 그래프에서처럼 미국 각 주의 '좌우' 격차는 시간이 갈수록 크게 벌어진 것으로 나타났다.[77]

또한 정부 정책은 점점 더 전문가에 의존하고 있다. 전문가 결정이

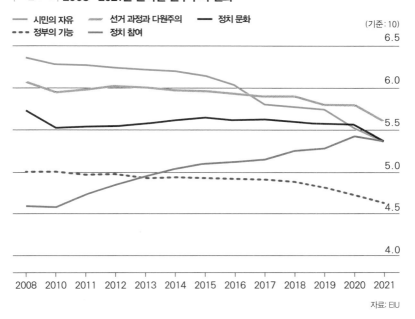

| 그림 6-4 | 2008~2021년 분야별 민주주의 진화

—— 시민의 자유   ///// 선거 과정과 다원주의   —— 정치 문화
---- 정부의 기능   —— 정치 참여   (기준 : 10)

자료: EIU

뭐가 문제냐고 생각할지도 모르겠다. 그러나 자기 결정권의 측면에서, 국가가 개인의 자유를 제약하는 상황은 분명 민주주의를 제약한다. 코로나 이후로는 보건 영역에서 이런 '비민주적 결정'이 일반화됐다. 민주주의는 미국을 포함한 대부분의 국가에서 침식되고 있다. 민주주의 국가 내에서조차 그렇다(북유럽 일부는 제외다).

  전체 지수를 부문별로 쪼갠 세부 지표로 보아도 마찬가지다. 기술 발전에 따라 사이버 공간에서 발달하는 '정치적 참여'의 확대를 제외하면 선거 과정과 다원적 정당 구조, 정부의 기능성, 정치적 문화, 시민적 자유권 등 모든 측면에서 평균 지표가 하락하고 있다. 민주주의의 진전을 측정하는 잣대로 보면 세계는 점점 더 '빌런의 무대'로 변해가고 있다.

그러나 《이코노미스트》는 뭐니 뭐니 해도 "앞으로 몇 년 동안 서구 민주주의 모델에 대한 가장 큰 도전은 중국에서 올 것"이라고 했다. 세계에서 두 번째로 큰 경제대국이자 곧 가장 큰 경제대국이 될 중국이 민주주의의 질서를 거부한 채 지속적으로 부상하고 있기 때문이다. 실제로 2022년 《이코노미스트》가 발표한 보고서의 제목은 '중국의 도전 The China Challenge'이다.

최대 도전은 중국의 존재 자체

중국의 민주주의 순위는 148위다. 3점대이던 종합지수는 3년 전부터 2점대로 더 낮아졌다. 선거제도와 다원주의 정치 체제 지수는 0점이다. 자유와 인권보다는 감시와 통제, 개인의 희생을 요구하는 질서가 강화하고 있다.

그런데도 G2다. 세계의 공장으로 자리매김했다. 국내총생산 기준으로는 G1이 될 날이 머지않았다. 미국의 국가대표, 애플 아이폰과 테슬라마저도 중국 없이는 생산도 소비도 장담할 수 없다. 감시 기술과 결합한 AI나 빅데이터, 차세대 통신 분야에서는 이미 세계 최고라는 평가가 나온다.

그러니까 지금 중국에서는 '정치적 자유의 공간 축소'와 '경제적 존재감 팽창'이 동시에 일어나고 있다. 나아가 중국은 일대일로 구상을 통해 아시아와 중동, 아프리카, 유럽, 라틴아메리카로 영향력을 확장했다. 중국을 새로운 글로벌 경제망의 중심으로 만드는 프로젝트다.

권위주의의 또 다른 상징인 러시아는 124위다. 2006년에는 민주주의 지수가 5점 정도는 됐으나, 이제 2점과 3점을 오간다. 푸틴의 권력 강화와 함께 민주주의가 후퇴했다.

이 러시아도 경제 기반은 탄탄하다. 지구의 미래를 위해 필요한 거의 모든 자원을 보유한 자원 부국이다. 지위가 얼마나 굳건한지는 우크라이나 침공 이후 역설적으로 드러났다. 러시아가 없으면 전기차도 친환경 전환도 쉽지 않다. 러시아에서도 경제적 번영과 민주주의가 디커플링 되고 있는 셈이다.

바이든 정부의 국방부 정책 담당 차관인 콜린 칼은 저서 《애프터쇼크》에서 바로 이 점을 지적한다. 중국은 놀라운 경제 성장 덕분에 초강대국 자리에 오르게 됐다. 러시아는 군사 현대화와 방대한 에너지 자원의 결합을 통해 푸틴 중심의 권위주의 국가를 완성했다. 그리고 직접 영토 확장으로 나아갔다.

'경제 성장'과 '권위주의 강화'의 동행

경제 성장은 보통 교육받고 경제적으로 풍요로운 중산층을 두텁게 한다. 그리고 중산층은 민주화를 추동한다. 한국에서 그랬다. 중국이나 러시아의 상황은 이 틀에서 이해하기는 어렵다. 성장과 함께 견제와 균형이 소멸하고 있기 때문이다. 특히 중국이 그렇다. 의미 있는 대안 세력 자체가 현재는 전무하다.

대안 세력이 없는 중요한 이유 가운데 하나는 감시와 억압이다. 《문명의 충돌》로 잘 알려진 저명한 정치학자 새뮤엘 헌팅턴은 "학생은 언제나 반대한다, 어떤 사회이건 존재하는 체제에 늘 반대한다"[78]라고 했다. 1989년까지는 중국에서도 그랬다. 그해 수도 베이징의 한가운데, 톈안먼 광장에서 학생을 주축으로 하는 민주화 운동이 벌어졌다.

당시 중국은 체제 위협이 가시화되고 있음을 깨닫고 행동에 나섰다. 애국주의 교육과 함께 정교한 통제를 도입했다. '반대하는 생각'이 '집단적 반대 행동'으로 이어질 수 없게 하는 방식이었다.

미국의 비교정치학자이자 컨설턴트인 브루스 부르노 데 메스키타 같은 사람은 '조직화를 조장하는 가치와 수단(협업재 coordination goods)'이 따로 있다고 말한다. 크게 네 가지다. 표현과 집회의 자유 같은 정치적 권리, 양심이나 종교 같은 인권, 언론의 자유, 고등교육 접근권이다.[79] 이 협업재가 없으면 생각이 행동으로 이어지는 연결통로가 없어진다. 따라서 권위주의 통치집단이 완벽하게 통제해야 하는 것은 바로 이 네 가치를 지닌 협업재다. ◆

SNS가 이처럼 광범위하게 퍼진 세상에서, 또 시민들의 의식이 성장

◆ 메스키타는 《독재자의 핸드북》이라는 대중서를 썼다. 독재자가 성공하기 위해서는 어떤 방식으로 시민을 통제하고 억압해야 하는지를 알리는 형식의 책이다. 독재자를 위해 쓴 책이어서가 아니고, 권위주의 체제가 어떤 기반에서 유지, 발전하는지를 효과적으로 드러내기 위해서다. 이 표현은 바로 그런 메스키타 서술 방식을 차용할 뿐, 독재자의 성공을 바라는 마음이 담긴 표현은 아니다.

한 21세기에 어떻게 그걸 통제하느냐고 반문하겠지만, 중국은 그 통제에 성공했다. 한편에서는 애국 교육을 통해 반체제 인사의 탄생 자체를 억제하면서, 다른 한편에서는 이 협업재를 통제하는 방식으로 감시와 통제를 강화했다. 점점 발전하는 첨단 빅데이터와 AI 기술은 이 중국정부의 감시·감독 체계에 날개를 달아주었다.

《뉴욕타임스》는 전 세계에 존재하는 감시 카메라가 10억 대라면 이 가운데 절반은 중국에 있을 것이라는 전문가 추정을 소개한다. 심층 조사에 따르면 중국의 감시 카메라는 음성까지 수집한다.[80] 목소리만으로도 신원을 확인할 수 있는 시스템이 구축되고 있다. 신장 위구르 지역에는 3000만 명의 홍채 정보를 저장할 수 있는 데이터센터를 구축했다. 심지어 일부 자치단체는 남성 유전자의 Y 염색체 데이터센터를 수립하고 있다.

《뉴욕타임스》는 이런 정보 수집의 목적이 "중국의 경우 수사가 아닌 '최대한 많은 데이터 확보' 그 자체라는 점에서 다른 나라들과는 차원이 다르다"라고 주장한다. 스마트폰도 통제 대상이다. 소셜미디어 앱이나 중국어 사전 앱(소수민족이 사용한다)이 대상이다. 문제적 단어가 나오면 자동으로 감지한다. 중국은 이렇게 초감시 사회가 되어가고 있다.

그러나 감시와 억압은 전부가 아니다. 중요한 요소의 하나일 뿐이다. 통제만으로 중국 같은 거대 국가를 통치할 수는 없다. 통제보다 더 중요한 '무언가'가 필요하다. 그건 바로 유능함이다. 특히나 중국처럼 지속적인 경제 성장으로 구성원들의 경제 수준과 눈높이가 높아지는 사회에서는 이것이 더욱 절실하다.

중국 정치와 외교 분석의 권위자 앤드루 네이선은 2015년 《포린폴리시》와의 인터뷰에서 "중국의 부상은 이미 막을 수 없는 문제이며, 이 부상을 어떻게 관리할지를 생각해야 한다"라고 언급했다.[81] 그러면서 그는 "중국 지도부가 보여준 지도 체제를 개선하고 정비하는 능력resilience은 다른 권위주의 정치 체제에서는 보기 드문 매우 독특한 현상"이라고 평가하기도 했다.

중국 정부는 우선 반대 의견도 포용하는 유연한 제도를 가지고 있다. 반대 의견을 내버려두면 조직화한 반대 세력이 된다. 그러나 반대 의견을 듣고 정책에 반영하면, 반대자는 참여자가 된다. 체제의 정치적 안정성은 반체제 인사들을 참여자로 변화시킬 수 있는 제도적 장치를 어느 정도 제도화했는지에 따라 판가름 난다.[82] 이는 권위주의 국가라고 해도 다르지 않다.

다른 한편 구성원들이 '정부가 유능하다는 사실을 신뢰'해야 한다. 달리 말하자면 현 정부의 집권이 사회를 지속적으로 발전시키고, 구성원들의 삶의 질을 한 단계 끌어 올릴 것이라는 믿음이 필요다. 한국식으로 말하자면 '대통령 지지율'이다.

중국은 이 점도 뛰어났다. 단순히 뛰어난 게 아니고, 그 어떤 민주주의 국가보다 뛰어나다. '국가의 정책에 대한 신뢰도'가 압도적으로 높고, '반대를 제도화하는 유연성' 또한 뛰어나다.

IMD의 세계 경쟁력 순위 발표에서 중국은 2022년 17위를 차지했다. 최근 5년 내내 우리를 앞질렀다. 그러나 전체 지표는 중국의 국가 경쟁력을 과소평가하는 잣대일지도 모른다. 경제 성과만 따로 떼어내

| 표 6-1 | **IMD 세계 경쟁력 순위** (단위: 순위)

	2018	2019	2020	2021	2022
중국	13	14	20	16	17
한국	27	28	23	23	27
(경제성과 부문)					
중국	2	2	7	4	4

살펴보면 4위였다.

중국의 의사결정 구조는 신속하고 효율적인 것으로 정평이 나 있다. 국가에 필요한 결정을 빠르게 내리고, 적절하게 집행한다. '견제와 균형'이 없으면 '신속과 효율'은 오히려 더 추구하기 쉬워질 수 있다. 그리고 그 민첩성은 빠른 경제 성장의 원동력이 된다.

당장 중국의 민주주의가 최하위 수준이라는 앞선 보고서[83]를 발표한 《이코노미스트》조차 "중국의 국가 지속성과 역량은 어떤 척도로도 세계 최고 수준으로 평가받아야 한다"라고 기술했다.

냉전이 끝난 뒤 자유보다 질서를 강조하고 리더의 의지가 다수의 합의에 앞서는 권위주의 체제의 생명력은 끝났다고들 생각했다. 철 지난 과거의 체제인 줄 알았다. 그랬던 권위주의가 중국과 함께 다시 부상하고 있다.

단순히 힘으로 억압한 결과가 아니다. 민주주의 세계의 지도자들과 마찬가지로, 권위주의 세계의 지도자들도 늘 노심초사한다. 카리스마적인 초기 지도자의 뒤를 이어 지속적으로 국가를 경영할 수 있는 후계를 양산하는 방법부터, 불만이 있는 사람을 우리 편으로 만들 방법까지 샅샅이 연구했다.

다른 한편, 경제 성과를 내기 위해 다양한 인센티브를 활용하는 방법도 배웠다. 권력이 특정 집단에 집중되면 발생할 수밖에 없는 부패와 불평등을 해소하기 위한 다양한 장치도 고안했다. 그러면서 국민에게 '자유를 조금 제한하더라도 지금의 지도체계가 유지되는 것이 국가적인 차원에서 장기적으로 최선'이라는 사실을 납득시키는 데 성공했다.

그러니까 권위주의가 오늘날과 같이 세계 무대의 전면으로 돌아올 수 있게 된 것은 '정치적 생존'을 위해 부단히 노력한 결과다.

권위주의가 세계 질서를 바꾼다

권위주의의 부상은 꼭 권위주의 국가의 부상만을 의미하는 것이 아니다. 이제 대부분의 나라가 무역을 통제하고, 금융에 대한 통제장치를 도입한다. 공정하고 자유로운 세계보다는 '우리에게 이익이고 질서 있는 세계'를 원한다.

미국마저 이 대열에 합류하고 있다. IRA에 담긴 전기차 보조금이 그렇다. 중국을 포위하는 이른바 가치 동맹도 배타성을 띤다. 제조업의 리쇼어링은 명백히 무역 상대국에 대한 위협이다. 이 모든 것이 미국마저 '자유보다 중요한 것'이 있다고 믿는다는 사실을 입증한다.

서구 민주주의의 정치적 토양도 서서히 바뀌고 있다. 다당제보다는 양당제로 가고 있다. 양당제는 세상의 복잡다단한 문제를 양자택일로 단순화한다. 보다 다양한 이해관계를 정밀하게 반영하는 타협과 연대의 정치가 설 땅이 좁아지고 있다.

기술도 자유를 제한한다. 마치 유사 '빅브라더' 같은 중국 정도의 수준은 아니더라도, 대부분의 나라가 수사와 질서 유지에 CCTV와 휴대전화 도감청, 추적을 광범위하게 활용한다. 감시 사회로 가는 길이 열렸다는 우려는 커질 수밖에 없다. 이 모든 것이 중국이 첨단에서 걸어가는 길이다.

러시아는 전쟁을 일으켜 세계적 봉쇄의 표적이 되어 있는데도, 경제 지속성을 유지한다. 국제 무역 결제 시스템에서 고립시켰는데도, 자원 수출의 힘으로 극복하고 있다. 푸틴이 강조하는 단결과 국가에 대한 충성이 그 비결인지도 모른다.

에르도안이 장기 집권한 튀르키예는 권위주의와 민주주의 체제가 혼합된 하이브리드 국가(103위)로 분류된다. 사실 지금 극심한 인플레이션을 겪고 있는데도, 지속적인 성장 또한 유지한다.

헝가리는 빅토르 오르반이 장기 집권하면서 정부 기관 대부분을 장악한 가운데 결함이 있는 민주주의 체제(58위)로 퇴보했는데도 지속적인 경제 성장을 달성하고 있다. 아시아에서 가장 부유한 도시국가 싱가포르는 강력한 정부 기구의 사회 장악(66위) 속에 '질서 있는 성장'을 이어가고 있다.

인도도 독특한 국가다. 미국의 우방으로 중국을 견제하는 쿼드에 참여하지만, 동시에 러시아와는 군사 교류를 한다. 심지어 서방의 제재로 팔 곳이 없어진 러시아산 원유를 싼값에 대량으로 수입하기까지 한다. 지구에서 가장 큰 민주주의 국가(46위)이지만, 민주주의 진영 안에만 머무는 국가는 아니다.

나렌드라 모디 총리 집권 이후 권위주의적 색채를 강화하고 있다. 동시에 여전히 절대적 권위주의 진영과 서방 사이에 존재하는 제3세계이기도 하다. 특정 진영의 편에 속하기보다는 '더 이익이 되는 거래'라면 마다할 필요 없다는 실용주의적 특성과 닿아 있다. 다시 말해, 인도는 '민주주의가 최선의 체제이며 모두가 지향해야 한다'는 믿음이 옅어지는 시대를 상징하고 있다.

권위주의 국가도 경제가 발전하면 중산층의 목소리가 커지고 민주화될 수밖에 없다는 생각은 낡은 생각이 되어가고 있다. 1980년대 한국에서는 그랬을지 몰라도, 2022년 중국에서는 그렇지 않다. 그러니 민주주의 진영이 두려워하는 것은 놀랄 일이 아니다.

> 중국 학생들이 가장 창피해하는 때, 예를 들면 마오쩌둥의 숙청이나 텐안먼 사건에 대해서 논할 때가 아니다. 새로 도착한 외국인 학우에게 중국에서는 페이스북이 금지되어 있다고 설명해야 할 때가 최악이다. 중국 젊은이들은 다른 나라 젊은이들과 같은 형태의 네트워크에 접근할 수 없거나 같은 재미를 즐길 수 없다는 점에 속을 끓이고 있다.[84]

5년 전만 해도 이런 분석이 진실을 반영하고 있다고 확신했다. 이제는 헷갈린다.

중국은 더 이상 자유의 억압이나 폭력적 통치를 부끄러워하지 않는 것 같다. '중국 특색의 체제'가 민주주의보다 우월하다고 믿는 것 같다. 시민들도 부끄러워하기보다는 오히려 중국 특색의 사회주의로 받아들이는 것처럼 보인다.

가깝게는 코로나 방역이 그 근거다. 철저한 방역과 봉쇄 조치로 질서를 유지한 중국과 달리, 미국에서는 100만 명 이상의 시민이 희생됐다. '시민의 생명은 중국이 더 잘 지켰다'는 애국적 관점이 미디어를 장악했다.

멀게는 2008년 글로벌 금융 위기 이후 중국의 차별적 성장이 큰 영향을 줬다. 미국의 투자은행 리먼 브라더스 등 '시스템적으로 중요한 금융기관' 몇 곳이 무너지자, 대서양 양쪽을 연결하던 단기 금융 시스템이 붕괴됐다. 그 여파는 전 세계를 덮쳤고 모두가 글로벌 금융 위기의 한 가운데에 놓였다.

중국은 거의 충격받지 않았다. 국제 금융망으로부터 분리되어 있었고, 외환과 금융 시스템이 국가의 강력한 통제를 받고 있었기 때문이다. 투기적 단기 거래를 허용하지 않았기 때문이다.

사회 시스템을 온전하게 지킨 뒤 중국은 전 세계 회복의 엔진이 되었다. 천문학적 부양책을 집행해 전 세계에 회복의 마중물을 제공했다. 세계의 유효 수요를 한꺼번에 끌어올렸다.

중국의 경제부총리 류허는 "워싱턴 컨센서스를 거부했기 때문에 2008년 위기 당시 플러스 성장을 하며 살아남았다. 즉, 금융 시장을 개방하지 않았기 때문에 무사히 넘겼다"[85]라고 말했다. 미 재무장관 행크 폴슨이 중국에 가서 '자본 시장 개방의 필요성'을 말하자 중국은 매우

분명하게 "당신들(미국)이 모든 정답을 가지고 있는 것은 아니오"라고 말했다.[86]

글로벌 질서의 '상수'가 된 권위주의

2022년 여름 이후, 서유럽은 제2차 세계대전을 다시 경험했다. 독일은 가스와 전기부족 사태에 대비해 주요 공공명소의 조명을 껐다. 전승기념탑, 베를린 성당, 샬로텐부르크 궁전 가리지 않고 불을 끄기로 했다. 《월스트리트저널》은 이렇게 꺼지는 등이 1400개라고 했다. 뮌헨은 피크 시간이 아니면 신호등 불도 끈다고 했다. 시내 절반 정도의 신호등을 꺼서 에너지를 절약한다. 차량 신호등이 녹색 불이어도 언제나 보행자가 우선인 독일이기에 가능한 조치다. 스페인은 여름 한낮에 40도 불볕더위가 이어져도 공공장소 에어컨은 27도 아래로 내리지 못하게 했다. 상점과 사무실은 밤 10시부터 불을 끄라고 했다. 네덜란드는 '샤워는 5분 이하' 캠페인을 전개했다.[87]

이는 러시아가 우크라이나 침공으로 세계 경제를 공포로 몰아넣은 결과다. 에너지 가진 자원 부국의 힘이다. 푸틴은 이 힘을 바탕으로 공고한 권력 기반을 다진 뒤, 인접 국가를 굴복시키는 방식으로 러시아 제국의 부활을 꿈꾼다. 침공은 권위주의의 자신감 회복을 상징한다.

민주주의 국가들은 속수무책이다. 기존의 세계 질서를 위협하는 폭력적이고 정의롭지 않은 침공이라고 지탄하지만, 당장은 할 수 있는 일이 많지 않다. 제2차 세계대전 이후 겪어보지 못한 에너지 혼란과 경제 차질을 겪을 뿐이다.

중국의 '제로 코로나'도 세계 경제를 인질 삼는다. 작은 공급망 병목 현상을 반복하게 한다. 권위주의 국가가 (전염병의 위험도 자체보다는) 정치적 필요에 따른 정책을 펼치고, 민주주의 국가 경제가 시름에 잠겼다.

우리가 겪은 사드 사태는 그 예고편이었다. 한때 한국 화장품은 중국에서 트렌디함의 상징이었다. 한국 드라마와 한류 배우들도 그랬다. 중국 소비재 시장을 한국이 석권했다. 이제는 모두 잊었다. 한국 화장품은 줄줄이 중국 시장에서 철수했다.

2013년 20%에 육박하던 삼성 스마트폰의 중국 점유율은 2021년 1% 이하로 떨어졌다. 2016년 180만 대에 육박했던 현대기아차의 중국 판매량은 지난해 34만 대 수준으로 추락했다.[88] 중국 공장 두 곳의 문을 닫았는데도, 남은 현지 공장 가동률은 30%대에 머무른다. 한국은 중국 성장기에 가장 큰 수혜를 봤지만, 이제는 가장 많이 잃는 나라가 되고 있다.

중동도 민주화되지 않고 세계를 길들일 것이다. 중동은 2010년대 초반의 민주화 물결이 질서보다는 더 큰 혼란의 지속을 가져왔단 사실을 학습했다. 리비아 사태의 경험은 푸틴의 세계관을 형성할 정도로 강력했다. 민주화가 무질서의 확산, 경제 붕괴, 극단주의 세력이 활개 치는 상황으로 이어졌다. 중동의 시민들은 이제 민주주의를 믿지 않을 것이다. 그렇다면 민주주의 확산은 거의 불가능할 것이다.

사우디와 빈 살만은 건재할 것이다. 이란의 권위주의는 혁명을 내세

위 사우디와 경쟁할 것이다. 튀르키예의 에르도안 역시 이슬람의 종주국이 되기 위해 다른 두 전통의 강호 국가들과 경쟁을 벌일 것이다. 중동의 질서는 이 세 권위주의 강국이 합종연횡하면서 형성하게 될 것이다. 이 합종연횡 속에서 다음 글로벌 에너지 질서의 위기가 떠오를 가능성도 배제할 수 없다.

아시아의 민주화도 더 진전되기는 쉽지 않을 것이다. 중국은 미국의 봉쇄전략에 맞서 자국에 도움이 될 권위주의 국가에 대한 지원을 지속할 것이다. 대표적인 나라가 미얀마. 인도양 진출의 교두보이자 일대일로 전략의 핵심 요충지인 미얀마의 권위주의 군부 독재는 그런 중국의 직·간접적인 지원을 받게 될 것이다. 권위주의 진영은 협력을 통해 서로의 생존을 지원할 것이다.

이들이 경제력과 자원을 무기화하는 방식의 생존 전략을 포기하지 않는 한, 또 우리가 그들에 대한 의존을 끊을 수 없는 한, 그리고 그들에 대응하면서 민주 진영 역시 그들을 닮아가는 한, 이 권위주의의 귀환은 우리와 지구촌 경제를 지속적으로 압박할 것이다.

만일의 상황에 대비한 비상계획^{JIC}은 필수가 될 것이다. 평평하지 않고 울퉁불퉁한 무역의 길을 계속 가야 하는 한, 우리 경제의 공급망에 차질이 생기지 않게 하면서도 인플레이션을 최소화하는 관리 방법의 필요성은 점점 커질 것이다. 물론 그런 비상계획 자체가 인플레이션을 촉발하는 압력이 될 것이다.

한국은 이 중력을 거부할 수 없다

미얀마 군부는 2022년 7월, 전 국회의원 표 제야 토와 시민운동가 초 민 유를 비롯한 민주화 운동가들에 대한 사형을 집행했다. 2021년 군사쿠데타에 반대하며 거리로 나온 사람들은 피의 보복을 당했는데, 그 후속 처리 과정에 있는 잔혹한 사법 살인이 계속되고 있다.

그런데도 한국 정부는 목소리를 크게 높이지 못한다. 미얀마에는 우리 대기업에 조 단위 영업이익을 가져다주는 거대 가스전이 있다. 에너지 공급망 다변화 차원에서 미얀마는 핵심 거점이 될 가능성이 크다. 이 점과 한국 정부의 침묵은 무관하지 않다.

지난 2019년 빈 살만이 방한했을 때, 우리는 그가 10조 원 투자 돈보따리를 풀었다며 환대했다. 카슈끄지 살해 의혹이 가라앉기 전이었지만 아무도 빈 살만에게 그것에 대해 묻지 않았다.

2022년 연말, 거대 계획 신도시 '네옴'을 선전하러 빈 살만이 다시 한국을 방문했을 때도, 우리는 제2의 중동 붐 가능성에 흥분했다. '만수르 10배 부자'라는 표현이 등장했고, 또 재벌 총수들을 한자리에 모아놓고 '어떤 사업이 하고 싶은지' 묻는 장면도 화제가 됐다. 누구도 인권이나 잔혹함을 말하지 않았다. 다시 말해, 한국이 사우디의 인권이나 빈 살만의 폭정을 이야기하는 날 역시 쉽게 오지 않을 것이다. 빈 살만의 통치 방식은 한국에서는 언제나 존중받을 것이다.

나는 주체적인 한 개인으로서 '내가 내 뜻대로 살아갈 권리'를 제한당한다면 참지 않고 항의할 준비가 되어 있다. 인간의 보편적 권리를 침해하는 이들을 용서해서는 안 된다고 믿는다. 더 많은 자유와 자기결정권이 행복 실현을 위한 가장 중요한 조건이라고 믿는다. 인권 향상을 위해 헌신하는 수많은 인권 운동가의 희생에 감사한다.

다만 현실이 이렇다. 지구에서 권위주의가 사라지는 선택지는 존재하지 않는다. 민주주의에 대한 우리의 절대적 신뢰에도 불구하고 세계 과반은 권위주의 국가다. 중국처럼 정치적 생존 공식을 찾은 권위주의 국가는 경제 성장과 일당독재 체제 안정을 동시에 달성한다. 서구에서조차 세계 민주주의 지수는 점점 내려가고 있다.

수출로 먹고사는 한국인에게는 선택지가 많지 않다. 원유나 가스가 조금만 부족해져도 가격은 치솟고 산업이 멈출 수 있다. 권위주의 국가(중국)에 수출하지 않겠다고 결심하면 나라 경제가 거덜 난다. 경제가 어려워지면 가장 고통받는 것은 취약계층이다. 거대한 사회 혼란이 따라올 것이다.

중국과 러시아처럼 강력한 나라가 아니더라도, 경제적 차원에서 우리를 제약하는 권위주의 국가는 수없이 많다. 앞으로 전기차 시대가 전개되면 더 많이 필요해질 광물은 아프리카와 남미의 권위주의 국가에 산재해 있다. 그들과의 관계를 민주주의라는 가치를 최우선에 두고 설계할 수는 없다.

다시 말하면 우리는 지금 권위주의 국가들에 둘러싸여 살아가고 있다. 이들과의 관계는 이상과는 다른 현실이다. 그래서 대한민국은 오늘도 비판받을 거리가 많은, 크고 작은 선택을 하면서 경제를 꾸린다.

'그들 없는 경제'는 불가능하다. 그들과 함께하면서 안정적인 경제를 꾸려나가야 한다. 그것이 지금부터 세계가 받아들여야 할 '새로운 인플레이션의 세기' 속 현실이다.

THE WORLD AFTER THE GREAT SHOCK

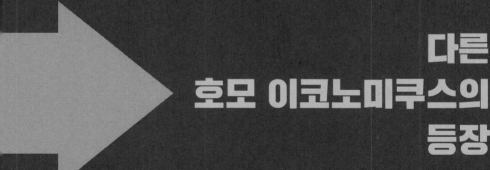

2부

다른
호모 이코노미쿠스의
등장

물고기는
존재하지 않는다

다음 세 그림을 보자. 여기서 나머지 둘과 다른 하나는 무엇일까? 아마 대부분이 '소'라고 답할 것이다. 폐어와 연어가 같은 물고기에 속하기 때문이다.

생물의 진화가 정확히 어느 가지^{branch}, 어느 지점에서 분리되어 일어난 일인지를 추적하는 학자들이 있다. 이들을 분기학자^{cladist}라고 부른다. 이들은 사람들에게 공통의 진화적 참신함을 찾는 데 초점을 맞추라고 말한다. 비늘이라는 외피에 시선을 빼앗기지 마라. 더 많은 것을 밝혀주는 다른 유사점들을 알아차려라.

폐어   **연어**   **소**

그러니까 정답은 소가 아니다. 연어다. 비직관적이지만 뜻밖에도, 그리고 생물학적으로 그렇다.

소와 폐어에는 호흡을 하게 해주는 폐와 유사한 기관이 있지만, 연어에는 없다. 폐어와 소는 둘 다 후두개(기관을 덮는 작은 덮개 모양의 피부)가 있지만, 연어는 없다. 폐어의 심장은 연어보다는 소와 구조가 더 비슷하다.

폐어만 특별한 것은 아니다. '고래는, 상어는……' 하고 진화적 참신함을 기준으로 조상을 거슬러 올라가보면 충격적인 사실을 깨닫게 된다. 물고기로 분류되는 생물 집단은 존재하지 않는다.

물속 세상에는 비늘로 된 의상 밑에 서로 다른 온갖 종류의 생물들이 숨어 있다. 호주 등지에 서식하는 폐어 등의 육기어류Sarcopterygii는 사람과 가깝다. 허파가 있고 꼬리가 있으니 어떤 의미에선 인어라고 할 수 있다.

연어, 농어, 송어, 장어 등 조기어류Actinopterygii는 육기어류와 쌍둥이 같지만, 안은 전혀 다르다. 상어와 가오리 같은 집단은 포유류와 비슷해 보이지만, 송어나 장어보다도 인간과 거리가 훨씬 멀다. 진화상으로도 훨씬 더 오래된 종이다. 멍게는 척추동물과 비슷한 구조를 가장 먼저 장착한 선구적 생물(피낭동물)이다. 물고기라는 표현은 이 다양성을 포착하지 못한다.

따라서 어류는 잘못된 분류다. 물고기는 존재하지 않는다. 조류는 존재한다. 포유류도 존재한다. 양서류도 존재한다. 그러나 어류는 존재하지 않는다. 어류는 견고한 진화적 범주가 아니다.

과학 전문기자 룰루 밀러는 《물고기는 존재하지 않는다》에서 물고기라는 진화적 범주는 존재하지 않는다고 선언한다. '물고기'는 잘못된 기준으로 생물을 정의한 틀린 단어다. 생물학자들에겐 널리 공유된 상식이다.

'물고기'가 틀렸다니…… 혼란스럽다. 오랜 세월 너무도 지당한 사실로 여겨온 범주category여서 그렇다. 그런데 룰루 밀러는 물고기에서 멈추지 않는다. 이야기를 더 멀리 끌고 나간다.

그는 우리 삶의 질서라고 여겨온 많은 부분이 어느 순간 틀린 것이 되고 말지도 모른다고 경고한다. 의심하라고 한다. 대부분 한정적인 진실에 그치고 만다면서.

우선 인간이 특별한 종이라는 믿음을 의심한다. 인간은 정말 만물의 영장인가? 정말 진화라는 위대한 비약의 결과물일까? 사실은 다른 동식물들과 크게 다르지 않은 생물이 아닐까? 언젠가 어떤 이유로 그걸 깨달아야만 하는 시간이 도래하는 것은 아닐까?

모든 것이 한시적인 질서 아래 놓여 있다는 사실을 받아들인다면, 근본적 질문을 할 수밖에 없다. 존재는 모두 끝난다. 모두 아무것도 아닌 것으로 돌아간다. 그렇다면 우리의 삶은 얼마나 의미 있는가. 근본적 회의 앞에 설 수밖에 없다.

인생의 의미가 뭐예요?

밀러가 일곱 살 때 던진 이 질문에 생화학자였던 밀러의 아버지는 "의미는 없다"라고 단언했다. 우리는 보잘것없는 존재란 것이다. 평범한 인간이 두 팔을 활짝 벌린 폭이 '시간의 전체 길이'라고 전제하면, 인간이 존재한 기간은 머리카락 두께보다 더 짧다.

> 게다가 우리는 아마 곧 사라지게 될 거야. 그러니까 만약 지구 저 멀리서 떨어져서 본다면," 여기서 아버지는 혀를 차서 끽끽하는 소리를 냈다. "그러면 우리는 정말 아무것도 아닌 거지. 거기엔 행성들이 있고, 그 너머엔 더 많은 태양계가 있어.

인간이 스스로에게는 아무리 특별하게 느껴지더라도 소용없다. 이 광대한 우주에서는 한 마리 개미와 별로 다를 게 없다. 한 개체의 차원에서도, 또 인류 전체를 뭉쳐봐도 그렇다. 사라진다는 점에서는 먼지와도 다르지 않다. 영원할 의미는 존재하지 않는다.

게다가 온갖 똑똑한 척에도 불구하고 우리의 시야와 사고의 폭은 제한되어 있다. 온 인류가 오랜 세월에 걸쳐 질서정연하게 생물의 범주를 분류하려 노력했으나 '어류'라는 잘못된 분류체계를 만들고 오랜 세월 믿어오고 말았다. '어류는 틀린 체계'라고 아무리 과학적 설득을 해도, 우리의 직관은 여전히 물고기라는 표현에 끌린다.

인식부터 불완전한 인간이 만든 질서는 당연히 대부분이 한시적이다. 인종과 젠더에 관한 고정관념이 대표적이다. 과거의 인간은 '인간 안에도 더 우월하거나 열등한 존재가 있다'고 믿었다. 인간이 진화 사다리의 꼭대기에 있다는 우생학적 믿음과 닿은 이 믿음, 이제는 편견으로 치부된다. 우리는 이 편견들이 하나하나 해체되는 시대를 살고 있다.

밀러는 그래서 새로운 진실이 드러나고, 또 과거의 진실, 과거의 범주가 사라지는 일이 지속될 것이라고 믿는다. 지금은 믿기 어려운 수많은 이야기가 다 사실로 밝혀질지도 모른다. 이를테면 '해왕성에는 다이아몬드가 비로 내린다' 같은 이야기. 세상은 검토할수록 더 이상한 곳으로 밝혀질 것이다. 부적합 판정을 받은 사람 안에 희망이 있을지도 모른다. 잡초 안에 약이 있을지도 모르듯이.[89]

'현재의 잠정적 질서'는 긴 시각에서는 모두 '한정적인 진실'에 그치고 만다. 이 섭리로부터 자유로운 것은 아무것도 없다.

경제 질서도 그렇다. 지금은 공기처럼 당연한 질서가 언젠가 당연하지 않게 될 것이다. 순환하며 자연스레 성숙하고 변하는 게 경제이니, 당연히 변할 수 있다. '물고기'라는 범주가 틀렸던 것처럼, 애초에 잘못된 개념을 경제 질서로 받아들였을 수도 있다. 그랬다면 언젠가 그 오류를 바로잡아야 한다. 지속 가능성의 위기가 온다면, 생존을 위해 과거의 질서는 폐기해야 할 수 있다.

먼저 한국을 대표하는 기업 삼성의 운명이 그렇다. 수출로 먹고사는 우리 경제에서 가장 큰 비중을 차지하는 기업이기에 말하기 두렵지만, 예외는 없다. 지금은 반도체는 물론 스마트폰 업계에서도 가장 큰 별이다. 당연한 듯하지만, 20년 전에는 전혀 당연하지 않았다. 좋은 시간도 영원할 수는 없다. 당장 이상 징후도 엿보인다. 어쩌면 먼 훗날 우리는 2023년을 되돌아보며 '그때가 좋았다'고 말하게 될지도 모른다. 일본의 기업들이 그랬던 것처럼.

지구촌 경제 질서의 측면에서 보자면 미국 중심의 경제 질서도 같은 운명이다. '달러의 시대'도 저물게 되어 있다. '킹 달러'가 지구촌을 호령

2부 다른 호모 이코노미쿠스의 등장

하는 시점에 무슨 소리냐 싶을 수 있다. 너무도 연약한 원화를 쓰는 나라 사람이 할 말인가 싶기도 할 테다.

그러나 글로벌 경제의 지각은 이미 갈라지고 있다. 지난 100년, 미국이 만들고 발전시킨 질서가 무너지고 있다. 더 평평하고, 자유롭고, 넓어지던 세계 경제의 무대가 그 반대로 변하고 있다. 미국의 쇠퇴와 무관치 않다. 인간 세상을 멀찌감치 떨어져서 조망하는 현인들의 어깨 위에서 본다면 '미국 시대의 달이 이미 가득 찬 뒤 기울고 있다'는 말의 의미를 납득하게 될지도 모른다.

금과옥조로 받아들인 경제 관념을 의심해볼 필요도 있다. 이를테면 '집을 사야 한다. 일만 하면 낙오한다'는 우리의 믿음이 그 의심의 대상이다. 집값은 장기적으로 오른다. 물가보다 더 올라줄 것이다. 월급만으로는 안 된다. 월급으로 빨리 종잣돈을 만들고, 최대한의 돈을 대출받아 집을 사야 한다.

이게 냉정한 현실이라고 생각하겠지만, 각도를 좀 달리 해보자. '노동 소득보다는 불로소득이 더 중요하다'는 표현으로 바꿔놓고 생각해보자. 불로소득 추구가 모두가 공유해도 바람직한 가치관일까? 만약 이런 불로소득 권유가 사회적 분열과 불만의 씨앗이 된다면, 그래서 자본주의를 지속 불가능한 방향으로 몰고 간다면 어떨까? 설마 싶겠지만 지금 미국과 유럽의 민주주의가 이런 '불로소득 중심 자본주의'의 홍역을 앓고 있다.

이 모든 걱정이 다 부질없을 수 있다. 대한민국의 미래는 잿빛이기 때문이다. 인구가 쪼그라들어 성장은 멈추고 국력은 쪼그라들 것이다. 작금의 인구 감소를 문제로 바라보기 시작하면 끝이 없다. 인구 감소는 분명 성장을 방해하고, 경제적으로 우울한 미래로 이어질 것이다.

그러나 이 인구의 감소가 '뭔가 잘못되어 발생한 문제'는 아니다. 오히려 그 반대다. 성공의 결과다. 경제 성장에 성공하자 인간의 자기실현 욕구와 행복하고 싶은 욕구가 폭발했고 그 결과가 인구의 감소다. 모든 선진사회에서 인구 감소는 진보의 필연적 결과다.

물론 극단적 인구 감소는 또 다른 맥락도 담고 있다. 지속 가능하지 않은 어떤 극단적 상황이 극단적 출생률 추락으로 이어지고 있기 때문이다. 대한민국의 맥락이 바로 그렇다. 보편적 이야기 속에서 특수한 이야기의 흐름도 보아야 한다.

부질없는 이야기는 또 있다. 대한민국의 운명만 잿빛은 아니다. 지구 전체가 그런 운명에 놓였다. '기후 변화' 때문이다. 인간은 탄소를 태워 풍요로워지기만 한 줄 알았는데, 반대로 멸종의 위기에 놓이게 됐다. (오해는 없길. 지구는 문제없다. 온난화는 지구를 해치지 않는다. 연약해 생존력이 떨어지는 인간의 자리가 없어질 뿐이다.)

너무나 어리석게도, 알면서도 우리는 상황을 개선하지 못한다. 탄소 배출을 멈추지 못한다. 간단한 합의조차 만들어내지 못하고, 내가 손해니 네가 손해니 따지고 있다. 경제 성장을 포기 못 하는 인간들의 집단적 어리석음이 빚는 비극이다.

우리가 잘못된 나침반을 쓰고 있기 때문이다. 우리는 인간의 진보를 경제 성장이라는 근사치로 측정하는 세상을 살고 있다. 경제 성장의 대표적인 표현은 GDP다. 20세기의 발명품인 GDP는 국가의 발전 수준을 측정하는 알파이며 오메가다. 이 지표를 해칠 가능성이 있는 그 어떤 결정도 국가 단위에서는 받아들여지지 않는다. 당장 어리석은 석탄 발전부터 멈춰야 하지만, 지금 당장 멈춰야 한다고 말하면 극단적인 환경주의자 취급을 받게 된다. 육식을 줄이고 채식을 하자고 하면 당장 '축산업자, 수산업자, 곡물업자의 살림'이 중요하다는 반발에 부딪힐 것이다.

GDP란 나침반은 그래서 고장 난 나침반이다. '화폐로 환산한 경제가 멈추지 않고 계속 성장해야' 좋은 평가를 받는 현 시스템을 옹호하는 역할을 하고 있기 때문이다. 이 상태를 계속 유지해야 할까? 돈만 좇는 게 정말 우리의 진정한 목적인가? 언뜻 반경제적인 질문이지만 피하지 말아야 한다. 행복에 다다르지 못한다면 성장 자체는 아무 쓸모가 없기 때문이다. 경제가 진정한 목적에 복무하게 해야 한다.

냉정하고 우울한 경제학 안에는 답이 없다고 여기기 쉽다. 영원하지도 못하고, 때로는 정의롭지 않은 가치에 경도되게 하고, 기후를 망치고, 진짜 목적을 잊고 돈만 좇게 만드는 게 경제 아닌가 싶기도 하다. 그러나 호모 이코노미쿠스에게 희망이 없는 것은 아니다. 경제적 사고에도 희망이 있다.

실제로 그런 물음으로 현실에 도전하는 경제학자들이 있다. 2019년 노벨 경제학상을 받은 아비지트 배너지와 에스테르 뒤플로 부부가 대표적이다. 빈곤을 연구한 그들은 가난의 극복에 가장 효과적인 방법을 경제학의 도움으로 찾으려 한다.

그들의 질문은 철학적이다. 가난은 정말 게으름의 결과인가? 원조로는 빈국을 바꾸지 못하나? 가난한 사람은 즐거움을 누려서는 안 되는 것일까? 경제학이 던질 법한 질문 같지 않지만, 찬찬히 살펴보면 철저히 합리적이고 경제적이다. 경제가 그렇게 인간을 응시하게 할 때, 경제적 사고에 있는 '구체적인 인간의 구체적인 삶을 개선할 힘'이 살아날 것이다. 이제 좀 다른 질문으로 좀 다른 호모 이코노미쿠스가 되어보자.

우리가 영원의 벽을 넘을 수 있는 것은 아니다. 인간은 곧 먼지가 되고 만다. 무無로 수렴한다. 천문학자 닐 디그래스 타이슨의 말처럼 "우리는 점 위의 점 위의 점"일 뿐이다.[90]

다만 좀 더 멀리 보고 좀 다른 질문을 던져보고 싶은 마음은 사라지지 않는다. 눈앞의 것 말고, 그 이면에 있는 진실을 보려 하는 호기심도 사라지지 않는다.

그러기 위해서는 우선, 값싼 희망을 품지 말아야 한다. 그래야 절망하지 않는다. 그리스 신화에 등장하는 시시포스가 그랬다. 공을 정상에 밀어 올려놓았다 싶으면, 공은 다시 아래로 떨어지고 만다. 이길 수 없는 게임을 반복한다. 비관적 현실 앞에서 포기하지 않는다. 그저 묵묵히 언덕 위로 끝없이 공을 밀어 올리고, 또 밀어 올린다. 어쩌면 우리의 삶 전체가 그런 도전인지도 모른다. 룰루 밀러의 책《물고기는 존재하지 않는다》는 그러한 의지의 또 다른 표현이다.

질서를 무너뜨리는 것, 그 질서의 짜임을 풀어내고 그 밑에 갇혀 있는 생물들을 해방시키는 것이 우리가 인생을 걸고 해야 할 일이다. 척도들을 불신하라. (…) 특히 도덕적, 정신적 상태에 관한 척도들을 의심하라. 모든 자ruler 뒤에는 지배자ruler가 있음을 기억하라. 하나의 범주란 잘 봐주면 하나의 대용물이고 최악일 때는 족쇄임을 기억하라.

2부 다른 호모 이코노미쿠스의 등장

07

삼성의 기술 우위는
어디서 멈추나

독이 든 사과를 베어 물고도 건재한 삼성

애플이 삼성을 상대로 소송을 건 것은 2011년이다. 역사의 기록에는 삼성이 애플을 베꼈다고 되어 있다. 무엇을 베꼈는지도 정확히 기록되어 있다. 2018년 5월, 미국 캘리포니아주 새너제이 지방법원의 판결문이 그 증거다.

① 전면부 디자인, ② 둥근 테두리, ③ 화면 내 앱 배열.
삼성이 애플에 5억 3900만 달러를 배상하라. 땅땅땅.

삼성은 이 판결 한 달 뒤 '금액을 밝히지 않고' 조용히 합의함으로써 세기의 소송을 마무리했다(애플은 너그러운 회사가 아니다. 삼성에게 법정 판결보다 좋은 조건을 제시했을 가능성은 크지 않다). 사과(애플)를 3번 베어 문 대가가 대략 7000억 원 선이었던 셈이다.

7000억 원이라면 어지간한 기업은 바로 망했을 것이다. 엄청난 독이 든 사과다! 그 치명적인 사과를 베어 문 셈인데도 삼성은 망하지 않았다. 합의는 곧 '베꼈다'는 자백이었지만, 망하기는커녕 '카피캣'이라는 비난조차 그리 심하게 듣지 않았다.

삼성의 모바일 사업은 조금도 타격을 받지 않았다. 해당 특허와 관련된 스마트폰은 더 이상 팔지 않는 구형 모델이었다. 신형 모델들은 무관했다. 대부분의 스마트폰을 지금까지 팔던 대로 계속 팔 수 있었다.

시장도 삼성을 외면하지 않았다. '삼성 제품은 애플의 짝퉁이니 사지 않겠다'고 생각하는 사람들이 많지 않았다.

숫자가 말해준다. 삼성은 소송 동안 계속 성장했다. 애플이 소송을 제기한 2011년, 정보통신부문 매출은 55조 원 수준이었다(2010년 결산). 소송을 마무리한 2018년 IM(정보통신)부문 매출은 100조 원이 넘었다. 소송 뒤인 2019년에도 매출은 107조 원으로 늘었다.

왜 소비자는 계속 삼성 제품을 샀을까? 이유는 간단하다. 세계 최고의 스마트폰을 만드는 회사니까. 악명 높은 '옴니아(2008)' 시절을 뒤로하고, 아이폰을 베꼈다고 해도 할 말 없는 초기 갤럭시(2010)를 뒤로하고, 삼성은 누구도 따라올 수 없는 제품을 만드는 회사가 됐으니까.

그 핵심은 삼성의 독보적인 부품과 기술 경쟁력이다. 삼성은 우선 안드로이드에 올인했다. 독자 소프트웨어(운영체제) 결여 문제를 해결했다. 애플의 iOS 같은 독창적 시스템은 없었지만, 안드로이드 OS를 가장 부드럽고 세련되게 작동시키는 스마트폰이 되었다.

그리고 부품 경쟁력으로 앞서나갔다. 최신 디스플레이와 가장 빠른 두뇌(어플리케이션 프로세서), 넉넉한 저장공간과 메모리를 제공했다. 그렇게 안드로이드 진영의 적자가 됐다. 최신 기술도 늘 먼저 도입했다. 더 정교한 스타일러스 펜, 디스플레이 지문인식, 디스플레이 아래 숨은 카메라^{UDC}, 폴더블 스마트폰⋯⋯. 새로운 폼팩터의 시대는 늘 삼성이 열었다.

이게 삼성이 2012년 하반기 이후 세계 스마트폰 판매량 1위를 놓치지 않은 비결이다. 삼성은 시시한 카피캣이 아니라, 최신 트렌드를 반영한 최고의 제품을 가장 빨리 만들 수 있는 회사로 자리매김했다. 시작이 어땠건.

《뉴욕타임스》도 그 사실을 꿰뚫어 봤다. 2018년 소송 종결 당시 이 소송전을 세기의 소송으로 규정했다. "현대 비즈니스계에서 펼쳐진 가장 주목받은 사건 가운데 하나"로 꼽았다. 그러면서 승소로 애플이 얻은 금전적 이익이 "매출에 비하면 미미할 뿐만 아니라, 경쟁자를 시장에서 퇴출시키지도 못한" 불완전한 승리라고 평가했다.[91]

소송은 그저 '삼성과 애플이 세계 스마트폰 업계의 양대 산맥이지' 하는 세간의 시선을 확인하는 이벤트에 불과했다는 분석이었다. 애플은 토요타처럼 대량 생산해 페라리 수준의 높은 이윤을 남기는 지구에서 가장 매력적인 브랜드[92]다. 그 기업과 당당히 겨루는 브랜드라는 평판은 나쁠 게 없다.

그러나 영원한 것은 없다. 그렇게 애플조차 쓰러트릴 수 없는 회사가 된 줄 알았던 삼성이 승리의 역사를 뒤로하고, 2022년 절체절명의 위기에 있다. 삼성의 기술 우위는 끝나버렸다는 이상 신호가 감지됐다.

2022년 GOS 사태

2022년 삼성이 맞이한 이 위기는 'GOS 사태'라고 불린다. 사실 안 그래도 스마트폰 산업은 더 이상 혁신의 첨단이 아니다. 이제 신형 스마트폰을 보고 "와" 하는 사람은 없다. 다들 비슷한 스마트폰을 이미 가지고 있다. 더 혁신적인 부문은 플랫폼 기업들이 독차지했다. AI나 블록체인, 빅데이터 그런 것들.

모바일 기기 시장은 이미 포화상태다. 중국 업체들도 갤럭시S급 프리미엄폰을 만든다. 폴더블폰도 삼성만큼이나 잘 만든다. 삼성이 트렌드에 잘 적응하는 것처럼 중국 기업들도 그렇다.

중국 기업은 게다가 안방이 거대한 내수시장이다. 박리다매가 가능하다. 안방 시장 규모가 삼성의 20배 이상이니 두말하면 입 아프다. 그렇게 급부상한 게 샤오미고 화웨이다. 그동안 삼성은 뒷걸음질 쳤다. 중국 시장점유율은 1%에도 미치지 못한다. 퇴출된 상태나 마찬가지다.

삼성 모바일 부문의 매출은 정체되고 있다. 2019년 107조 원이던 매출은 2020년 99조 원으로 떨어졌고, 2021년에는 회복은 했지만 109조 원 정도였다. 그런 어려운 상황에 GOS 사태가 터졌다.

GOS는 삼성의 발열 제어 소프트웨어다. 시스템이 과부하될 것 같을 때 강제로 성능을 낮춰 발열을 낮춘다. 주로 세밀한 그래픽을 구현하면서 통신 데이터를 사용하는 게임을 사용할 때 작동된다. 그래서 이름도 GOS Game Optimizing Service 다.

문제는 소비자 선택권을 박탈한 점이었다. 이 GOS가 작동되면 스마트폰 성능이 표시 최고 성능의 60%까지 떨어질 수 있다. 그런데 삼성은 소비자가 이 프로그램이 작동되게 할지 말지를 선택할 수 없게 했다.

어찌 보면 일종의 소프트웨어 제어 기술에 불과한데, 세계가 반발했다. 고성능이라고 광고한 건 '사기'라는 주장까지 나왔다. 하드웨어 성능이 100% 발휘되는 걸 전제로 '최고 성능 제품'이라고 광고해놓고, 정작 그 성능을 활용하려고 하면 60%까지만 쓰게 가로막는다. 성능을 100% 쓸 방법이 사실상 없는 제품이다. 그러면 표시 성능을 지금의 60%로 낮춰야 한다는 비판이 쇄도했다.

휴대전화 성능을 측정하는 벤치마크 앱 회사들은 최신 제품인 갤럭시 S22 시리즈를 비교 대상에서 아예 제외해버렸다. 이런 소프트웨어 설치는 사기에 가깝단 판단이다. 최고 폰을 만드는 회사로 알려진 삼성에겐 모욕적이고 충격적인 사태였다. 결국 부회장이 공식적으로 사과했고, GOS 사용 여부를 선택할 수 있게 하기로 했다.

그러나 단순해 보이는 GOS 사태는 단순한 프로그램 문제가 아니다. 한 편에선 삼성의 스마트폰 시장 '기술 우위가 완전히 끝나버렸음'을 상징하고, 다른 한 편에선 미래 먹을거리로 손꼽히는 파운드리 역시 기술적인 난관에 부딪혔음을 보여준다.

고작 발열? 스마트폰 성능의 상징

고작 발열로? 삼성전자라는 거대 기업의 운명을 논한다고? 과하게 느껴질 수 있지만 그렇지 않다. 차근차근 따져보자.

발열은 전력 소모의 문제다. 같은 작업을 하면서도 전력을 더 잡아먹는다면 발열이 더 많아진다.

책상 위 혹은 아래에 본체를 놓고 한 장소에서 컴퓨터를 사용하던 PC 시대에는 이 발열은 큰 문제가 아니었다. 해법은 간단했다. 팬을 단다. 방열구조를 추가한다. 데스크탑 부피는 좀 커져도 괜찮다. 사용 전력량이 많아도 괜찮다. 전기는 콘센트에 연결된 전선을 통해 계속 공급되니까.

그러나 손에 들고 다니는 스마트폰 시대가 되면 문법은 전혀 달라진다. 발열도 저효율도 치명적이다. 우선 발열을 해결하기가 쉽지 않다. 스마트폰은 무조건 작고 가벼워야 하기 때문이다. 팬을 달거나 방열구조를 추가하면 커진다. 두꺼워진다. 무거워진다.

전력을 적게 쓰는 '전력 효율성'도 중요하다. 벽에 붙은 콘센트에 연결해 쓰는 기계가 아니기 때문이다. 전력 효율이 떨어지면 배터리가 더 커져야 하는데, 이는 세 가지 문제로 이어진다. 우선 배터리가 커지면 무거워진다. 스마트폰의 무게는 죄다. 또 배터리는 비싼 부품이다. 그러니까 전력을 많이 쓰는 스마트폰은 더 무거워지고 더 비싸진다.

대중에게는 시각적으로 '충격적'이기까지 한 문제는 배터리 안정성이다. 배터리가 커지면 폭발 위험도 함께 커진다. 2016년 삼성전자는 갤럭시노트7의 배터리 폭발로 곤욕을 치렀다. 당시 자체 조사에서 삼성은 배터리 용량을 늘리려고 새 공법을 시도하다 문제가 생겼다고 밝혔다. 후속작 노트8의 배터리 용량은 5% 정도 줄였다.

그러니까 발열과 에너지 효율은 스마트폰 경쟁력의 알파이자 오메가다. 같은 성능을 더 적은 전력을 사용해서 구현하는 하드웨어(칩셋)를 설계하고 만드는 것이 절체절명의 과제다. 그러니까 성능이 좋은데 효율도 좋아야 한다. 이른바 '전성비(전력 성능 비율)'라는 개념은 여기서 출발한다.

성능과 효율은 모두 애플의 것

[그림 7-1]은 《아난드테크》가 2021년 10월에 살펴본 전성비 그래프다.[93] 세로축은 '성능'이고 가로축은 '전력소모량'이다. 즉 높이 있으면서 왼쪽으로 붙어 있을수록 전성비가 좋다. 복잡하다.

일단 CPU와 그래픽, 5G 통신 모뎀을 다 합친 모바일 AP 제품 자체가 많다. 또 한 AP 안에 여러 개의 서로 다른 성격의 코어(효율 코어-성능 코어: 빅리틀 구조◆)가 있어서 이를 다 표시하니까 복잡해 보인다.

◆ 빅big 코어가 성능performance 코어다. 더 높은 성능 수치를 보이는 연산처리장치로 더 복잡하고 집중적인 작업을 처리한다. 고성능 게임이나 복잡한 그래픽 작업을 수행한다. 그러나 모든 연산처리장치가 이런 복잡한 작업을 처리할 정도로 고성능이어야 할 필요는 없다. 오히려 단순 반복 작업이나 인터넷 서핑 등을 할 때는 성능은 떨어지더라도 더 작고 가벼운 코어가 유용할 수 있다. 전력을 적게 쓰고 시스템에 부담도 덜 줄 테니까 '전성비'가 좋다. 그래서 효율적인efficient 코어, 리틀little 코어도 필요하다. 이 상반된 코어를 함께 멀티코어 시스템에 심는 걸 빅리틀 구조라고 부른다. 서로 다른 성격의 코어들이 유기적으로 얽혀 유연하게 작동되게 하는 게 AP 설계 역량이다.

| 그림 7-1 | **애플은 성능도 압도적인 회사**
(스마트폰 AP 성능과 효율 비교)

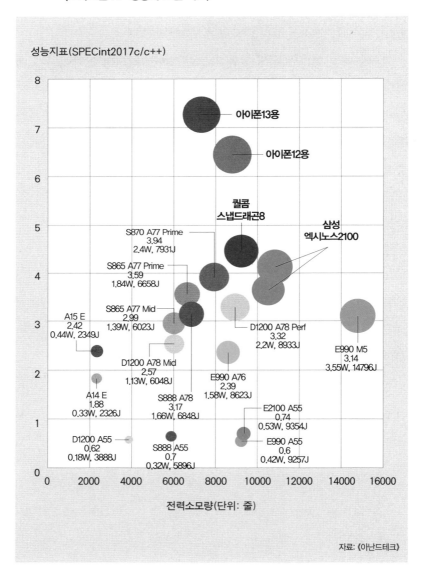

성능지표(SPECint2017c/c++)

아이폰13용

아이폰12용

퀄컴
스냅드래곤8

삼성
엑시노스2100

S870 A77 Prime
3.94
2.4W, 7931J

S865 A77 Prime
3.59
1.84W, 6658J

S865 A77 Mid
2.99
1.39W, 6023J

A15 E
2.42
0.44W, 2349J

D1200 A78 Perf
3.32
2.2W, 8933J

E990 M5
3.14
3.55W, 14796J

D1200 A78 Mid
2.57
1.13W, 6048J

A14 E
1.88
0.33W, 2326J

S888 A78
3.17
1.66W, 6848J

E990 A76
2.39
1.58W, 8623J

E2100 A55
0.74
0.53W, 9354J

D1200 A55
0.62
0.18W, 3888J

S888 A55
0.7
0.32W, 5896J

E990 A55
0.6
0.42W, 9257J

전력소모량(단위: 줄)

자료: 《아난드테크》

우선은 간단하게 한 가지만 알고 가자. 애플의 2020년 제품인 아이폰12(A14)와 2021년 제품인 아이폰13(A15)의 성능 코어는 전성비가 압도적이다.

퀄컴의 스냅드래곤이나 삼성의 엑시노스 성능 코어에 비해 성능은 훨씬 뛰어나고, 게다가 전력 소모도 적게 한다. 퀄컴이나 삼성의 새 제품도 이 추세를 크게 바꾸진 못했다.

하나 더 알아둔다면 성능이 좀 떨어지는 효율 코어 비교다. 파워를 담당하는 성능 코어와 달리, 효율 코어는 원래 성능이 좀 떨어진다. 당연하다. 큰 부하가 걸리지 않는 작업만 담당하라고 작게 만들었다. 애플의 작은 코어들(A14 E 1.88, A15 E 2.42) 역시 성능이 높지 않다.

그런데 애플의 효율 코어들은 그래프에서 유난히 도드라져 보인다. 왼쪽 아래에 외따로 떨어져 있다. 자세히 보면 알겠지만, 도드라져 보이는 이유는 성능이 아니다. 비슷한 성능을 내는 코어는 많다.

애플 코어들이 유난히 왼쪽에 위치하는 이유는 바로 전력 소모량이다. 워낙에 전력 소모량이 적어서 도드라져 보인다. 동일한 성능을 내는 다른 회사 제품들에 비해 배터리 소모가 현저히 적다는 이야기다. 발열도 적다.

정리하면, 애플 칩에서 성능을 내야 하는 코어들은 월등히 뛰어난 성능을 비교적 적은 전력으로 낸다. 효율이 중요한 코어들은 유사한 성능을 현저히 적은 전력으로 낸다. 애플의 코어는 양 측면에서 빼어나다.

즉 이제 애플은 성능도 압도적인 회사가 됐다. 하드웨어도 경쟁자들을 압도한다. A15 칩을 단 아이폰은 대부분의 고사양 게임을 쾌적하게 사용할 수 있게 해주고, 동시에 배터리 소모량은 현저히 줄였다.

반면 삼성의 최신 스마트폰 갤럭시 S22는 일부 고사양 게임에서 아이폰과 같은 수준의 성능을 제공하려면 아이폰보다 훨씬 뜨거워져야 한다. 뜨거워져서 폭발하는 스마트폰에 대한 트라우마가 있었던 삼성은 성능을 제한하는 소프트웨어, GOS를 강제 작동시켜야 했다. 반대로 비교적 간단한 작업을 하는 상황에서는 아이폰보다 전기를 훨씬 많이 소모한다.

그러니까 GOS 사태의 본질은 이제는 '넘사벽' 수준으로 커져버린 애플 제품과 삼성 제품 사이의 성능 격차, 기술 격차에 있다. 한때 하드웨어는 분명 삼성이 애플에 한 수 앞서 있다고 평가받았지만, 이제 상황은 달라졌다. 삼성은 하드웨어에서도 비교우위가 없다.

실제로 삼성은 프리미엄 시장에서 존재감을 잃어가고, 중국 시장에서는 사실상 퇴출되었다. 인도에서라도 살아남으려고 제조원가 수준의 중저가 제품을 계속 내놓아야 하는 상황으로 몰리고 있다.

반면 애플은 오히려 장악력을 높여간다. 중국 시장에서도 판매 1위를 6년 만에 탈환하는가 하면, 20%도 안 되는 점유율에도 불구하고 세계 스마트폰 시장에서 발생하는 이익의 70~80%를 가져가고 있다. 애플이 디자인과 브랜드, 성능과 사용자 환경 등 거의 모든 면에서 절대 우위에 있기 때문에 가능한 일이다.

삼성 파운드리의 기술적 난관

삼성전자의 파운드리는 두 가지 기술적 난관 앞에 놓여 있다.

1. 퀄컴, 삼성 대신 TSMC를 택했다

GOS 사태의 주인공은 퀄컴의 '스냅드래곤 8 gen1' 칩셋[AP]이다. 4나노 공정. 삼성 파운드리◆가 위탁생산해 갤럭시에 탑재했다. 하지만 발열 문제가 부각돼 차세대 칩으로 빠르게 대체되었다.

여기서 삼성 앞에 놓인 거대한 장벽, TSMC가 등장한다. TSMC는 대만의 반도체 제조 회사 Taiwan Semiconductor Manufacturing Company 다. 파운드리라는 업종을 만든 기업으로, 2022년에는 삼성의 세계반도체 매출 1위 자리마저 빼앗아 갔다. 이 TSMC가 퀄컴의 차세대 칩을 생산한다. 삼성 물량을 빼앗아 갔다.[94] (외신들은 그 이유가 삼성 파운드리의 낮은 수율 때문이라고 본다. 삼성의 4나노 공정의 수율이 30~35%대로 낮다고 추정하는데, 이는 제품 100개를 만들면 불량품이 60개 이상이라는 이야기다.)

삼성과 장기적 파트너십을 가진 퀄컴조차 삼성 파운드리를 신뢰하지 못할 정도로, 삼성과 TSMC의 파운드리 기술력이나 노하우의 격차가 크다. 퀄컴뿐 아니라, 인텔도 애플도 차세대 3나노 공정 제품은 모두 TSMC에 맡긴다.

중국의 한 IT 전문가는 트위터를 통해 '삼성 대신 TSMC가 생산할 새로

◆ 파운드리는 설계도를 받아 제품을 만드는 위탁 제조다. 과거에는 하청 생산처럼 여겨졌으나, 제조 기술이 고도화됨에 따라 아무나 할 수 없는 산업이 되었다. 각광받는 고부가가치 산업이 되었다. 대만의 TSMC가 이 파운드리 업계 최첨단 공정을 사실상 독점하고 있다.

운 스냅드래곤의 소비전력과 성능이 확실히 개선될 것[95]이라고 말했다.

삼성이 세계 최초로 3나노 공정에서 상업 생산을 시작했다는 기사[96]에서 희망을 읽을지도 모르겠다. 그러나 그 3나노 생산물을 사 간 고객이 누구인지는 잘 모를 것이다. TSMC의 고객 같은 대형 테크 기업이 아니다. 중국의 가상화폐 관련 주문형 반도체업체다. 물량도 미미한 것으로 알려졌다.

2. 엑시노스의 어두운 미래

파운드리의 문제는 스냅드래곤만의 문제는 아니다. 삼성에는 엑시노스Exynos라는 자체 AP 칩도 있다. 이 칩은 현재 존폐의 기로에 있다.

사실 삼성 파운드리는 이 엑시노스로 인해 시작됐다. 2010년대 중반까지 삼성의 파운드리는 대부분 자사의 스마트폰 브랜드인 갤럭시 시리즈용 엑시노스 생산 시설이었다. 그나마도 대부분 DRAM 생산라인과 설비를 공유했다.[97]

엑시노스와 파운드리는 상호의존적 관계였다. 스마트폰 사업부문은 핵심 칩인 엑시노스를 자체 생산할 수 있어 가격 경쟁력을 유지할 수 있었다. 거꾸로 파운드리 부문은 엑시노스가 있어 지속 가능한 사업이 됐다. 초미세 공정 파운드리 투자에는 조 단위의 막대한 비용이 든다. 주문이 없으면 투자조차 부담이 된다. 엑시노스는 파운드리 부문의 이 부담을 줄여줬다. 엑시노스가 잘 될 때, 스마트폰 사업과 파운드리 사업은 함께 날개를 달고 성장했다.

그런 엑시노스의 경쟁력이 갈수록 추락하고 있다. 2020년 출시된 엑시노스 990은 발열 문제가 워낙 심각해 스냅드래곤으로 교체됐다. 2021년 출시된 2100 역시 그다지 좋은 반응을 얻지는 못했다.

이 때문에 GPU 협력사를 AMD로 바꾸고 완전히 새로운 설계의 2200을 발표했지만, 성능도 기대 이하였고 수율도 낮아 생산에 차질을 빚었다. 갤럭시 S22에 탑재할 계획이었지만 생산량 부족으로 일부 유럽 제품에만 탑재했다. 이제 엑시노스라는 자체 칩셋을 포기하는 게 아니냐는 기사가 쏟아지고, 삼성은 아니라고 일일이 해명해야 하는 상황이 되었다.[98]

반면 한 수 아래로 여겼던 업체들은 치고 올라오고 있다. 중저가 칩셋을 만들던 대만 미디어텍이 대표적이다. 미디어텍의 디멘시티는 주로 중국제품, 중저가 제품에 탑재되는 칩셋이었지만, 디멘시티9000은 다르다. TSMC 4나노 공정을 사용한 고사양 칩셋이다. 벤치마크 점수로만 보면 스냅드래곤8 1세대[Gen1]보다 뛰어난 성능에 전력 효율도 높다.

안드로이드 역사상 최고의 칩셋이란 평가를 내리는 사람들도 있다. 미디어텍마저 삼성을 앞서가고 있다. 삼성은 기술적 한계로 인해 멈춰서 있다.

GOS 사태의 본질: 삼성의 깊은 위기

GOS 사태는 물론 삼성의 신뢰도에 영향을 미치겠지만, 그보다 더 깊은 위기를 상징한다.

모바일 시장에서의 경쟁력은 저물고 있다

모바일 시장에서 삼성의 점유율과 시장지배력이 점점 낮아지고 있다. 단순 점유율은 여전히 세계 1위를 다투지만 매출액과 영업이익 기준으로는 애플과의 격차가 점점 커지고 있다. 주관적 충성도와 사용자 경험의 차이를 넘어서, 이제는 삼성이 자신 있던 하드웨어 성능으로도 뒤처지고 있다.

중국에서 삼성 스마트폰 점유율이 1% 아래로 추락한 것은 이 상황을 상징한다. 애플은 여전히 중국 점유율 1위 경쟁을 하고 있다. 한국에서는 절대적이지만, 해외에서는 중저가 시장에서 경쟁을 펼쳐야 하는 삼성 스마트폰의 미래는 어둡다.

파운드리에서의 경쟁력 격차가 크다

다른 한편 파운드리 시장에서는 쫓아가야 할 TSMC와의 간격을 좀처럼 좁히지 못하고 있다. 같은 나노 '초미세' 공정에서 경쟁하고는 있지만, 불량 없이 제품을 생산하는 '수율'의 차원에서 큰 격차가 있다. 그래서 점점 더 많은 고객을 빼앗기고 있다. 자체 칩셋 역시 경쟁력을 잃어 생산이 줄고 있다.

이 파운드리가 중요한 이유는 우선은 시장 규모에 있다. 반도체 시장은 크게 메모리와 시스템, 두 범주로 나눠볼 수 있는데, 2019년 기준으로 반도체 시장의 4분의 1 정도만 메모리 반도체다. 나머지 4분의 3은 시스템 반도체다. 그리고 삼성전자와 SK하이닉스는 메모리 반도체 시장의 약 73%를 점유하고 있다. 하지만 시스템 반도체 시장에서 삼성전자의 점유율은 4%에 불과하다.[99] 파운드리는 이 시스템 반도체 제조의 총아다.

근본적으로는 파운드리가 미래 반도체 제조 경쟁력의 상징이다. 과거 시스템 반도체는 인텔이 설계하고 제조하던 CPU로 일원화되어 있었다. 지금은 아무도 인텔 표준칩에 의존하지 않는다. 애플, 아마존, 엔비디아, 테슬라, 퀄컴, 구글 등 각 빅테크 기업이 각자 설계하는 시장으로 재편됐다. 이 업체들의 자체 설계가 고도화될수록 '파운드리의 북극성' TSMC만 웃는다. 2등인 삼성도 못 만든다. TSMC만이 빅테크 기업을 만족시킬 수 있다.

사실 TSMC의 물리적 규모는 크지 않다. 직원 수는 삼성전자(28만 7000명, 2021년 기준)의 4분의 1(6만 5000명) 정도다. 삼성은 반도체 부문의 직원만 10만 명이 넘는다.

그런데 이제 반도체 매출에서 삼성전자를 뛰어넘고 있다. 전문 분야의 수익성이 완전히 다르기 때문이다. 삼성의 메모리는 시장 사이클에 따라 가격이 널뛴다. 불황이 온다니 가격이 급전직하한다. 딱 올해가 그렇다. 삼성 반도체 부문은 영업 적자를 낼까 걱정하고 있다. 이 시장 침체를 고려해서 건설 중인 평택 공장의 건설 속도를 늦추고 있다는 소식도 들여온다. 반면, TSMC의 파운드리는 가격 변동이 크지 않다. 주문을 받은 뒤 만드는 산업 특성 때문이다. 삼성은 상황에 따라 원가 이하의 출혈 경쟁도 해야 하는데, TSMC는 원하는 가격에만 주문 제작한다. 단위 매출당 마진은 비교 자체가 불가능하다. 영업이익은 두말할 필요가 없다. TSMC의 압승이다.[100]

두 기업의 교차하는 운명은 시장의 평가가 증명한다. TSMC 시가총액은 (2023년 2월 초 현재) 삼성전자 전체보다 40% 정도 높다. 삼성이 지금처럼 메모리에서 주도권을 유지한다 해도, 이 격차는 점점 벌어질 가능성이 크다. 결국 파운드리, 시스템 반도체 시장에서의 성과가 없으면 삼성의 영광은 지속 불가능하다는 결론이 나온다.

그래서 GOS 사태를 사과하고 물러선다고 해서 해결되는 것은 별로 없다. 이 근본적 경쟁력 상실을 극복해낼 수 없다면 삼성의 시대는 앞서 일본 반도체의 시대가 그랬던 것처럼 저물 것이다. 그리고 다시는 돌아오지 않을지도 모른다.

일본 반도체의 전성기는 어떻게 끝장났나

■ 일본의 '리즈' 시절

애플TV의 〈파친코〉는 한 재일교포 집안의 일대기다. 그러다 보니 일본의 시대상도 엿볼 수 있다. 1990년 전후의 일본 풍경이다. 드라마 속 주인공 솔로몬(재일교포 3세)은 미국 은행의 일본 지점에 다닌다. 이 미국 은행의 도쿄지점장인 톰(미국인)이 솔로몬에게 묻는다.

"그래, 어떻게 생각하나, 고질라일까, 슈퍼맨일까. 떠오르는 태양의 나라가 결국 자유와 용기의 나라를 쓰러뜨릴까?"

고질라는 일본 괴수이고, 슈퍼맨은 미국 영웅이다. 그러니까 고질라는 일본을, 슈퍼맨은 미국을 뜻한다. 떠오르는 태양의 나라는 일본이고, 자유와 용기의 나라는 미국이다. 수식어를 덜어내면 '미국이 이길까? 일본이 이길까?' 하는 질문이다.

미국인 톰이 '일본이 정말 미국을 쓰러트리고야 말까?'를 묻는 상황이 의아할 수 있다. '일본에 있다 보니, 미국 은행 지점장 톰의 판단력이 흐려진 건가?' 싶겠지만, 작품의 시간적 배경인 1989년으로 시계를 돌리면 정말 많은 사람이 그렇게 생각했다.

일본의 경제력이 부상하면서 미국의 경제는 실존적 위협과 맞닥뜨렸다. 미국인들은 일본이 미국을 추월하는 정도가 아니라 완전히 다른 차원으로 도약하지 않을까 걱정했다.[101]

반대로 일본은 제2차 세계대전에서의 패배를 경제적으로 설욕한다고 생각했다. 극우 망언 제조기로 알려진 이시하라 신타로가 1995년에 쓴《선전포고, NO라고 말할 수 있는 일본 경제》는 시대를 상징하는 베스트셀러가 됐다.

1989년에는 '톰 삼촌'을 자못 진지하게 만들 정도의 나라였던 일본, 어찌 보면 이 1980년대 후반과 1990년대 초반이 일본의 리즈 시절(전성기)이었다.

■ 2022년의 일본

《아사히》신문에 따르면 일본 경제산업성은 2022년 7월, 자국 반도체 기업 '키옥시아'에 최대 929억 엔(8900억 원)을 지원하기로 했다. 미국 기업 웨스턴디지털과 함께 미에현에 건설 중인 플래시메모리 공장 사업 지원을 위해서다.[102] 전체 투자금액의 약 3분의 1을 정부가 대는 셈이다. 《아사히》는 그러면서 "키옥시아는 낸드형 플래시메모리 세계 시장 점유율 2위이며 웨스턴디지털과 손을 잡고 업계 1위인 삼성전자에 대항하려고 하고 있다"라고 전했다.

미국과 중국처럼 일본도 자국 기업을 위한 산업정책에 나섰다. 지원 근거는 '경제안보법'이다. 기시다 후미오 새 총리 취임과 함께 내건 '간

판 정책'이다. 미국의 CHIPS 법과 동일한 지정학적 이익 강화를 목적으로 2022년 4월 발효됐다. 이는 경제 안보 관점에서 반도체 등 전략물자 공급망 강화, 기간 인프라 산업 안전 확보, 첨단기술 연구개발을 위한 민관 협력 등의 내용을 담고 있다.

목적보다 중요한 것은 아무래도 정부 지원금의 규모다. 법을 통과시키며 조성한 '첨단 반도체 생산 기반 강화 기금'은 총 6170억 엔(약 6조 원) 수준이다. 그 가운데 929억 엔(8900억 원)을 삼성의 가장 강력한 메모리 산업 경쟁자에 지원한 것이다.

여기까지는 놀랍지 않다. 지정학이 돌아온 시대니까. 놀라운 것은 자국이 아닌 대만 기업 TSMC에 대한 지원이다. 키옥시아 지원에 한 달 앞서 일본 경제산업성은 TSMC에 대한 지원을 먼저 결정했다.

키옥시아의 5배에 가까운 4760억 엔 규모다. 우리 돈으로 4조 6000억 원. TSMC가 구마모토에 건설하는 파운드리 공장 총투자의 절반을 일본 정부가 대기로 했다. '경제안보법'으로 조성한 돈의 4분의 3을 대만 기업에 지원했다.

일본 정부는 이 거대한 자금을 대어주면서 '생산된 반도체를 일본에 우선 공급한다'는 약속을 받았다. 어찌 보면 '안정적 공급망 확보' 차원에서 의미 있는 성과지만, 달리 보면 '공장 지어주고 물건도 사주기로 했다'고 해석할 수도 있다.

이게 다가 아니다. 《니혼게이자이》 신문은 공장을 함께 운영할 소니와 덴소(토요타가 최대 주주다)가 970억 엔 투자를 결정했다고 보도했다. 소니는 이미지센서 반도체, 덴소는 자동차용 반도체의 안정적 공급을 위해서다.

TSMC가 일본의 정부와 기업으로부터 파격적인 지원을 받고 일본에 '지어주는' 공장은 그러나, 10~20나노 기술 공정 생산라인이다. 초미세 공정이라고 부르기는 어렵다. 미국에서는 이런 평범한 칩을 '레거시 칩'이라고 부른다.

그러니까 일본은 경쟁력을 잃은 자국 메모리 반도체업체를 살려놓기 위해 인공호흡기(재정 지원)를 대야만 하는 처지다. 또 전자제품과 자동차에 들어가는 시스템 반도체를 원활히 공급받으려면 외국 업체에 '일본에 공장 하나만 지어달라'고 사정하는 수밖에 없다. 필요한 자금의 60%를 대주면서 말이다.

일본의 상황이 그 돈을 댈 만큼 형편이 넉넉한 것도 아니다. 나랏빚은 GDP의 200%를 넘을 정도로 많다. 한국은 빚이 50%인데도 전전긍긍인데 그 4배다. 세계 선진국 중에 압도적인 1등이다. (반도체 지원금에는 필시 추가로 낸 나랏빚이 들어갔을 텐데, 사실 효과를 거둘지는 불투명하다.)

그런데도 일본 정부와 언론은 'TSMC와 민-관'이 삼각동맹을 결성했다며 대대적으로 홍보하고 있다. 메모리와 파운드리, 양 측면에서 '중국과 한국을 견제하게' 됐다는 '희망 가득한' 얘기를 한다.

■ 리즈 시절 화려했던 일본 반도체가 어쩌다

일본은 1980년대 내내 세계 반도체 시장을 주름잡았다. 90년대 초 버블이 붕괴된 이후로도 그 경쟁력은 한동안 지속됐다. 1990년 글로벌 반도체 매출 상위 10개 기업 가운데 6개가 일본 기업이었다. 일본 기업이 시장을 주도하고 미국 기업은 밀려나고 있었다.

30년 만에 상황은 상전벽해가 됐다. 2021년 반도체 매출을 보면, 한국의 삼성전자가 1위, SK하이닉스가 4위가 됐다. 대만 TSMC가 3위다. 글로벌 매출 상위 10위 안에 일본 기업은 없다. 세계 시장의 절반을 차

| 표 7-1 | '상전벽해' 글로벌 반도체 매출 상위 10

순위	1990년			2021년		
	기업명	매출	국적	기업명	매출	국적
1	NEC	48억 달러	● 일본	삼성	830억 달러	(•) 대한민국
2	도시바	48억 달러	● 일본	인텔	755억 달러	🇺🇸 미국
3	히타치	39억 달러	● 일본	TSMC	566억 달러	● 대만
4	인텔	37억 달러	🇺🇸 미국	SK하이닉스	372억 달러	(•) 대한민국
5	모토로라	30억 달러	🇺🇸 미국	마이크론	300억 달러	🇺🇸 미국
6	후지쯔	28억 달러	● 일본	퀄컴	291억 달러	🇺🇸 미국
7	미쓰비시	26억 달러	● 일본	Nvidia	230억 달러	🇺🇸 미국
8	TI	25억 달러	🇺🇸 미국	브로드컴	209억 달러	🇺🇸 미국
9	필립스	19억 달러	⊖ 네덜란드	미디어텍	175억 달러	● 대만
10	마쓰시타 (파나소닉)	18억 달러	● 일본	TI	169억 달러	🇺🇸 미국

자료: IC 인사이츠

지하던 일본의 반도체 점유율은 30년 만에 6%대로 주저앉았다.

■ 범인은 물론 미국

일본 경제를 꺾은 건 잘 알려져 있다시피 미국이다. 일본 경제 부상을 두려워하던 미국이 수를 썼다. '플라자합의(1985)'가 익히 알려져 있다. 플라자합의보다는 덜 알려져 있지만, 이듬해 '미일반도체협정(1986)'도 빼놓을 수 없다.

플라자합의가 환율에 대한 개입이었다면, 반도체협정은 반도체 산업에 대한 개입이다. 플라자합의가 더 많이 알려져 있긴 해도, 더 상징적인 건 반도체협정이다. 부상하던 한 나라의 경제를 정치적으로 제압하려는 미국 의도가 노골적으로 드러난다. 그러니 그런 협정을 맺어야 하는 일본의 굴욕감은 플라자합의와는 비교할 수 없다.

지정학적 책무에 답하려다가 그만 ① 플라자합의

물론 플라자합의도 일본에 불리한 합의였다. 환율을 일본의 수출에 불리한 방향으로 옮기도록 노력하겠다는 합의니까. 다만 플라자합의에는 강요로만 규정할 수 없는 분위기, 맥락이 있다.

합의 내용을 먼저 살펴보자. 1985년 9월 22일의 미국 뉴욕의 플라자 호텔에서 이뤄진 '플라자합의 코뮈니케(공동성명)'의 가장 중요한 내용은 다음과 같다.

"달러에 대한 비달러 통화들의 좀 더 추가적인 질서정연한 절상이 요망된다. 이를 조장하기 위해 우리는 도움이 될 것이라고 생각될 경우 보다 긴밀하게 협력할 준비가 되어 있다."[103]

쉽게 말하면 합의 당사국들이 공동기금을 만들어 '강달러를 해소하는 환율시장 개입'을 한다는 약속이다. 보다 구체적으로는 일본 엔과 독일 마르크의 평가절상을 유도한다는 약속이다. 미국과 일본 외에 영국과 프랑스, 그리고 독일(당시 서독) 재무장관이 참여했다.

합의에 임하는 미국의 입장이야 이해하기 어렵지 않다. 당시 미국은 추락하고 일본(과 독일)은 부상하고 있었다. 1981년 1410억 달러를 보유했던 순채권국 미국이 1985년에는 1110억 달러 순 채무국이 됐다. 레이건 재임 시기 재정적자와 국내 저축의 밸런스가 완전히 무너져버렸기 때문이다. (문제의 원인은 일본이 아니고 레이건의 감세이며, 미국인의 흥청망청 소비라고 주장하는 사람이 적지 않다.)

이상한 점은 변동환율제 아래 환율의 움직임이다. 일본 독일의 대미 수출은 어마어마하고 이 때문에 대규모 경상수지 적자가 이어지는데 희한하게 강달러는 계속된다.

한 국가의 수출이 지속적으로 흑자를 기록하면 환율이 강해지고, 자연히 수출 경쟁력이 떨어지고 흑자도 줄어들어 '균형' 상태로 간다는 것이 '국제경제학 원론'의 명제인데 현실은 딴판이었다.

그렇게 미국 산업은 경쟁력을 잃어갔고 나랏빚은 많아지니, 미국 내에서 보호주의 압력이 커졌다. 마치 WTO를 탈퇴하겠다고 압박하는 트럼프처럼, 당시 레이건 대통령은 국제무역질서인 GATT를 탈퇴하겠다고 으름장을 놓았다.

이렇게 미국의 다급한 입장 자체는 의심의 여지가 없다. 다만 일본의 당시 입장이 '수세적이기만 했다'고 보기는 어렵다. 이 분위기를 살펴보기에 좋은 교재는 '인플레이션 파이터' 폴 볼커가 일본 중앙은행의 전 총재 교텐 토요오와 함께 쓴 책《달러의 부활》이다. 양국 중앙은행장들이 번갈아가며 내용을 채웠다.

플라자합의 7년 뒤 나온 책인데도, 일본의 전 중앙은행장은 여전히 '자신감'이 있다. 미국의 강요는 물론 있었다. 그러나 그보다 더 분명하게 '강해지는 자신의 국력'을 의식하는 일본도 있었다.

실제로 책에서 미국 연준 의장 폴 볼커는 일본의 '통 큰 합의'에 놀라워했다. 폴 볼커는 당시 일본이 10%대의 평가절상에 합의한 데 대해 '일본의 수용이 놀라웠다'고 표현했다. 독일은 그렇게 높은 절상률을 약속하지 않았다. 한 자릿수의, 상대적으로 낮은 절상을 약속했다. 일본의 약속에 유럽도 놀라면서 좋아했다. 유럽의 상대적 수출 경쟁력이 개선되기 때문이다.

일본이 그렇게 큰 폭의 절상을 약속한 이유를 일본은행 총재였던 교텐 토요오는 이렇게 설명한다. "엔화 강세는 손해가 아니고 이점이 크다. 수입 물가가 낮아지고, 소비자 만족이 높아지고, 해외 투자 기회가 늘어나고, 기업 합리화 유인이 커진다." 강력한 경제를 바탕으로 국제 질서를 주도하는 나라가 되겠다는 포부가 느껴진다. 자신감이 엿보인다.

사실 약속한 10%대의 평가절상만 놓고 본다면 그런 자신감이 꼭 틀렸다고만 볼 수는 없다. 플라자합의 6주 뒤, 실제로 환율은 일본 엔화의 경우 14% 정도, 독일 마르크의 경우 7% 정도로 절상되었다. 아마도 이 정도가 협상 참여국들이 동의한 수준의 조정이었을 것이다.

문제는 이후의 환율이 그동안 미·일 관계를 규정하던 중력을 거슬러 움직이기 시작했다는 점이다. 앞서 '일본이 수출로 천문학적 흑자를 보는데도 환율은 강달러여서 이상한 현상'이라고 언급했다. 그게 그동안 환율의 중력이었다.

그런데 플라자합의 이후 모든 게 갑자기 바뀌었다. 1985년 2월 달러당 263엔이던 환율이 9월 플라자합의 하루 전에는 238엔이었다가 이듬해 86년 5월 171엔, 6월 165엔, 7월 154엔이 된다. 약 1년 만에 35%가 절상되었고, 3년 뒤 거의 50%까지 절상됐다. 약속했던 10%대보다 훨씬 강한 엔화 통화 절상이 이뤄졌다. 그리고 결정적 패착이 이어진다.

이 같은 엔화 절상에 일본은 '통화공급을 크게 늘려 엔고의 속도를 늦추려고' 했다. 시장에 돈이 많이 풀리게 금리를 내렸다는 얘기다. 이는 수출보다는 내수를 중심으로 한 경제로 전환한다는 '자신감 넘치는' 경제 운용 방향과도 맞는 정책이다. 문제는 이 과정에서 돈이 너무 많이 풀리면서 대규모 자산 버블이 생겼다는 점이다.

결국 플라자합의 이후 일본 기업들은 수출 경쟁력을 잃어갔다. 내수 부문은 부풀기만 하던 부동산 버블이 1990년대 초반 이후 꺼졌다. 일본 경제는 완전히 동력을 상실했다.

플라자합의는 물론 재앙이었다. 다만 강조하고 싶은 것은 플라자합의 자체는 꼭 억지로 맺은 협약이 아니었다는 점이다. 일본은 경제적 부흥에 걸맞은 자신감으로 합의를 맺었다. 애석한 점은 그 자신감이다. 결과적으로 그릇된 자신감 때문에 '나라를 침몰시키는' 잘못된 합의를 '지위에 걸맞은 책임'이라고 믿어버린 상황이 되었기 때문이다.

지정학적 압력에 속수무책으로 당하여 ② 미일반도체협정

1986년 맺은 미일반도체협정은 시작부터 플라자합의와는 완전히 다르다. 플라자합의가 일본 입장에서 자의 반 타의 반의 합의라면, 반도체협정은 그야말로 억지로 맺은 협정이다. 불평등 협정이다. 미국 반도체 회사들이 단체로 미 정부를 압박해 이뤄낸 결과물이다.

일본이 세계 반도체의 최강자가 되어갈 때인 85년, 인텔은 사업성 상실로 D램 사업에서 손을 뗐다. 마이크론은 NEC나 히타치 등 일본 기업 7곳을 USTR(미 무역대표부)에 반덤핑 혐의로 제소했다.

경쟁에서 진 미국 반도체 기업들(SIA: 미국 반도체산업협회)은 순순히 퇴장할 마음이 없었다. 미국 정부에 일본이 '비정상적으로 싼 가격으로 미국 시장을 잠식한다'며 보복해달라고 요청했다.

미국은 실제로 '슈퍼 301조'를 포함한 보복관세 위협에 나선다. 일본 정부가 반도체 회사들을 부당하게 지원한 것 아니냐, 그 덤핑 가격에 반도체를 파는 건 자유시장의 힘이 아니다. 불공정하다. 이 공세에 일본은 1986년 1차 합의를 할 수밖에 없었다.

지금 시선으로 보면 합의 내용은 무척 황당했다. 가격 경쟁력이 떨어져 일본 내 점유율이 10%에 불과하던 미국산 반도체 점유율을 (미국이 아닌 일본이 알아서) 인위적으로 20%까지 높여야 한다. 일본은 또 미국으로의 저가 반도체 수출을 중단한다(가격을 일부러 올려야 한다). 또 미국의 일본 반도체 직접투자 금지를 철폐한다(자국 산업 보호를 그만둬야 한다).

협정 체결 이후에도 개선의 조짐이 없자 미국은 이듬해 다시 압박에 나선다. 1987년, '일본이 약속을 이행하지 않는다'며 다시 슈퍼 301조를 동원한다. (사실 '약속 불이행'이라고 단정 짓기는 어렵다. 비싸고 기술력 떨어지는 미국 제품이 일본에서 팔리길 기대하기 어려운 건 자명하니까.)

여튼 미국의 불만은 계속됐고, 갈등은 지속됐다. 그래서 2차 반도체 협정을 재차 체결한다. 어떻게든 일본 내 미국 제품 점유율을 달성하라는 압력이다. 이후 일본 정부는 급기야 미국 반도체 보조금을 지급했다. 일본 기업들이 '일본산보다 비싼 미국산'을 사면 보조금을 지급했다. 자국산을 우대하기는커녕 차별한다. 인류 역사에 전례가 없는 '역산업정책'이다.

이 협정은 1996년에 종료된다. 미국이 목표로 한 점유율이 달성된

뒤다. 그 과정은 코미디다. 플라자합의로 엔고가 나타나자 일본 반도체의 세계 경쟁력이 떨어졌다. 여기에 더해 미일반도체협정에 발까지 묶여 경쟁력은 지속적으로 떨어졌다. 일본 반도체 전성시대는 그렇게 끝났다. 미국의 목표는 달성됐다. ◆

그러나 춘래불사춘(봄이 왔건만 봄 같지 않음). 일본 반도체의 질주는 끝났지만, 반도체 주도권은 미국의 바람과 달리 본토로 돌아가지 않았다. 시장은 비슷한 제품을 일본보다 더 싸게 만들 수 있는 한국에게 그 주도권을 내주었다. 서울대 공대 이정동 교수는 《최초의 질문》에서 당시 상황을 이렇게 표현한다.

> 미국이 전자산업의 글로벌 공급망 재편을 적극 추진했는데, 그 최대 수혜국이 한국이다. 1980년대와 1990년대를 거치면서 한국은 반도체와 디스플레이 분야에서 일본의 대안적 공급자로 글로벌 공급망에 참여하기 시작했다. 전자 업계에 몸담았던 선배 엔지니어가 그때를 회상하면서 인상적인 말을 했다. "그때 미국이 이상할 정도로 쉽게 기술 이전을 해주더라."

◆ 일본 반도체의 몰락이 미국의 정치적 압력 때문이라는 분석은, 물론 모든 상황을 설명해주지는 못한다. 반도체 전문가 권석준 성균관대 교수는 저서 《반도체 삼국지》에서 일본 반도체가 몰락한 원인으로 기술에 대한 과도한 자신감과 세계 시장 변화에 대한 대응력 저하, 혁신이 수익률의 발목을 잡은 '혁신의 딜레마', 정부의 과도한 간섭을 꼽는다.

시스템 반도체의 경우는 잠시 인텔에게 다시 돌아갔나 싶었지만, 설계와 제조 분리의 시대가 도래하면서 대만의 '반도체 제조의 북극성' TSMC가 그 과실을 점점 가져가고 있는 것으로 보인다.

08

미친 달러의 시대,
그 시작과 끝

1916: '거대한 생산력'의 나라로 부상한 미국

"어떤 고객이든 원하는 색의 차를 가질 수 있습니다. 그 색이 검은색 계열이라면 말입니다."[104]

1908년 헨리 포드는 최초의 대량생산 자동차 모델 T를 내놓은 뒤 이렇게 말했다. 포드의 말이 좀 이상하지만, 쉽게 풀이하면 이런 뜻이다. 똑같은 성능, 똑같은 모양의 검은 차 많이 만들어놨다. 엄청나게 많이 만들 수 있으니 사고 싶은 사람은 모두 와서 사라. 이런 뜻이다. 새로운 시대를 열었다는 자신감이 '뿜뿜' 했다.

실제로 그는 모델 T로 귀족의 사치품이던 자동차를 중산층도 가질 수 있는 물건으로 변화시켰다. 먼저 증기기관을 만든 유럽에서 여전히 자동차가 귀족의 사치품이던 때, 신대륙의 엔지니어가 완전히 새로운 시대의 문을 연 것이다.

비결은 '남다른 비전'이다. 모델 T를 생산하기 전 1899년에 세운 디트로이트 오토 모빌 컴퍼니는 18개월 만에 파산했다. 자동차에 대한 포드와 후원자들의 관점이 근본적으로 달랐다. 포드는 가능한 많은 대중에게 자동차를 판매하기 위해 대량생산을 구상하고 있었는데, 후원자들은 반대였다. 자동차는 사치품이라 소량 생산이 맞다고 생각했다. 포드는 '더 싸게, 더 많이 생산하려는 비전'을 위해 새 회사를 차렸다.

뜻이 있는 곳에 길이 있다. 비전은 해법을 찾아냈다. 컨베이어 벨트다. 노동자는 컨베이어 벨트 앞 자기 자리에 서서 맡은 조립만 한다. 생산성이 극적으로 높아졌다. 일괄 작업과 컨베이어 벨트 시스템으로 요약되는 포디즘이 탄생했다. 남다른 비전을 가졌던 '혁신가' 포드의 이름은 역사의 반열에 올랐다.

그러나 생산 혁신은 포드 비전의 절반만 보여준다. 획기적인 생산 기술로 단가를 크게 낮췄음에도, 1908년 모델 T의 최초 판매 가격은 800달러가 넘었다. 평균적 노동자의 일당이 9시간 노동에 2.4달러(1914년 기준), 한 달(25일 노동 기준) 60달러 정도였던 것을 감안하면 1년 연봉을 넘어선다. 포드는 우선 부단한 원가절감과 혁신, 그리고 수직 계열화를 동원한 대량생산으로 가격을 낮춘다. 1916년에는 가격을 360달러까지 낮춘다.

그리고 보통의 기업가라면 상상하지 못할 방법을 동원한다. 1914년 1월, 포드는 업계 평균 임금이 하루 9시간 노동 기준 2.4달러일 때 8시간 노동에 5달러 임금을 제시한다. 산술 계산으로는 1년 치 연봉을 다 모아도 자동차를 살 수 없던 노동자들이 단 석 달 만에 모델 T를 살 수 있다. 임금을 높이자 '수요가 폭발'했다. 포드는 이렇게 말했다.

> 저희 공장 직원이 하루치 봉급만큼 하루치의 일을 충실히 해준다면, 그에 합당한 대우를 해주지 않을 이유가 없습니다. 모든 이가 자기 집과 약간의 땅 그리고 차를 가질 수 있을 만큼은 돈을 벌 수 있어야 합니다.[105]

포드는 이렇게 '미국의 세기'를 열었다. 막대한 생산력을 바탕으로 세계를 압도하는 미국이 포드로 인해 탄생했다. 역사는 때때로 이렇게 한 비범한 인물을 통해 새 시대의 시작을 알린다.

미국의 세기는 자본주의의 황금기다. 일단은 혁신적 대량 생산으로 시작하지만, 생산은 그림의 반쪽에 불과하다. 나머지 반쪽은 소비다. 만든 제품을 사줄 사람이 있어야 한다. 공급에 맞게 수요가 따라오지 않으면 생산은 파산으로 이어질 수 있다. 구대륙(유럽)을 모두 합친 것보다 큰 영토 위에 세워진 단일 국가 미국은 국내 수요만으로 충분한 소비를 유지할 수 있는 최초의 산업국가였다.

유럽의 국가들은 그러지 못했다. 나라 안에는 생산력에 조응하는 충분한 수요가 없었다. 식민지를 만들어야 했다. 면직물 등을 만들어 배에 실어, 정치적 불확실성을 뚫고 식민지에 물건을 내다 팔아야 유지되는 제국이었다. (미국은 그런 제국이 될 필요가 없어서 제국이 되지 않았다.)

유럽의 제국은 이 식민지 경쟁 때문에 제1차 세계대전도 겪었다. 바로 그때 미국은 대서양 건너편에서 아무런 갈등을 겪지 않고 힘들이지 않고 대국으로 부상했다. 큰 내수시장과 혁신적 생산력이 결합한 전례 없는 나라가 되어가고 있었다.

1916년은 그 상징적인 해다. 구대륙이 제1차 세계대전의 포연에 휩싸였을 때, 대량생산과 대규모 내수 수요가 결합한 미국의 시대가 뉴욕에는 이미 찾아와 있었다.

이 해에 미국 경제의 전체 생산량이 대영제국 전체를 처음 넘어섰다. 영국이 아니라 대영제국 전체다. (이것은 사후 추정치다. 당시에는 국민소득GDP 개념이나 통계가 존재하지 않았다.) 그전인 1910년 미 주식 시가총액이 영국을 넘어섰고, 1901년 설립된 US 스틸은 15년 만에 가장 가치 있는 미국 기업이 되었다. 새로운 기업과 산업 부문이 빠르게 성장했다.[106] 미국의 생산력은 세계를 놀라게 했고, 이 생산력을 바탕으로 월스트리트(미 금융자본)는 참전국들에 막대한 차관을 제공했다.

사실 1916년의 미국은 내전을 치르고, 불과 50여 년 전에 대통령이 암살당한 나라였다. 물론 성장하는 나라이긴 했지만, 동시에 거친 나라기도 했다. 뉴욕 거리에는 자동차가 아닌 마차가 가득했고, 밤은 안전하지 않았다. 유럽에서는 당시 미국을 '부패와 관리 부실, 탐욕적 정치'로 기억했다. 애덤 투즈의 《대격변》에 당시의 상황이 잘 설명되어 있다.

1902년, 미국의 이미지는 모호했다. 미국은 성장과 생산, 이윤의 본보기였던 만큼이나 부패와 관리 부실, 탐욕 정치의 본보기이기도 했다. 현대 정부의 모델을 찾아 미국의 전문가들이 독일제국의 도시들을 순

례했지 그 반대가 아니었다.

1915년 이래로 월스트리트(미 금융자본)는 협상국의 돈줄이었다. 부유한 민주주의 국가인 미국은 민간 자본 시장의 한계를 뛰어넘어 이를 근본적으로 새로운 지형의 금융 경제력으로 대체함으로써 영국과 프랑스, 이탈리아에 막대한 차관을 제공했다. 협상국이 독일에 대해 결정적인 우세를 차지하는 데 도움을 준 것은 바로 이와 같은 미국 공적 자금의 직접적인 투입이었다. 돈이 다른 모든 문제를 결정했다.

제1차 세계대전이 끝난 1918년에 미국 대통령 윌슨은 이런 미국의 힘을 자각했다. 전쟁 뒤 그는 "나는 지금 미국을 힘과 정의의 반석 위에 올려놓는 것만 생각한다. 그러니까 100년을 내다보고 움직인다"라고 말했다. 미국은 갑자기, 거친 나라에서 엄청난 생산력의 나라로 부상했다.

1931: 팽창, 패권을 향해 가는 전간기

패권국가 영국은 빚이 많은 나라, 채무국이 됐다. 전쟁 동안 미국은 채권국이, 월스트리트는 세계 금융의 중심이 됐다. 빚더미에 앉은 영국은 파운드의 금 태환(교환) 중단을 선언(1931)했다. 금으로 환산한 부가 영국을 다 빠져나갔다는 뜻이다. 대영제국을 다 합친 것보다 큰 단일 대륙국가로 말이다.

영국은 미국에서 현대사에 유례가 없는 현상을 보고 있다. 이 나라는 영국보다 스물다섯 배가 크며 다섯 배 더 부유하고 인구는 세 배가 더 많으며 갑절로 더 야심적이고 거의 난공불락이며 번영과 활력, 기술적인 능력, 산업 지식에서 아무리 못해도 우리와 대등하다. 이 나라는 영국이 전쟁 중에 초인적인 노력을 쏟은 결과로 여전히 비틀거리고 있고 엄청난 채무로 시달리며 실업의 재난으로 절룩거릴 때 현재의 발전 상태로 올라섰다.[107]

하지만 미국이 아직 패권을 차지한 것은 아니었다. 단적으로 군사력이 모자랐다. 이를테면 "1918년에는 프랑스군이 미국 무기를 가지고 싸운 것이 아니라 미군이 프랑스 무기를 갖고 싸웠다. 미 육군 항공대가 날린 항공기의 4분의 3은 프랑스가 만든 것이었다."[108]

1922년 워싱턴 회담에서도 패권국가의 위상을 관찰하기는 힘들다. 당시 군축 합의로 미국과 영국과 일본이 1만 톤급 이상의 주력 군함 비율을 5대 5대 3으로 고정했다. 이제 영국과 대등해지거나 조금 앞설 뿐이었다. 아직 미국은 경제력에서만 영국을 두렵게 하는 나라였다.

1944: 패권, 브레턴우즈 체제

제2차 세계대전은 모든 걸 바꾸었다. 영국은 더 천문학적 빚더미에 파묻혀, 뉴욕의 돈 없이는 유지 불가능한 제국이 됐다. 미국은 이번에는 군사 대국으로도 떠올랐다. 수십만 명의 노동자와 거대한 공장, 막대한 월가 자본과 정부 지출을 전시 체제로 전환하자 압도적 화력을 가지게 됐다. 축적된 경제력은 정치 군사적 힘으로 전환 가능했다.

통계는 그 전환 속도가 눈을 의심할 정도로 빨랐음을 알려준다. 1939~1943년까지, 단 4년 만에 항공기 연간 생산량은 28배가 됐다. 대전 기간 전투기 9만 6000대, 폭격기 9만 8000대를 포함해 총 30만 대의 군용기를 생산해, 연합국 항공기 생산을 사실상 전담했다.

같은 기간 군함 생산력은 18배 폭증했는데, 제2차 세계대전 승패를 갈라버린 항공모함의 경우 1943년에 접어들면 일주일에 한 대꼴로 진

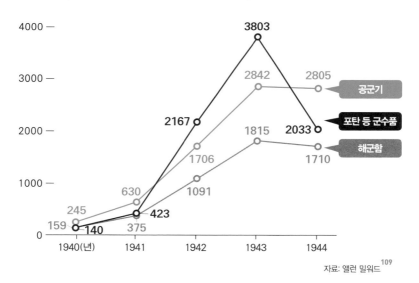

| 그림 8-1 | **미국의 놀라운 군사력 팽창**
(1939년을 100으로 했을 때 생산량 변화)

자료: 앨런 밀워드[109]

수했다. 태평양 전쟁을 시작할 때 일본과 비슷하던 미국의 해군력은 전쟁이 끝날 때 20배 수준에 근접했다.

이렇게 전쟁을 승리로 이끌 것이 확실해진 1944년, 미국은 영국의 J. M. 케인스를 미국의 스키 휴양도시에 불러 '달러 본위의 세계 경제'를 창조한다. 케인스는 처음에는 '달러 말고 새로운 국제통화'를 만들자고 했지만, 미국은 힘으로 달러 중심 체계를 관철했다. 그리하여 금 1온스를 35달러로 하는 달러 패권의 시대가 시작되었다. 브레턴우즈 체제다.

1970년대: 달러의 위기

달러 중심의 세계 경제는 1970년대 위기를 맞는다. 베트남 전쟁은 그 시작이다. 미국은 이기지도 못한 이 전쟁에 '두 세계대전 당시 영국'처럼 너무 많은 돈을 썼다. 달러를 찍어다가 군비를 충당하는 미국에 불안해진 세계는 달러를 내놓고 금을 찾아가기 시작한다.

당시 대통령 닉슨은 1971년, '금 태환 중단' 선언으로 내몰리게 된다. 1931년 금 태환을 중단한 영국 파운드는 13년 뒤 패권을 잃었다. 달러도 똑같은 전철을 밟으리라는 불안감이 커졌다. 이른바 '닉슨 쇼크'다. 신뢰의 위기에 약한 달러의 시대가 왔다. 1973년 중동의 석유 무기화에 따른 물가 상승과 이 달러 약세가 결합해 1970년대 내내 '오일쇼크'의 악순환에 사로잡힌다.

고용과 물가 사이 관계(필립스 곡선)마저 사라져, 정책마저 갈피를 잃는 '진정한 달러의 위기'가 등장한다.[110]

위기의 극복: 페트로 달러와 플라자합의

달러가 이 최대 위기를 어떻게 극복했는지가 중요하다. 지금의 위기가 어떤 의미인지, 또 극복은 어떻게 해야 할지에 대한 단초가 모두 여기에 있기 때문이다.

첫 단추는 '페트로 달러'다. 1974년 미국은 사우디아라비아와 비공식 협약을 맺고 '석유 결제는 달러로만 하는 질서'를 창조해낸다. 달러는 유일한 에너지 결제통화로 자리매김한다. 에너지 수입국이라면 반드시 보유해야 하는 통화가 됐다는 뜻이다. 강한 달러의 초석이다.

두 번째는 긴축이다. 불황 중 물가가 상승하는 스태그플레이션을 잡을 수 없자 고통스러운 긴축(금리 인상)에 들어갔다. 이 시대를 상징하는 사람이 폴 볼커 미 연준 의장이다. 기준금리를 20% 안팎까지 끌어올린다. 긴축으로 일단 인플레이션을 잡았다.

마지막으로, 경쟁자는 힘으로 굴복시켰다. 떠오르는 산업 강국 일본의 핵심 산업을 미일반도체협정(1986)으로 견제하고, 엔화는 플라자합의(1985)로 절상했다. 반도체 패권이 돌아오진 않았지만(한국으로 왔다) 일본은 가라앉혔다.

당시 일본은 커진 국력에 맞는 책임감의 차원에서 플라자 호텔에서 그 합의를 했다. 대국이 됐다는 자신감으로, 강한 엔화를 받아들이고 수출에서 내수 부양으로 경제 운용 방향을 선회했다.[111]

결과는 30년 불황이다. 거품을 키우고 말았고, 1990년대 초 부동산 거품이 붕괴한 뒤 추락만 하는 경제가 됐다.

2022: 여전한 달러 패권, 킹 달러 시대

2022년 골드만삭스는 달러가 다시 도전받고 있다고 했다. 달러 패권 위기설은 사실 골드만삭스의 단골 소재다. 2020년에도, 2008년 글로벌 금융 위기 당시에도, 또 쌍둥이 적자(재정적자와 무역수지 적자) 얘기가 불거질 때도 언급했다.

본질은 똑같다. '미국은 빚(대외채무)이 너무 많다. 이렇게 빨리 늘면 해외 투자자가 달러를 버릴 수 있다. 영국 파운드가 그렇게 달러에 자리를 내줬다'는 이야기다.

2022년에는 여기에 지정학적 위험도 더했다. 러시아 제재에 달러를 무기로 썼다. 이걸 본 나라 가운데 일부는 달러가 아닌 대체제를 찾게 될 것이다. 특히 중국의 학습효과가 클 것이다.

왕정국가 사우디도 페트로 달러 체제를 위협한다. 반체제 언론인 살해 배후로 왕세자 빈 살만이 지목당한 뒤 사우디는 페트로 달러 체제라는 강한 달러의 핵심 조건을 툭툭 건드린다. 최대 고객인 중국을 위해 위안화 결제를 받아줄지를 고민한다.

그럼에도 달러는 건재하다. 건재하다는 말로는 부족하다.

미국 연준의 '매파적' 금리 인상

세계 경제 수장이라고 불러도 어색하지 않을 제롬 파월 미 연준 의장은 여러 번 인플레이션 예측과 통화정책에 실패했다. 그리고 내놓은 말은 한층 겸손해졌다.

"데이터를 보고 결정하겠다."

원래는 '우리는 많이 알고 있으니, 멀리 보고 결정하겠다'는 태도였다. 시장은 그 연준을 보고 따르라는 태도였다. 이제 그러지 않는다. 매달의 소비자물가와 실업률 등 경제 통계 수치를 보고 결정한다는 것은 그래서 무척 겸손해진 태도다.

그러면서 빠르게 금리를 올렸다. 공급망 병목과 뒤이은 인플레이션, 우크라이나 전쟁으로 인한 원자재 가격 폭등으로 불붙은 인플레이션 국면. 다들 치솟는 물가를 잡으려면 금리를 올려야 한다는 사실은 알지만, 선진국 중에 미국을 제외하면 제대로 금리 올린 나라는 찾아보기 힘들다.

그 결과가 강달러, '킹 달러'다. 2022년 미국이 이렇게까지 금리를 많이 올릴 것이라고는 아무도 생각하지 못했고, 그 와중에 다른 나라들이 이렇게 속도를 못 맞추리라고도 생각하지 못했다. 다른 나라 통화 묶음과 미국 달러화 사이의 상대 가치를 보여주는 달러 인덱스의 흐름만 보면 쉽게 알 수 있다. 킹 달러의 이유를 하나만 꼽자면 결국 예상을 뛰어넘는 미국의 금리 인상이다.

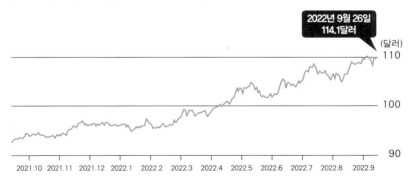

| 그림 8-2 | 달러 인덱스(2021. 1~2022. 10)

**2022년 9월 26일
114.1달러**

(달러)

110

100

90

2021.10 2021.11 2021.12 2022.1 2022.2 2022.3 2022.4 2022.5 2022.6 2022.7 2022.8 2022.9

가시화된 경기 둔화, 세계의 자금이 안전자산으로

주요 외신은 2022년 10월 정점을 찍은 킹 달러의 요인으로 몇 가지를 꼽는다. 《이코노미스트》는 '이자율(금리)은 가장 치명적 요소'라면서, 각국의 금리 수준이 자본 유입 정도를 결정한다고 했다. 그러면서 나라별로 처지가 달라서 금리가 이렇게 다르다고 했다.

유럽의 경우 에너지, 더 구체적으로 말하면 천연가스가 문제다. 그런데 천연가스로 인한 에너지 위기 우려는 기준금리 인상으로 못 잡는

| 표 8-1 | 왜 킹 달러인가?

	EU	글로벌	일본
강력한
금리 인상 기조	에너지 위기 불안	인플레·불황·
기업 실적↓	여전한 '나 홀로'
디플레이션

다. 금리 인상에 소극적이었던 이유다. 상대적으로 회복도도 떨어진다.

일본은 더 심각하다. 여전히 인플레보다는 디플레 압력이 존재하고, 그래서 금리를 올릴 가능성이 거의 없다. 이렇게 미국과 금리 차이가 나니 자본이 각국에서 빠져 미국으로 향할 수밖에 없다.

《월스트리트저널》은 더 복합적인 이야기를 꺼낸다. 스태그플레이션과 가까운 '고물가 경기 둔화'가 올 거라는 공포심리가 시장에 가득하다. 유럽에는 2022년 겨울 러시아산 에너지 공급 중단으로 셧다운 위기가 올 수 있다는 공포심리도 커졌다. 주요 기업의 실적도 나빠진다.

미국 기업은 미국에서만 영업하지 않고 전 세계에서 영업한다. S&P500 지수 기업의 경우 매출의 40%가 미국 밖에서 나온다. 해외에서는 당연히 그 나라 화폐로 매출을 올리는데 달러 외에 다른 통화 가치는 모두 떨어지고 있다. 당연히 약세를 보이는 통화를 강한 달러로 바꿔서 미국 본사로 송금하면 달러 환산 매출은 줄 수밖에 없다. 게다가 킹 달러로 아이폰의 해외 판매 가격이 비싸져 애플이 울상이다. 마이크로소프트는 순전히 환율 때문에 실적이 3000억 달러 정도 나빠질 거라고 발표했다. 미국 기업조차 실적이 악화되니 투자자들은 더 움츠리고, 안전자산인 달러 선호가 커진다.

결국 불안과 불안이 겹쳐 있다는 얘기인데, 중국의 제로 코로나로 인한 압력도 이 불안을 더한다. 산발적 지역 봉쇄가 세계적인 공급망 병목현상을 자꾸만 초래한다. 세계의 공장이 흔들리면 세계가 함께 흔들린다.

《월스트리트저널》은 "이 모든 불확실성이 결합하여 세계 투자자들의 공포심리가 극대화됐다, 그래서 세계가 가장 안전한 국가의 통화로 피신을 가고 있다"라고 했다.

대한민국은 킹 달러와 원자재 가격 상승의 파고 속에 수출에 어려움을 겪고 있다. 무역수지는 2022년 하반기 이후 지속적인 적자 국면으로 들어섰다. 경상수지 가운데 상품수지도 수시로 적자를 기록하고 있다.

수출 강국 위상이 흔들리는 것 아니냐는 걱정, 의심이 커진다. 거기다 당장 제품 수출해서 번 달러보다 원료 수입할 때 나가는 달러가 더 크니 시장에는 달러 수요가 커진다. 한국은 바로 이 '수출 강국 위상 약화' 혹은 그에 대한 걱정이 환율 하락에 영향을 미쳤다. 킹 달러는 대한민국을 힘들게 한다.

미국의 통화 패권은 건재하다

장기적 달러 통화 패권 유지 여부를 가늠하는 지표도 건재하다. 바로 각국 외환 보유고에 얼마나 쌓인 통화인지(가치저장), 외화채권 발행 때는 얼마나 표시되는 통화인지(금융거래), 국제 거래에는 얼마나 사용되는지(무역)를 다 봐야 한다. 달러는 여전히 압도적인 패권 통화다.

게다가 도전자도 없다. 통화 패권은 단순히 달러가 약해졌다고 해서 붕괴하지는 않는다. 강력한 도전자가 있어야 한다. 영국 파운드에게 달러가 그랬던 것처럼 말이다.

중국 위안화를 후보로 꼽는 사람도 있다. 2023년 중국은 1900년대

| 그림 8–3 | **통화 패권의 조건은?**

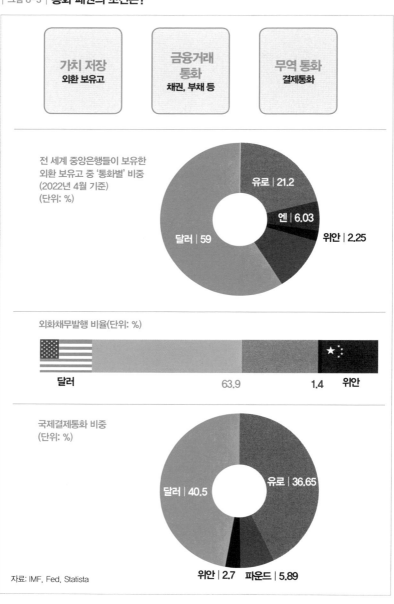

| 그림 8–3 | **통화 패권의 조건은?**

가치 저장
외환 보유고

금융거래
통화
채권, 부채 등

무역 통화
결제통화

전 세계 중앙은행들이 보유한
외환 보유고 중 '통화별' 비중
(2022년 4월 기준)
(단위: %)

유로 | 21.2
엔 | 6.03
위안 | 2.25
달러 | 59

외화채무발행 비율(단위: %)

달러   63.9   1.4 위안

국제결제통화 비중
(단위: %)

유로 | 36.65
위안 | 2.7 파운드 | 5.89
달러 | 40.5

자료: IMF, Fed, Statista

초반 미국처럼 '거대한 생산력의 나라'로 부상하고 있으니까. 그러나 아직 위안화는 도전자가 될 만한 지위에 있지 않다. 수치로 확인할 수 있듯, 위안화의 존재감은 미미하다. 지위가 높아지고 있지도 않다.

게다가 순조로운 패권 전환도 기대하기 어렵다. 1944년 영국은 브레턴우즈에서 달러로의 교체에 순응했지만, 지금의 미국은 전혀 그럴 마음이 없다. 처음엔 무역 분쟁을 벌였고, 지금은 글로벌 무역 질서를 분할해서라도 중국을 배제하겠다는 전략을 세우고 있다. 리쇼어링을 유도해 국내 산업도 다시 부흥시키려고 한다.

골드만삭스는 '달러의 위기'를 염려하면서도 아직은 '달러의 지위'가 미국 하기에 달려 있다고 결론짓는다. '지속 불가능한 대규모 대외채무와 너무 높은 인플레이션에 이르게 한 잘못된 정책들을 반성하고 상황을 반전시킨다면, 달러의 시대는 지속 가능하다'는 얘기다.

하지만 이 탄탄해 보이는 세계는 무너지기 직전까지만 탄탄하다. 흥한 것이 쇠하고 있음은 분명히 보이고 있고. 지구에 존재한 어떤 제국도 영원하지 않았으니까. 달리오의 얘기를 좀 더 자세히 들어보자.

레이 달리오, 흥한 것은 결국 쇠한다

미국과 중국 사이에 감정의 골이 너무 깊어져 내게 이번 장은 펴내지 않는 것이 좋겠다고 조언하는 사람들이 많았다. (…) 그렇다고 정직하게 의견을 내지 않는 것은 내 자존심이 허락하지 않는다.

레이 달리오의 저서 《변화하는 세계 질서》 중 중국 부분의 도입부다. 달리오는 워런 버핏의 반열에 있는 투자의 구루다. 버핏이 '가치 있는 기업을 싸게 사서 비싸게 파는 기술'의 상징이라면, 달리오는 '상황이 어떻게 변해도 부를 보전하는 원칙'의 상징이다.

공통점은 둘 다 시각이 장기적이란 점, 차이점은 버핏은 '장기적으로 크게 버는 법'을, 달리오는 '장기적으로 안정적으로 버는 법'을 연구한다는 점이다. 버핏의 방식은 흔히 '가치투자'로, 달리오는 '사계절 포트폴리오'로 불린다.

달리오의 투자에 대해 알고 싶다면 (물론 책을 읽는 것이 가장 좋지만) 유튜브를 열기를 바란다. '경제라는 기계는 어떻게 작동하는가 How The Economic Machine Works'라는 제목의 동영상을 찾아보자. 직관적이고 이해하기 쉽다. 이 경제 분석에 대한 틀은 지금부터 다룰 강대국의 홍망성쇠에 대한 분석과 근본 구조가 같다. 따라서 달리오의 경제 분석 틀(달리오 세계관)을 먼저 알아보고 갈 필요가 있다.

경제는 생산성과 빚의 함수다

경제라는 기계는 딱 두 가지 힘으로 움직인다. 생산성의 향상 productivity growth과 빚 debt이다. 장기적으로 생산성의 향상 덕에 경제는 성장하고 (우상향한다) 빚 때문에 출렁거린다(주기를 가진다). 둘 중 더 중요한 건 빚이다(돈이 아니다, 빚이다). 빚을 이해해야 현대 경제를 이해할 수 있다.

달리오는 빚을 다시 장기와 단기로 나누어 세 가지 그림을 그린다.

| 그림 8-4 |

생산성의 향상　　　　**단기 빚의 주기**　　　　**장기 빚의 주기**

합치면 이런 그림이 된다.

| 그림 8-5 |

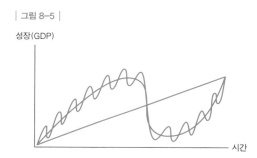

달리오는 빚이야말로 경제에서 가장 중요하지만 가장 덜 이해되는 부분이라고 말한다. 세상에 정해진 현금만 존재한다면 경제에 출렁거림은 없다. 생산자는 상품과 돈을 바꾸고, 그 돈으로 다시 원재료를 사서 생산한다. 성장은 존재하는 현금에 의해 제약된다.

예를 들어 스티브 잡스가 가진 돈을 탈탈 긁어서 아이폰 초도 물량 10대를 만들었다고 가정해보자. 현금경제에서 그는 이 초도 물량을 팔아야 현금을 가질 수 있고, 이 돈으로 20대를 만들 부품을 살 수 있다. 이 20대를 팔면 또 40대분의 부품을 살 수 있다. 40대를 팔면 또 80대를 만들 부품을 살 수 있다. 세 번의 제조 사이클을 지나 잡스의 사업은 4배로 커졌다.

빚이 존재하는 경제는 훨씬 빠르게 성장한다. 초기 제품 10대 중 한 대를 산 워런 버핏이 한 며칠 사용해보고 놀라며 잡스를 찾아갔다.

"잡스, 이건 놀라운 가치를 가졌어! 전화기이면서 게임기이면서 컴퓨터라니, 이건 만들면 무조건 팔려! 잡스, 내가 100대분 부품 살 돈을 빌려줄게, 이자만 잘 쳐줘!"

혁신에 동참하고 싶은 버핏에게서 빌린 돈으로 100대분의 부품을 사고, 시장에 판 돈으로 20대분의 부품을 산 잡스는 그다음에는 120대를 팔 수 있었다. 그다음에는 레이 달리오까지 찾아온다.

"안 그래도 내 돈 안전하게 지킬 방법을 찾고 있었는데 자네는 확실한 사업을 가지고 있군. 받게 200대 부품 살 돈일세. 공장이 작아? 그럼 생산 설비도 그에 맞춰 늘릴 수 있게 돈을 더 투자하지."

잡스는 120대를 팔아 번 돈으로 240대분의 부품, 달리오에게 받은 돈으로 200대분의 부품을 사서 총 440대의 아이폰을 만들었다. 세 번의 제조 사이클을 지나 잡스의 사업은 44배로 커졌다.

현금경제에서는 사업을 4배로밖에 못 키웠을 잡스가 빚이 존재하는 경제에서는 같은 기간에 사업을 44배로 키웠다. 빚을 내는 경제에서 성장의 속도는 기하급수적으로 빨라진다.

이 '경제 사이클'은 이론적으로는 단 하나의 그래프의 네 가지 국면으로 요약된다.

① 빚이 있으면 사람들은 '생산성의 향상'을 극대화할 수 있다. 가진

돈보다 훨씬 많은 빚을 내 투자를 할 수 있다. 이때 빚은 각자가 지닌 신용 credit 만큼 낼 수 있다.

그래서 빚은 신용이다. 신용이 있으면 공장을 하나 더 지을 수 있고, 물건을 더 만들 수 있다. 성장의 속도는 생산성 향상을 추월한다. 팽창 국면이다. 이때 사람들은 다 잘될 거라 믿게 된다. 집값과 주식은 오르고 월급도 오른다. 모두가 빚으로 어디엔가 투자한다.

② 그러나 세상에 영원한 호황은 없다. 빚을 너무 많이 내서 너무 많은 상품을 생산하면, 남는다. 창고에 안 팔린 재고가 쌓인다.

세이의 법칙 Say's law 이라는 것이 있다. 공급이 수요를 창출한다는 뜻이다. 개별 시장에 초과 공급이나 수요는 있을 수 있지만, 총공급과 총수요의 측면에서는 언제나 수요와 공급이 균형을 이룬다는 것이다.

그러나 경제학자 존 메이너드 케인스는 장기적으로 시장은 균형을 유지하지만, 단기적으로는 사람들이 저축하거나 소비를 일시적으로 미룸으로써 시장의 수요 공급에 불일치가 일어날 수 있다며, 세이의 법칙은 장기적으로만 가능하다고 했다.

즉, 불황은 반드시 온다. 재고가 늘수록 마냥 즐겁던 사람들의 마음은 불안해진다. 그러다 어느 날 갑자기 사람들은 '아, 이건 지속될 수 없어'라고 생각하게 된다. 어느 순간 은행은 떼일까봐 빚을 회수하고, 사람들은 씀씀이를 줄인다. 악순환 속에 거품은 꺼진다. 경제는 수축한다. 비관론이 극대화된다. 노동자의 월급은 준다. 아예 실업자도 생겨난다. 집값과 주가는 빠르게 떨어진다.

그렇게 생산성 향상 정도를 추월해 높게 치솟던 경제는 갑자기 꺼지기 시작해 생산성 그래프를 뚫고 아래로 내려간다. ③ 끝없이 추락해 바닥을 친 뒤에야 그래프는 비로소 완만하게 꺾이고 다시 상승을 준비하게 된다. ④ 사람들은 우려가 과도했다고 깨닫고 다시 투자하고 빚을 늘리기 시작한다.

①에서 ④로 이어지는 흐름이 한 사이클이다. 달리오 세계에서 단기 부채 사이클은 5~8년, 장기 사이클은 75~100년 주기를 가진다.

이 경제 기계에 개입하는 중요 기구는 중앙은행과 정부다. 중앙은행은 금리 결정 권한을 가지고 빚을 조절한다. 과열되면 금리를 올려 꺼트리고, 냉각되면 금리를 내려 다시 불을 지핀다.

정부는 민간의 빚과 투자가 과해질 때 지출을 줄여 시장을 진정시킨다. 불황으로 투자가 사라져 실업과 기업 도산이 심각해지면, 실업수당을 주고 기업 구제를 위한 투자를 한다. 경기부양책 stimulus 이다. 정부는 이 과정에서 세금만으로 부족한 돈을 빚을 내 마련한다.

| 그림 8-6 | **경제의 파도: 레이 달리오 세계의 '사계절'**

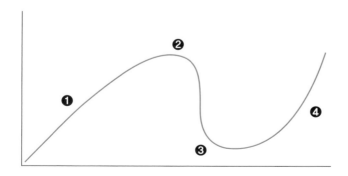

이게 투자의 구루 레이 달리오가 경제를 이해하는 방식이다. 레이 달리오가 평생에 걸쳐 한 일은 이 각각의 주기에 가장 적합한 투자 포트폴리오를 짜서 '손해를 보지 않고 자산의 가치를 지키는' 투자다.

강대국의 흥망성쇠도 순환이다

평생 투자만 한 이 레이 달리오가 2022년 출간한 《변화하는 세계 질서》에서는 전문 분야인 돈 자체보다는 강대국의 흥망성쇠, 그리고 미·중 사이의 경쟁에 대한 국제정치 이야기를 한다. '세간의 평가가 무서워' 말하지 않기에는 자존심 상한다며 한 이야기가 하필이면 부상하는 중국과 미국의 운명에 대한 이야기다.

이유는 간단하다. 달리오의 눈에는 '경제 기계'나 '강대국의 흥망성쇠'나 똑같기 때문이다. 달리오는 '생산성과 빚'이 만드는 경제의 사이클과 '강대국의 흥망성쇠' 사이클을 지배하는 근본적인 원리가 같다고 본다. 세계를 무대로 투자 활동을 하면서 그 사실을 확인했다고 믿는다. 그러면서 "좀 더 젊었다면 나만 알고 싶을 비밀이지만, 삶의 종반부(그는 1949년생이다)에 와보니 사람들에게 전하고 싶은 욕구가 더 크다"라면서 그 비밀을 알려준다.

강대국은 어떻게 탄생하는가. 새로운 지도자가 탄생해 권력이 집중된다. 새 질서 아래 제도가 정비된다. 교육과 혁신에 투자해야 한다. 투자에 드는 돈을 조달할 수 있느냐는 국가 경쟁에서 결정적 역할을 한다. 현금만으로는 부족하다. 결국 열쇠는 더 빠른 돈, 빚(신용)이다. 빚을 조달할 수 있는 혁신 금융 시스템을 가진 나라가 앞서 나간다. 베네

치아 공국과 네덜란드와 영국과 미국이 그랬다.

프랑스는 낙오했다. 프랑스는 영국만큼 훌륭한 금융 시스템을 가지지 못했고, 그 때문에 귀족이 서민을 착취하는 구조(앙시앵 레짐)가 지속됐다. 불평등이 가중되자, 혁신이 아닌 피비린내 나는 혁명이 일어났다.

다른 나라를 압도하는 생산성, 그러니까 경제력과 국제무역을 주도하는 힘은 어디서 나오는가. 이때 내부 질서 이론이 등장한다. 단순하다. 평화로워야 한다. 대부분의 사람이 번영의 열매를 맛볼 수 있게 공평하게 분배하는 시스템을 가져야 한다. 가난해도 능력이 있으면 성공할 수 있는 이동성도 갖춰야 한다. 혁신과 그 혁신을 가능하게 할 교육제도와 금융 시스템이 필요하다.

일단 단단한 체제가 형성되면 세계로부터 투자가 밀려든다. 강대국은 이 투자금, 즉 빌린 돈으로 소비하고 투자하고 자산을 구입한다. 투자를 받아 더 빨리 성장하는 선순환이 형성되지만, 동시에 밀려드는 돈으로 인한 거품도 형성된다.

그래서 자본 시장이나 세계 정치질서나 마찬가지다. 순환이다. 생산성의 향상과 빚의 변수가 좌우한다.(빚은 신용이 있어야 낼 수 있으니 빚은 신용과 동의어다.) 상승했다가 하강한다. 이게 변화하는 세계의 변하지 않는 질서다.

여기서도 '빚'이 중요하다. 강대국은 투자를 끌어들인다. 강대국의 '신용'은 빚을 낼 수 있는 힘이고, 더 빠르고 강력한 생산력을 보유하는 비결이다. 부채는 일단 나쁜 게 아니다.

기축통화의 마법 같은 힘도 생겨난다. 발전된 강대국의 상품을 사기 위해, 또 투자하기 위해 세계는 자국의 화폐를 강대국의 돈으로 바꾼다. 만일의 사태에 대비해 기축통화로 저축도 한다. 강대국의 통화는 이렇게 모두가 원하는 돈이 된다. 강대국에게는 이 기축통화가 무기다. 그냥 찍어낼 수 있다. 화폐 주조 이익, 즉 '시뇨리지'다. 실제로 미국은 시뇨리지 효과를 수많은 전쟁 수행이나 세계 경영에 필요한 돈을 마련할 때 이용했다. 나라 살림도 좀 더 과하게 했다.

문제는 이 좋던 시절의 작동 구조 내부에 쇠락의 구조가 포함되어 있다는 점이다. 경기 사이클과 같다. 해외에서 빌린 돈은 계속 늘고(미국 국채 발행은 지속적으로 늘어난다) 정부 지출도 지속적으로 증가한다. '쌍둥이 적자'의 시대다. 강대국에게는 쌍둥이 적자가 필연적이다. 강대국을 세계가 신뢰하는 한 별문제가 없지만, 경제는 쇠퇴하게 마련이다. 그 순간 쌍둥이 적자는 패권의 몰락을 촉진하는 촉매가 된다. 순식간에 자본은 빠져나가고 패권국은 몰락한다.

내부 질서 혼란은 이 과정을 촉진할 수 있다. 우선은 불평등이다. 패권의 마지막 시기 영국의 상위 10%는 전체 부의 93%를 소유하고 있었다. 미국은 지금 가장 부유한 1%가 전체 인구의 50%보다 많이 버는 사회다. 1979년에서 2016년까지 미국 제조업 일자리의 수는 1950만 개에서 1200만 개까지 줄었다. 노동자 몫은 줄었다. 반면 경영자와 주주의 몫은 점점 더 많아졌다. 1970년대 말 주요 미국 기업 CEO는 일반 노동자보다 30배 정도 많은 보수를 받았다. 2014년 그것은 300배로 늘어났다.[112]

불평등은 강대국의 내부 질서를 분열로 이끈다. 정치적 양극화 혹은 다극화가 국가 내부에서 일어나면 시민은 분열된다. 분열되어 부분 집합으로 나눠진 국가의 의사결정 구조는 마비된다. 이것은 국가 역량 쇠퇴로 귀결된다. 불평등이 치명적 작용을 한다.

그래서 강대국 몰락을 촉발하는 내전이나 혁명과 같은 파탄을 예고하는 가장 확실한 지표가 바로 빈부 격차와 재정의 파탄이다.[113]

달리오는 심각한 빈부 격차와 정부 재정의 파탄, 강대국 '내부 질서 혼란의 사이클'을 작동시키는 이 두 요소가 미국 안에서 지금 작동하고 있다고 본다. 세계 자본 시장의 첨단에서 자산을 지키는 현인으로 평생을 살아온 달리오가 미국의 현실을 긍정하지 못하는 이유는 여기에 있다.

고통받는 사람들이 여전히 존재하는 한 평균값은 중요하지 않다. 전체에게 유익한 정책(자유무역, 세계화, 인력을 대체하는 기술 등)을 좋아하는 사람들은 그 정책의 혜택이 모든 사람에게 공평하게 돌아가지 않으면 전체가 위험할 수도 있다는 사실을 망각한다. 평화와 번영을 누리기 위해서는 모든 사람에게 혜택이 돌아가도록 생산성이 높아져야 한다. 오늘날 우리가 이렇다고 생각하는가?[114]

기축통화의 힘은 강대국 사이클의 후반부까지 유지된다. 그러다 한순간에 사라진다. 미국이 영국을 경제력으로 대체한 것은 1910년대 제1차 세계대전 때지만, 공식적으로 기축통화 지위를 잃은 것은 1944년 브레턴우즈 때였다.

현재 불평등하고, 분열됐으며, 동시에 경제적으로는 쌍둥이 적자에 시달리는 미국은 레이 달리오의 관점에서 이 강대국 사이클의 쇠퇴 국면에 있다. 그 반대편에 중국이 있다.

모든 신호가 중국의 부상을 가리킨다

1970년대의 중국은 몹시 궁핍했다. 산업화와 기술, 교육, 농업, 생산력 부문에서 서구 선진국까지 언급할 필요 없이 다른 아시아 국가에도 미치지 못했다. 그러다 지금은 세계 2위의 경제대국이자 세계 최대의 무역국이 됐다. 세계 제일의 자동차, 선박, 컴퓨터, 스마트폰 생산국이기도 하다. 미국보다 중국에 억만장자가 더 많다고도 한다.[115]

덩샤오핑의 개방화 정책 이후 근 30년 동안 연평균 약 10%의 성장률을 기록했다. 이 기간, GDP는 16배 증가했고, 1인당 소득은 12배가 됐다. 빈곤은 극적으로 감소했다. 약 4억 명에서 6억 명이 빈곤을 벗어났다. 리처드 쿠퍼는 일곱 가지 근원을 제시한다. ① 시장경제로의 전환, ② 세계화, ③ 세계의 화교(중국교포) 동원, ④ 생산 가능 인구 급증, ⑤ 농경에서 산업사회로의 전환, ⑥ 저축과 투자율 급증, ⑦ 교육이다.[116]

여기엔 달리오의 '전형적인 상승의 빅사이클'에서 필요로 하는 요소가 다 있다. 중국은 미국과의 공생관계로 세계화를 추진했다. 중국은 도시로 몰려든 막대한 노동력과 저축, 국가 투자를 바탕으로 '세계의 공장'이 되었다. 매우 효율적으로 상품을 제조해 미국에 팔았고, 미국은 이 중국에 미국 국채를 팔았다. 중국은 세계 기축통화로 저축을 했고, 미국은 그 중국의 돈으로 소비를 했다.[117] 이것이 중국 국운 상승의 가장 기본이 되는 방정식이다.

전략적으로는 중국은 미국을 꼭 닮은 방식으로 장점을 극대화했다. 앞서 살폈듯 거대한 생산력은 기술 도용에서 시작하는 혁신 역량 구축과 함께 갔다.

정치적으로 중국은 공산당에 의한 일당독재 시스템 안에 견제와 균형의 원리를 심는 데도 성공했다. 덩샤오핑과 장쩌민, 후진타오와 시진핑으로 이어지는 40년 권력 승계의 과정은 견제와 균형 속에서 질서 있는 체제를 유지할 수 있는 중국 공산당의 능력을 보여주었다.

이제는 첨단기술 분야에서도 미국을 위협한다. 텐센트와 알리바바는 이미 세계적 빅테크다. 틱톡의 바이트댄스는 이 시각에도 성장하는 거의 유일한 글로벌 소셜미디어 서비스다. 중국이 주도하는 기술 분야도 나왔다. 달리오는 세계 최대 민간 슈퍼컴퓨터의 40%가 중국에 있고, 중국은 일부 AI·빅데이터와 양자 컴퓨터·암호화·통신 기술 경쟁에서 선두를 달리고 있다고 본다. "전자상거래와 모바일 기반 결제 등 핀테크 분야도 미국보다 우월하다"[118]라고 평가한다. 이른바 스템STEM이라고 불리는 과학, 기술, 공학, 수학 분야의 중국 대학 졸업생 수는 미국의 8배에 달한다.

정치적 특수성도 유리하게 작용한다. 중국은 CCTV와 도감청 등 미국에선 상상할 수 없는 수단으로 1인당 데이터를 미국보다 훨씬 많이 수집하고, 이를 최대한 활용하기 위해 AI와 빅컴퓨팅에 막대한 금액을 투자하고 있기 때문이다. 앞서 1부에서 소개했듯, 《뉴욕타임스》는 세계에 존재하는 CCTV 10억 대 가운데 절반은 중국에 있다고 추정한다. 세계는 조지 오웰이 말한 '빅브라더'가 이미 중국에서 출현했다고 우려하지만, 중국은 이 시간에도 막대한 인력을 동원해 이 감시 기술을 더욱 고도화하고 있다.

다시 말해 달리오의 관점에서 강대국을 결정하는 교육과 혁신, 기술, 군사력, 무역, 경제 생산 등에서 중국의 발전 속도는 전례 없이 빠르다. 아직 금융 중심이나 기축통화 지위에는 이르지 못했지만 다른 모든 지표가 미국에 근접했다.

지금의 중국과 미국의 관계는 놀랍게도 백 년 전 미국과 영국의 관계와 겹친다.

현재 중국은 대량의 상품을 값싸게 만들어 세계에 판다.

과거 미국은 자동차를 대량 생산해 시장에 내놓았다. 양차 세계대전 가운데 막대한 무기를 연합국에 공급했다.

현재 미국은 중국이 빌려준 돈(채권 팔고 받은 돈)으로 소비를 한다.

과거 영국은 채권을 발행해 미국에 팔았고 그 돈으로 전쟁을 했다.

현재 중국은 수단과 방법을 가리지 않고 세계의 기술을 훔쳐 혁신한다.

과거 미국도 다르지 않다. 미국의 국부 가운데 한 명이자 대통령이 아닌데도 화폐에 얼굴을 새긴 유일한 인물인 '알렉산더 해밀턴'은 미국 입장에서는 영웅이지만, 영국 입장에서는 산업 스파이다. 유럽이 기술 유출을 막자 해밀턴은 돈을 주고 기술자를 데려왔다. "미국인의 DNA에는 도둑질이 녹아 있다고 보아도 된다."[119]

현재 중국은 세계를 무대로 영향력을 키워 미국에 근접했다.

과거 100년 전 미국 역시 세계를 무대로 영향력을 키워 영국을 능가하는 나라가 되었다.

그러자 '윈윈'으로 보이던 미중 관계에 금이 가기 시작했다. 중국이 미국을 위협할 정도로 부상하는 동시에, 민주주의와는 관계없는 정치 체제를 공고화하면서 같은 하늘 아래 존재할 수 없는 나라가 되었다.

레이 달리오가 "여론이 무서워 말하지 않으면 자존심이 허락하지 않는다"라고 말하는 것은 바로 이 순간의 흐름이다. 세계 질서의 '순환(사이클) 이론'이 맞는다면, 미국은 여러 지표상 명백히 쇠퇴하고 있고 중국은 부상 중이다. 레이 달리오의 기준에서 두 나라의 경제력과 혁신 역량은 곧 교차하고 역전될 것이다.

미국이 단결된 힘으로 적절한 정책을 내놓는 데 성공한다면 시점을 지체할 수는 있겠으나, 강대국 흥망성쇠의 질서에 해당하는 사이클을 바꾸는 데 이르지는 못할 것이다. 세상의 봄, 여름, 가을, 겨울 그리고 다시 봄의 규칙 아래 흐르는 도도한 경제 질서의 구조 때문이다. 그것이 이 투자의 구루가 평생에 걸쳐 자본 시장을 관찰하고, 그 자본 시장에 참여하는 국가라는 플레이어를 관찰하면서 내린 결론이다.

영국에서 미국으로의 패권 이양은 순조롭고 평화적이었다. 그러나 미국에서 중국으로의 이양이 그럴 것으로 생각하기는 쉽지 않다. 레이 달리오는 기술 전쟁에서 승리한 국가는 아마도 군사 전쟁을 비롯한 모든 전쟁에서도 승리할 가능성이 크기 때문에 기술 전쟁은 무역·경제 전쟁보다 훨씬 심각하다고 했다. TSMC와 중국의 역학 관계는 주시해야 할 흥미로운 사례가 될 것이며, 같은 맥락에서 대만의 주권을 놓고 충돌이 벌어지면 상당히 우려스러운 상황이 연출될 것이라고 걱정한다.

반론: 부상하는 국가 안팎에 내재한 위험 요소

'순환의 필연성'은 중국의 지도자들이 역사를 바라보는 방식이다. 중국은 '수-당-송-원-명-청'으로 이어진 자국의 역사를 돌아보며 대국의 흥망성쇠는 각각의 사이클 안에서 완결적 순환을 형성한다는 세계관을 가진다. 한 사이클 안에서 발전과 침체는 존재하지만, 결국 근본적으로 세상은 돌고 돈다는 세계관이다.

그러나 세상은 단순 순환을 반복하지는 않는다. 순환의 반복으로만 바라보면, 시간을 겪으며 진화한 인간과 인류의 적응 능력을 평가절하하는 것이 될 수 있다. 다음 세 가지 반론을 제기한다.

① 역사는 단순 반복되지 않는다: 미국의 의지

미국은 그 어떤 대가를 치르더라도 중국의 부상을 막으려 한다. 트럼프가 거칠게, 또 바이든이 조금 더 세련되게 추진했다. 이 전략의 이름은 '봉쇄'다. 소련과 경쟁하던 냉전 때와 같은 전략이다. 동맹과 함께하는 경제 청사진을 설계했다. 냉전에서 소련을 포위했던 그 전략이다.

중국 성장의 기반이 된 세계 시장을 중국과 떨어뜨리고, 중국 혁신의 기반이 된 서방의 기술을 중국과 떼어놓으려 한다. 미국의 안보상 이익이 달린 반도체와 배터리 기술이 대표적 예다. 미국은 리쇼어링을 통해 중국 제조에 의지하지 않는 공급망을 짜려 한다. 성공하면 중국의 부상을 견제하게 될 것이다.

② 영원한 내부의 적: 불평등, 민족, 학생·지식인, 엘리트

중국의 적이 나라 밖에만 있는 것도 아니다. 세 측면에서 내적 위험 요소가 있다.

우선은 경제적 불평등과 민족적 갈등의 위험 요소다. 중국의 불평등은 미국 못지않다. 정부 지출은 도시에 집중되고 있는데, 농촌 인구는 여전히 전체의 40% 이상이다.[120] 도시 내에서도 빈민-농민공의 생활 여건은 비참하다.[121] 먼저 부유해진 사람은 계속 부유해지고, 가난의 덫에 걸린 사람은 벗어날 수 없게 되는 악순환이다. 그 결과 중국의 지니계수는 높아지는 추세다.[122]

신장과 티베트 지역에서 보듯, 고질적인 소수민족 갈등도 존재한다. 공산당 지도 체제가 충분한 성과를 내지 못할 경우 언제 터져 나와도 이상하지 않은 문제다. 게다가 경제와 민족 문제가 결합한다면 다이너마이트가 될 수도 있다. 어떤 촉매제로 인해 이 문제가 일상생활을 위협하거나 파괴하는 상황이 촉발된다면 상황은 통제 불가능해질 수 있다.[123]

학생·지식인의 반체제화 변수 역시 남아 있다. 앞에서 인용한 새뮤얼 헌팅턴의 말을 기억하자.

"학생은 언제나 반대한다, 어떤 사회이건 존재하는 체제에 늘 반대한다."[124]

학생은 체제 중력에 대한 반발, 즉 원심력의 시작이다. 좀 더 넓게 보자면 지식인 계층 역시 유사한 범주다. 이상적이고 보편적인 가치를 추종한다. 이에 따라 권위주의 정치 체제에 부재한 정치적 다원성과 자기 결정권의 문제를 가장 예리하게 인식한다.

지금은 중국 공산당의 효과적 통제가 힘을 발휘한다. 또 톈안먼 사태 이후 민족주의 교육으로 이 목소리가 애국적인 방향으로만 커지게 제도화하는 데도 성공했다. 그러나 '지식분파'의 원심력 자체가 사라지는 것은 아니다. 공산당에 대한 믿음이 옅어질 때 둑은 순식간에 무너질 수 있다.

게다가 엘리트 분열 역시 걱정해야 한다. 민주주의 사회는 발전하면 부패는 감소한다. 감시와 견제, 또 언론의 역할이 사회를 보다 투명한 공간으로 만든다. 권위주의는 다르다. 절대 권력은 부패해야 생존한다. 이것이 독재자의 정치적 생존의 논리를 연구해온 정치학자이자 컨설턴트 브루스 브루노 메스키타의 일갈이다.[125]

부패는 특권이기 때문이다. 충성심에 보상하는 좋은 도구다. 국가의 자원을 적게 사용하고 충성심을 높이는 방법이다. 그리고 그 충성심을 저버릴 때 특권을 빼앗고 처벌을 합리화할 근거가 된다. 부패를 허용하고 감시함으로써 지배체제의 안정성을 유지하는 것이다.[126]

많은 경우 부패를 처벌하는 독재자는 쓸쓸한 최후를 맞는다. 아프리카에서 많은 반부패위원회의 구성원은 곤경에 처한다. 콩고의 대통령 오세비는 원인을 알 수 없는 화재로 타 죽었다.

그런데 시진핑의 중국은 지속적인 반부패운동을 벌인다. 애초에 저우융캉이나 보시라이, 쑨정차이 같은 시진핑의 정적을 제거하는 데 초점이 맞춰진 활동이었으나[127] 이제 그 활동이 시진핑의 측근까지 겨누고 있다. '반부패 운동'을 시작한 시진핑의 최측근인 왕치산 부주석의 측근 부패까지 들여다본다.

중국의 반부패 운동이 확대되는 이유는 부패가 양날의 칼이기 때문이다. 측근의 부패를 눈감으면 충성심을 살 수 있지만, 동시에 부패가 심해지면 일반 인민의 분노를 산다. 중국은 물론 권위주의 국가이지만, 인민대중으로부터 유능함을 인정받아야 공산당 체제가 지속된다. 그 둘 사이 균형 잡기는 아슬아슬할 수밖에 없다. 앞으로 축출당하는 엘리트가 많으면 많을수록 일당독재를 향한 충성심은 옅어지고 불만이 커질 것이다.

③ 폐쇄적으로 변화하는 중국의 제도

대런 애쓰모글루와 제임스 A. 로빈슨의 책《국가는 왜 실패하는가》는 국가의 성공과 실패를 '기회의 평등을 제공하는 포용적인 정치, 경제, 사회 제도'가 존재하는지 여부에서 찾는다. 이 책의 기준에서 볼 때 중국은 분명 이례적 국가다. 권위주의 국가라 실패할 특성을 많이 가지고 있지만, 동시에 주어진 상황이 허락하는 한 투명하고 제도적이며 규칙(법치)적인 정치 체제를 마련하려 노력해왔다. 스스로 '중국 특색 사회주의'라고 불리는 제도를 마련하면서 '정치적 생존과 번영'을 도모하는 데 성공해왔다. 그래서 지금까지의 발걸음만 보면 '성공할 국가'에 가깝다.

달리오의 낙관적 시각은 바로 그런 중국을 전제로 한다. 당근과 채찍을 동시에 써가며 불평등과 민족 갈등을 억제해왔다. 지식인과 학생의 반체제화도 철저히 감시해왔다. 정치와 경제 엘리트에게는 차별적 이익을 보장하면서도, 인민이 보기에 지나친 부패는 처벌해왔다. 이런 행보는 중국 권위주의 체제가 실패하지 않고 지속적으로 발전하는 원동력이 되었다.

그러나 외부 상황이 바뀌면서 내부 상황이 그에 조응해 바뀌고 있다. 미국이 더 이상 중국의 지속적 경제 성장을 허락하지 않으려는 의지로 중국을 옥죈다. 코너에 몰린 중국은 대내적 통합을 강조한다. 내부적 안정 없이 대외 위협 요인을 헤쳐 나갈 수는 없기 때문이다. 그러니까 미국이 강경해지는 만큼, 중국도 대내적으로 강경해진다.

시진핑 1인 체제의 공고화는 이 맥락에서 발생하는 정치적 변화다. 지난 2022년 10월 20차 당대회를 거쳐 시진핑은 3연임을 확정했다. 작게 보면 격대지정隔代指定(덩샤오핑이 고안한 권력 승계 방식으로 현재의 지도자가 아닌 집단 지도 체제가 차기 지도자를 결정한다. 권력 세습을 막기 위한 전통)의 원칙이 깨졌다.

실제로 덩샤오핑은 장쩌민에게 권력을 넘기면서 동시에 다음 지도자로 후진타오를 미리 지정했다. 그리고 장쩌민은 후진타오에게 권력을 넘기면서 시진핑을 미리 지정했다. 후진타오는 최고 권력자가 아닌 '동년배 중의 선두primus inter pares'라는 점이 강조되는 지도자였다.[128]

중국의 최고 권력 승계 원칙이 확실히 사라졌다. 크게 보면 덩샤오핑 이후 30년간 지속된 중국 공산당 통치 체계가 변하고 있다. 중국 권력 승계구조를 집단적으로 결정한다는 집단 지도 체제 근간의 변화다.

그것을 상징하는 장면은 후진타오 전 주석이 당대회 당시 돌연 퇴장한 순간이다. 그 배경에 관심이 쏠렸는데, 중국의 당헌 개정을 두고 후전 주석이 반대 의사를 표하는 것을 미리 막기 위해 의도적으로 퇴장시

컸다는 분석이 나왔다.[129]

시진핑의 정치적 라이벌 계파인 중국 공산주의 청년단(공청단) 계열로 최고 권력의 자리에까지 올랐던 후진타오다. 그의 퇴장이 실제로 시진핑 현 주석의 의지였다면 집단 지도 체제는 사실상 멈춘 것으로 봐야 한다.

실제로 공산당 최고 통치기구인 정치국 상무위원 일곱 자리는 모두 시진핑의 사람들로 채워졌다. 그동안 계파 안배하던 원칙이 무너진 것이다. 중국을 7인의 집단 지도 체제로 바라보던 전통적 시각은 이 상황을 정치 체제의 지속 가능성 하락으로 해석한다. 당장 이 시진핑 독주 체제가 완성되던 날 홍콩 증시는 6% 급락했다(2022년 10월 24일). '최소한의 견제와 균형'이 사라졌다고 봤기 때문이라는 분석이 나온다. 외국 자본의 중국 이탈은 가속화됐다.

중국이 폐쇄적인 국가로 변화하는 것 아니냐는 우려 때문이다. 권위주의는 개인의 역량을 끌어내는 데 취약한 구조를 가지고 있다. 체제 내부 구성원들은 순응적이기 쉽다. 개인들에게 인생의 성공은 장기 집권하는 공산당의 의지에 달려 있다. 연줄이 실제로 승진에 큰 영향을 미친다. 부패도 만연해 있다. 적당히 순응하고 평범한 사람이 순응하지 않는 천재보다 더 대우받는다.[130]

순응주의는 창의적 사고의 부재로 이어진다. 중국 역사를 바라보는 하버드대학의 베스타드가 강조하는 건 바로 이 지점이다. '중국 미래의 성장을 책임질 최고급의 창의적 두뇌를 충분히 배출하지 못하게 만드는 원인'이 된다는 것이다. 자유민주주의와 대비했을 때 권위주의는 이

지점에서 취약성을 극복하기 어렵다.

　폐쇄성이 더 짙어질수록 이 순응주의의 폐해는 더 심해질 것이다. 미국이 개방성과 창의성으로 새로운 전략과 혁신을 이뤄갈 때, 중국은 체제 내부의 폐쇄성으로 말미암아 점점 더 혁신과는 먼 국가가 되어갈 것이다. 권력의 검열보다도 체제에 내재화된 시민의 자발적 순응주의가 장기적으로는 더 위험하다.《국가는 왜 실패하는가》의 저자들이 후속작《좁은 회랑》에서 중국의 한계로 시민사회가 힘이 없는 점, 그래서 국가가 독주하는 제도인 점을 꼽는 이유는 여기 있다. 중국은 장기적으로 교육 체계 등의 역량에서 한계가 있다. 또 부패 등 심각한 부작용을 자정할 능력도 부족하다.[131]

　달리오의 독특한 세계관에 매혹되면서도 그의 미래 전망을 큰 틀에서 긍정하기 힘든 이유는 여기에 있다.

09

새로운
불로소득의 시대

무한 반복의 세상

"똑바로 읽어도, 거꾸로 읽어도 우영우. 기러기, 토마토, 스위스, 인
도인, 별똥별, 우영우."

드라마 〈이상한 변호사 우영우〉에 나온 대사다. '똑바로 읽어도, 거
꾸로 읽어도' 똑같은 단어, 문구, 문장, 숫자. 영어로는 'Palindrome', 우
리말로는 회문回文 정도가 되겠다.

K-드라마 역사에 남을 회문이 될 '우영우'를 생각할 때마다 떠오르는
영화가 하나 있다. 코로나 팬데믹 와중에 개봉한 크리스토퍼 놀런 감독
의 영화 〈테넷〉이다. 이 영화의 영어 제목 'TENET' 역시 회문이다. 게
다가 이 영화는 내용도 회문이다. 뫼비우스의 띠처럼 과거와 현재와 미

래, 처음과 끝이 이어진다.

이 영화는 2020년 가을에 개봉했다. 영화적 체험의 첨단을 경험할 수 있는 명작이라고 생각하지만 코로나 때문에 묻혔다. 제작사는 그해 봄에 나타나 세상을 떠들썩하게 했던 코로나가 그즈음 잠잠해지지 않을까 기대했지만, 돌아보니 너무 빠른 기대였다. 코로나는 수차례 재유행을 반복하며 아직도 인류의 곁에 머물러 있다. 영화 산업의 회복도 여전히 완전치 않다.

모든 어둠의 뒷면에는 빛이 있다. 블록버스터급 영화는 대부분 개봉 자체가 무산되고 무덤으로 들어갔고 극장은 텅 비었다. 그러자 평소라면 관객이 없어 스포트라이트를 기대하기 어려웠던 영화들도 주목받을 기회를 얻었다. 〈기생충〉이 대표적이다. 〈기생충〉은 아카데미 시상식 작품상, 감독상, 각본상, 국제장편영화상 4개 부문에서 수상했다. 작품성 있는 작은 영화에게 코로나는 오히려 기회로 작용했다.

이듬해에도 그랬다. 〈노매드랜드〉가 작품상, 감독상, 여우주연상을 받았다. 이 영화는 페이크 다큐에 가깝다. 기존 문법의 영화와는 전혀 다르다. 원작부터 주제가 반자본주의적이다. 등장인물들도 반쯤은 배우가 아니다. 오직 대배우 프랜시스 맥도먼드의 존재만이 이 작품을 영화로 인식하게 해준다.

한국에선 캠핑카라고 부르는 RV를 타고 미국 중서부를 떠도는 사람들의 이야기다. 주인공인 50대 여성 펀(프랜시스 맥도먼드 역)은 "나는 집 home 이 없는 것이 아니라 건물 house 이 없다"라고 말한다. 이 영화 속에는 시대와 불화하는 인간이 가득하다. 자본주의의 문법은 거부의 대상이다.

"경기가 좋아! (부동산이) 대박 났어! 2008년(금융 위기)에 돈이 좀 있었으면 샀났다가 지금 팔아서 왕창 벌었을 텐데. 부동산은 결국 오르게 돼 있거든."

'부동산 사놓는 게 결국엔 좋은 일'이라는 이 말을 들은 편은 "이해가 안 된다"라고 말한다. 우리에겐 지극히 당연한 얘긴데 편은 이렇게 말한다.

"도대체 이해가 안 돼. 참 이상해. 왜 사람들에게 평생 번 돈을 다 투자하고, 빚까지 내서 고작 집을 사라고 권하지?"

배 아파서가 아니다. 상대적 박탈감에 화가 난 게 아니다. 삶을 포기해서도 아니다. 그는 그런 사람이 아니다. 오히려 건실하고 당당하고 떳떳한 것을 추구하는 사람이다. 노동하는 자세만 봐도 그렇다. 정부가 각종 수당을 지급해 도움을 주겠다고 해도 거부한다. 조기 퇴직하고 싶지 않다. 그보다는 일을 더 하고 싶다. 접시를 닦고, 아마존 창고에서 분류 노동을 하고, 유원지에서 청소 노동을 하면서 누구에게도 기대지 않고 스스로 삶을 책임진다.

편은 다만 돈의 노예가 되지 않고 싶을 뿐이다. 인간은 결국 죽고 돈도 결국 사라진다. 그런데 사람들이 이상한 것에 집착하며 살고 있다. 다른 말로 표현하자면 이렇다.

사람들은 이상한 것을 추구해. 일단 최대한 빨리 종잣돈이라는 걸 모으래. 집을 사기 위해서야. 그런데 모은 돈만으로 사서는 안 된다네. 빚을

2부 다른 호모 이코노미쿠스의 등장

반드시 내야 해. '최대한의 빚'을 내서 가능한 비싼 집을 사야 해. 가만히 두면 집값이 올라서 그렇다는군. 하… 그래서 집값이 오르면 행복해야 한대. 황당한 건 여기가 끝이 아니야. 또 더 일해야 해. 또 돈을 더 모으고, 또 더 많은 빚을 내서 또 다른 집을 사야 해. 평생 그걸 무한 반복해야 한대. 대체 왜? 누가 그런 걸 정했어?

펀은 영화 내내 헛된 것에 시간을 낭비하고 싶어 하지 않는다. 삶의 진실한 의미를 찾아 여행한다. 그렇게 스크린 밖에서 그녀를 관찰하는 우리가 스스로의 삶을 돌아보게 한다.

글로벌 유동성의 시대

우리는 명백히 펀이 선택하지 않은 세상을 살아간다. 일하고 벌어서 무언가 구매하는 세상이다. 잘 보고 잘 사야 한다. 세상에는 가격이 오르는 게 있고 안 오르는 게 있으니까. 필요한 능력은 '눈치 빠르게' 오를 만한 것을 사는 눈썰미다. 그러려고 공부한다. 무엇이 오를 만한 상품인가? 또 노동은 최소한의 종잣돈을 만들기 위해 해야 한다.

집, 주식, 이런 건 잘만 사면 오른다. 자산이라고 부른다. 하지만 다른 물건들의 전반적인 가격(물가)은 크게 오르지 않았다. 물건값이 오르지 않으니 물건을 만드는 노동자의 임금도 크게 오를 수 없다. 노동의 값은 제자리다. 일만 하면 낙오한다는 이야기는 그래서 나온다.

우리는 일하고 모으고 빌려서, 오르는 걸 사야 한다. 전반적 저물가 속에 특정 자산 가격만 오르는 세상, 이런 기사가 묘사하는 세상이다. "5년 전에는 서울 아파트를 사려면 11.8년이 걸렸다. 지금은 21년이 걸린다." 한국경제연구원이 2022년 2월에 발표한 내용이다.◆

이는 한국만의 얘기도 아니다. 그레이스 블레이클리의《금융 도둑》에 따르면, 영국의 주택가격은 1979년 이후 30년간 평균 10배가 상승했다. 소비자물가는 그 절반만 상승했다.[132] 미국의 경우에도 1996년 이후 10년간 소비자물가지수가 50포인트 오르는 동안(150 → 200) 주택 가격지수는 180포인트(190 → 370) 상승했다.[133]

우리는 왜 이런 세상을 살아가게 된 걸까?

단순히, 돈을 많이 찍었다

세상에 돈이 많다. 단순히, 많이 찍어냈기 때문이다. 이 돈이 주택 매매시장으로 흘러 들어간다. 그래서 주택 시장에 돈이 넘친다. 그리고 이 돈은 주택의 가격을 올려놓는다. 수요가 많아서 가격이 올라가는 현상이 수십 년 지속되고 있다.

돈이 많아진 이유에 대해서는 몇 가지 부연 설명이 가능하다.

첫 번째 이유는 세계화다. 세계는 더 가까워졌다. 무역은 더 많아지고 생산 자체도 급증했다. 그러니 거래에 필요한 돈, 달러를 세계가 다 가지고 있고 싶게 됐다. 세계의 수출국가가 결제 수단(무역 결제 수단)인 달러를 원한다. 금고에도 넣어두고(외환 보유 수단), 통장(금융 결제 수단)

◆ 2021년 서울 중위 아파트 가격(9억 1911만 원, 한국부동산원)과 연소득(고용노동부 사업체노동력조사, 4384만 원) 기준이다.

에도 넣어둔다. 세계화가 확대될수록 이 세계의 기준 통화인 달러를 원하는 사람이 늘어나니 미국은 그냥 찍어냈다. 가치와 무관하게 돈을 더욱더 찍어냈다. 물건을 받고 달러 찍어주고, 우방에는 지원하기도 하고. 경기와 무관하게 달러는 늘기만 했다.

두 번째 이유는 경제 위기다. 위기는 돈을 찍어야 해결이 된다. 미 연준의 그린스펀이란 사람은 그 상징이다. 1987년 미 증시가 녹아내리던 10월의 검은 월요일에도, 1998년 롱텀캐피털매니지먼트^{LTCM} 사태 때도, 2000년 IT 버블 때도. 무슨 일이 생기면 각국의 중앙은행은 결국 돈을 풀었다. 2008년 금융 위기나 2020년 코로나 위기는 최신 버전의 이야기일 뿐이다. 그러면 시장에는 너무 많은 돈이 풀리고 이 돈은 살 길을 찾아 또 오를 만한 자산 시장을 찾아간다. 앞서 언급한 투자의 구루 레이 달리오는 그래서 이런 조언을 한다.

"중앙은행이 통화와 신용을 많이 창출하고 통화를 더 저렴하게 만들 땐 더 공격적으로 자산을 소유하는 게 현명한 대처다."

하지만 가장 큰 이유는 금융 산업의 팽창이다. 이걸 위해 규제 사각 지대를 활용해 돈을 뻥튀기할 방법(칸막이 제거, 건전성 규제 회피, 증권화, 파생상품 개발, 그림자 금융 발달)을 수없이 개발했다. 어렵고 복잡한 얘기지만 목적은 딱 하나, 한없이 단순하다. '일단 빌려줘라, 그리고 더 많이 빌려줘라.'

증권화도, 파생상품도, 그림자금융도 일단은 먼저 누군가 돈을 빌려가야 성립하는 수익 창출법이다. 처음엔 기업이, 기업 대출이 한계에 다다르자 개인이 대출 대상이 된다. 2008년 글로벌 금융 위기는 금융

이 돈에 혈안이 돼 개인 대출을 과도하게 내준 결과다.

실물을 도와야 할 금융이 실물 성장과 무관하게 자기 증식에 몰두해 실제 경제를 잠식하는 상황, 비판적인 사람들은 경제의 '금융화'라고 부른다. 이 금융화를 상징하는 블랙코미디 한 장면이 2008년 금융 위기를 다룬 영화 〈빅쇼트〉에 나온다. 해지펀드 회사를 운영하는 마크 바움이 여러 주택 대출을 받은 스트리퍼와 이런 대화를 나눈다.

마크: 대출이 여러 개예요?

스트리퍼: 모두가 그래요. 현금은 5%만 있으면 돼요.

마크: 지금 집값 정체잖아요. 지금처럼 안 오르면 우대금리 끝나고
정해진 이자를 다 내야 해요.

스트리퍼: 언제든지 갈아탈 수 있다고 했어요.

마크: 틀렸어요.

스트리퍼: 진짜요? 내 집 전부 다 그렇게 돼요?

마크: 집이 여러 채예요?

스트리퍼: 집 다섯 채에 콘도가 있어요. 은행 대출 담당은 이렇게
말해요. "우리는 온갖 대출을 해줘요."

마크: 직업이 없으면요?

스트리퍼: 그래도 대출을 해줘요.

마크: 자산이 없으면요?

스트리퍼: 그래도 대출을 해줘요.

마크: 소득이 없어도요?

스트리퍼: 간신히 연명만이라도 할 수 있으면 대출을 해줘요.

분배는 불평등해졌다

국제구호개발기구 옥스팜은 2016년 세계 최상위 부자 61명이 전체 인구의 절반인 가난한 사람들과 같은 규모의 재산을 보유하고 있다고 했다. 2017년에는 이 숫자가 43명, 2018년에는 26명으로 줄었다.[134] 옥스팜은 코로나 이후 펴낸 보고서에서 "세계 최상위 부자 10명이 99%의 소득이 떨어지던 코로나 팬데믹 기간에 부를 두 배로 불렸다"라고 업데이트했다.[135]

부가 최상위 계층에 이렇게 편중되는 이유는 기술 혁신 때문이다. 기술이 하는 일을 보라. 미국의 소매 판매 채널은 아마존이 거의 다 집어삼켰다. 빅데이터와 인공지능이 무기다. 비효율적 인간 노동은 로봇으로 대체한다. 인간 몫은 영화 속 당신처럼 운전, 배달, 분류, 포장 작업뿐이다. 즉 저숙련 저임금 일자리다(지금은 그마저도 나쁘지 않은 일자리라고 말한다).

그래서 이젠 경제가 성장해도 일자리는 준다. 첨단 기업일수록 일자리는 더 적다. 예를 들어볼까?

생활용품을 파는 다국적 소매기업 유니레버는 54개 나라에서 14만 9천 명을 고용한다. 시가총액이 그 두 배인 인텔은 12만 명을 고용하는데, 시총이 여섯 배가 넘는 페이스북(메타)은 고작 7만 2천 명, 지구 최대의 기업 애플은 15만 4천 명을 고용한다.

유니레버보다 가치는 28배 크고 지금도 이 차이는 계속 벌어지지만,

고용의 관점에서는 똑같다. 애플, 페이스북 같은 빅테크가 아무리 커져봐야 일자리는 줄어든다. (주식) 시장에서 돋보이기 위해, 기업은 점점 더 이윤에 치중한다. 고용 비용은 줄이고, 사내에 돈을 쌓고, 자사주를 사야 좋은 기업인 시대니까.

세계화로 인해 그나마 남는 일자리도 해외로 돌리고, 노동자 교섭력은 더 약해진다. 1977년 미국의 소득 상위 1%는 전체 소득의 10% 남짓을 차지했는데 2014년에는 20%로 올랐다. 같은 기간 하위 50% 소득은

| 그림 9-1 | **기술은 일자리를 줄인다**

Unilever	유니레버
1000억 $	14.9만
시가총액(달러)	고용(명)

| intel | 인텔 |
| 2000억 $ | 12만 |

| Meta | 메타(페이스북) |
| 6300억 $ | 7.2만 |

| 애플 |
| 2조 8600억 $ | 15.4만 |

20%에서 12.5%로 내려갔다(샤피로, 2017).

　1973년에서 1995년 사이에 1인당 실질 국내총생산은 39%가 늘어났다. 늘어난 소득 대부분은 상위 20%에 돌아갔다. 나머지 80%의 소득은 오히려 14% 줄었다. 특히 남성의 소득이 여성보다 더 하락했다(하일브로너, 1998).

　영국 런던의 소득 상위 10%는 2020년 전체 소득의 31.7%를 가져갔고, 하위 10%는 1.8%를 가져갔다. 하위 50%도 23.9%밖에 가져가지 못했다.[136]

　이 현상을 딱 하나의 거시경제 지표로 본다면 미국 '노동소득 분배율'이다. [그림 9-2]는 GDP에서 노동자에 분배된 비율인데, 그래프는 '닷컴 시대'가 시작된 2000년 이후 급격히 꺾이는 게 보인다.

| 그림 9-2 | **지난 70년간 노동 분배율 악화의 대부분이 2000년 이후에 발생**

자료: 매킨지, BLS 2019

월급은 더 급격히 줄고, 기업 이윤은 더 늘어난다고 보면 맞다. 혁신의 속도는 점점 빨라졌고, 이걸 주도한 미국 경제 전체 파이는 커졌지만, 노동자는 그 혜택을 못 누렸다. 불평등했다는 의미다.

결국, 자산 인플레이션의 시대

통화량이 팽창하면 물가가 오른다. 그게 경제학이 말하는 돈과 물건 사이의 관계다. 그런데 1990년대 이후 이 관계가 깨진다. 혁신은 있는데, 노동의 몫은 줄어서다. 경제 전반은 활력을 잃는다. 결론은 불황. 인플레는 없고, 월급도 안 오르고, 저금리가 지속됐다. 구조적 장기침체 secular stagnation 다.

그러자 금융은 금융 자체의 수익에 몰두한다. 금융의 애초 목적은 성장에 보탬이 되는 장치였지만, 구조적 장기 침체 속에 금융은 탈선한다. 금융의 수익 그 자체에 몰두한다.

빚을 내줘 사람들이 집을 사게 한다. 대출을 점점 더 많은 사람에게 내준다. 이렇게 계속 새 돈이 생겨난다. 대출을 받는 사람들 덕에 주택 수요가 늘고, 집값은 오른다. 계속 올라가니 다른 사람도 대출을 내서 집을 사려 한다. 금융은 번영하고 집값은 상승하는 이 순환이 금융이 찾아낸 생존 방법이다.

이런 세상을 눈치 빠르게 살려면 자산을 사야 한다. 빚은 최대한 내야 한다. 돈은 넘치고 내가 아니어도 누군가 여하튼 집과 주식을 계속 사고 있고, 그래서 더 오르고 있다. 지금 안 사면 나중엔 더 비싸질 뿐이다. 자산 인플레이션의 시대다.

이건 '게임의 룰'이다. 확률의 문제가 아니다. 세상이 '유동성 확대' 법칙의 지배를 받는 한은 무조건 그렇다. 이게 바로 영화 〈노매드랜드〉 속 펀이 이해 불가라고 말한 이 시대의 모습이다.

'일만 하면 낙오한다'는 게임의 룰

투기나 도박판을 다룬 영화의 끝은 늘 뻔하다. 해피엔딩이든 새드엔딩이든, 누군가는 이기지만 누군가는 진다. 제로섬이다. 잃은 자는 승복하지 않는다. 어차피 이긴 자들이 이긴 이유는 최선의 경우에도 운에 불과하고 때때로 속임수다. 결국 다들 다투는 난장판이 되고 파국으로 치닫는다.

'노동보다 자산 취득이 중요하다'는 가르침은 어떤 의미에서 그런 제로섬 게임을 떠올리게 한다. 노동은 신성한 의무 아니던가. 노동보다 윤리적인 돈벌이의 수단이 있던가. 그런데 노동보다 집을 사고 부동산을 사는 게 중요하다니. 직업윤리의 의미를 크게 퇴색시키는 것이다.

게다가 이 제로섬 게임에서 진 사람들은 결과에 깨끗이 승복하지도 않는다. 오히려 적극적으로 자산 인플레의 대열에 참가하지 못한 사람들의 분노는 상상 초월이다. 왜 집값이 이렇게 오르냐며 분노한다. 한국에선 부동산 가격 상승에 따른 사회적 분노가 정권까지 바꾸었다. 부연할 필요가 있을까. '일만 하면 낙오한다'는 문장 자체가 도저히 승복할 수 없는 냄새를 풍긴다.

미국도 다르지 않다. 미국에서 주목할 만한 현상은 '전통적 제조업 일자리'에 종사하던 이른바 '블루컬러 백인 노동자' 계층의 보수화다. '블루컬러 보수주의'라고도 불리는 미국적 변종이다. 역사학자 티머시 롬바르도는 필라델피아의 경찰 출신 정치인 프랭크 리조에게서 그 한 기원을 본다.[137] 1960년대와 1970년대, 도시의 높은 실업률로 인한 경제적 불안, 인종 질서에 대한 도전 등이 복합적으로 작용해 백인 블루 칼라 노동자와 중산층이 민주당과 진보주의를 떠나 '포퓰리스트 보수주의' 정치인을 지지하고, 레이건을 지지하고, 마침내 트럼프를 지지하게 됐다는 것이다.

노벨 경제학상을 수상한 앵거스 디턴은 《절망의 죽음과 자본주의의 미래》에서 이런 상황을 잉태한 비극적 변화를 보여준다. 디턴은 1999년부터 2017년 사이 중년(45~54세) 백인의 사망률이 높아졌다는 사실을 제시한다. 산업화 이후 선진 문명 세계에서 전쟁 기간을 제외하고 사망률이 높아지는 일은 없었다. 그런데 미국에서 그런 일이 벌어졌다.

살펴보니 자살, 술, 마약중독이 주요 원인이었다. 저학력 백인은 미국 내 블루컬러 제조업 기반이 사라져감에 따라, 점점 더 질 낮은 일자리로 내몰린다. 일을 해도 상황은 개선되지 않고, 사회생활과 일상은 파괴된다. 세상은 진보한다는데 이 평범하고 성실한 사람들은 불행해진다.

진보의 파도에 올라탄 사람들은 교육에 투자하라고 훈계하지만, 그것은 벌어진 간극을 메우지는 못한다. 실직한 근로자 상당수는 전성기를 한참 지난 사람들이기도 하다.[138] 점점 구직을 포기하는 인구가 증가하고, 이들은 우울감과 절망 속에서 펜타닐 등 신종 마약 성분 진통제(오피오이드)에 의지한다. 구조적 불평등이다. 불평등이 '절망의 죽음'을 낳았다. '유동성의 확대'라는 게임의 룰이 '인류의 퇴보'로 이어졌다.

그러자 다들 문제를 인식하기 시작했다. 자유무역과 자본이동의 자유, 성장을 신봉하던 IMF조차 반성한다. 단일한 종류의 정책들이 적절하지 않고, 각국의 상황에 맞는 개혁이 이뤄져야 한다는 사실을 경제학자들도 받아들이기 시작했다.[139] 자본의 무분별한 이동이 금융 위기로 이어질 수 있다.

불평등을 바라보는 시각도 바뀌었다. 출발선의 평등뿐만 아니라, 불평등을 완화하는 재분배 정책을 적극적으로 써야 한다. 불평등을 확대하지 않는 성장 정책이 좋은 정책이다. 이른바 포용적 성장론이다. OECD 역시 '우리는 공동 운명체이며 불평등 완화는 모두에게 유익하다'는 입장으로 선회했다. 모두가 불평등의 무서운 결과를 응시하는 시대가 됐다.[140]

자본주의의 궤도 이탈, 정치를 침식한다

하지만 해법은 아직이다. 만약 경제 내재적 동학으로는 개선할 수 없는 문제라면 정치의 역할이 필요할 테다. 하지만 정치는 아직 답을 찾지 못했다.

답을 못 낸 대가일까? 정치는 오히려 이 자원 배분상의 모순에 의해 침식당하고, 왜곡되고 있다. 포퓰리즘이나 정파주의, 타자 혐오, 불신의 악순환이라는 형태로. 트럼프 시대의 탄생은 침식의 한 예다. 무역 상대는 '미국을 벗겨 먹는 자'들이고, 동맹은 '집세 안내는 세입자'[141] 라는 트럼프에 '러스트 벨트'의 백인 블루컬러 노동자들은 열광했다. 반동적인 정치 현상은 불평등에 대한 적대감의 한 표출이다. 선거 결과도 받아들일 수 없다. 모든 규칙이 부정된다. 트럼프가 2020년 대선에서 패배하자 열혈 지지자들은 2021년 1월, 총을 들고 민주주의의 전당인 의회 Capitol 을 점거했다.

언론은 상황을 악화시킨다. 가치를 전도시키고 탈출구 없는 분노를 자극하는 방식이다. 좌우 따질 것은 없다. 원인과 결과를 면밀히 따지기보다는 진영의 이익에 부합하느냐 하지 않느냐를 판단의 기준으로 삼는다.

혁신 기술도 세상을 갈라놓는다. 유튜브가 대표적이다. '관심 있을 것으로 추정되는 영상'만 보게 하는 알고리즘이 합의의 영역, 공동선의 가치를 잠식한다. 가치보다는 진영이 판단 기준이 된다. 역설적 선택이 잇따른다. 불평등에 분노하는 사람들이 불평등을 완화하는 의료보장 확대에 반대한다. 인플레이션에 화가 난 사람들이 서민물가를 낮추는 자유무역에 반대한다. 사라진 계층이동 가능성에 화 난 사람들이 이민에 반대하고, 중국을 증오한다. 만남과 화해보다 '무조건적 적대'가 쉬워지는 시대다.

디턴은 이 백인 저학력, 저소득 노동자들이 그렇게 트럼프를 선택하는 상황을 이해할 수는 있지만, "트럼프는 상황을 더 나아지게 만들기는커녕, 오히려 더 악화시킬 좌절과 분노의 제스처에 불과하다"[142]라고 했다.

영국 브렉시트도 또 다른 '트럼프주의'다. 영국 전역의 유권자들은 국민투표를 통해 경제 성장의 혜택이 런던의 금융가에 집중되고, 자신을 배제하는 상황에 대한 불만을 나타냈다. 그 결론인 브렉시트가 자기 파괴적인 점도 똑같은 비극이다. 민주주의의 본고장인 유럽의 다른 국가들도 극우주의의 파고 앞에 놓여 있다. 불신과 분열, 혐오가 민주주의를 침식한다는 측면에서는 이 극우 정당 역시 뿌리는 다르지 않다.

콜린 칼과 토마스 라이트의 《애프터쇼크》에서는 코로나 전후 세계 정치의 특징으로 이 포퓰리즘의 득세를 꼽는다. 미국과 브라질, 인도와 헝가리, 멕시코, 필리핀, 폴란드, 튀르키예, 영국의 공통점이 (정도의 차이는 있지만) 바로 이 포퓰리스트 국가주의의 득세다.

이 책이 제시하는 원인은 네 가지다. 우선은 문화적 반발이다. 이민이나 다문화주의, 동성결혼 같은 진보 가치의 확산에 대한 문화적 반발을 의미한다.

경제적 측면도 있다. 프랜시스 후쿠야마를 인용해 "불평등과 경기 침체 때문에 선진국 노동자와 중산층이 큰 피해를 입는다"라고 분석한다. 소득 감소 등으로 수치심을 가지게 된 이 중산층을 포퓰리스트 정치 지도자가 이용한다.[143]

다음은 대안 미디어다. 전통적 언론과 정당을 밀어내고 같은 생각을 가진 일반인들이 소셜미디어를 통해 모인 뒤, 직접 정치 영역에 뛰어들었다. 푸틴은 서구 민주주의 국가에 열린 이 공간을 노골적으로 이용했다. 브렉시트는 이 영향 아래 있는 대표적 정치운동이다.

마지막은 트럼프의 대선 승리다. 기성 제도와 주류 언론을 부정하고, 미국의 우방에 맞서고, 워싱턴의 이른바 '딥 스테이트'와 싸우는 미국 대통령이 탄생했다. 과학과 정부에 대한 신뢰가 어느 때보다 필요한 코로나 확산 시기에 미국이 우왕좌왕한 가장 큰 이유가 여기에 있다.[144]

정의론의 대가 마이클 샌델은 능력주의 meritocracy가 원인이라고 주장한다. 그는 '능력 있는 사람이 대접받는 것은 당연하다'는 인식이 문제라고 지적한다. 대부분의 사람들의 임금이 오르지 않고, 극소수 상위층 소득만 늘고 그들이 가진 주식과 부동산 같은 자산 가격만 오르는데, 그게 당연하다고 말하면 판 자체가 깨진다. 소외된 사람들은 게임의 룰에 동의하지 않는다.

특권층의 변주와 공정하다는 착각

샌델은 트럼프와 브렉시트, 그리고 다른 나라들의 포퓰리스트 정당들에 표를 던진 많은 노동계급 사람들의 공통점이 있다고 말한다. 그들은 더 이상 사회적 계층이동에 대한 약속을 믿지 않는다. 세계화를 환영하면서 그 이익 대부분을 챙기는 사람도 믿지 않는다. 노동자들을 외국 노동자들과의 경쟁에 내몬 장본인들일 뿐이다. 엘리트, 전문가도 분노의 대상이다. 엘리트는 동료 시민보다는 세계 각지의 엘리트들과 더 가깝다.[145] 능력주의는 불평등을 정당화한다. 지식을 가지지 못한 노동자를 모욕한다.

　그 결과 정치 지형이 바뀌고 있다. 고학력자들은 중도좌파 정당에 투표하고, 저학력자들은 우파 정당에 투표한다. 샌델은 프랑스의 경제학자 피케티를 인용해 이런 현상이 미국, 영국, 프랑스에서 놀랄 만큼 비슷하게 나타나고 있다고 말한다. 전통적으로 사회당과 공산당, 좌파 정당은 세상에 만족하지 못하는 사람들의 정당이었다. 고학력자들은 우파 정당을 지지했다. 계급의 정치가 상식이었다. 이 공식이 뒤바뀌었다. 계급의 불만은 이제 사회 파괴의 동력이 된다. 샌델은 능력주의가 상황을 완전히 바꿨다고 했다.

　구해근 하와이대 사회학과 명예교수는 《특권 중산층》에서 한국에서 불평등과 그에 따른 불만이 어떻게 펼쳐지는지 살핀다. 그는 1997년 IMF 외환 위기 이후 30여 년 동안, 일반 중간계층 위에 다른 집단과 구별되는 새로운 부유 엘리트층이 형성되었다고 본다. 소득과 자산순위 상위 10% 정도에 해당하는 신상류 중산층 또는 특권 중산층이 생겨났다. 수출하는 대기업의 정규직, 금융계, 일부 온라인 테크 기업 등 종사자가 그 10%의 정체다. 이 특권 중산층에 속한다면 상위 10%의 길이 열린다. 아니라면 상위 10%와의 간극은 점점 벌어질 것이다.[146]

　그렇게 간극이 벌어지니 한국의 환경도 포퓰리즘의 중력에서 자유롭지 않다. SNS 공간은 어느 나라보다 발달해 있다. 돈이 넘쳐나지만, 그 분포는 불평등하다. 좋은 직장은 부족하고 경쟁은 극도로 치열하다. 설사 좋은 직장을 가져도 월급만으론 부족하다. 일만 하면 곤란하다. 집을 가져야 하는 게임인데 '가격이 물가보다 더 많이 오르는 집'을 모두가 가질 수는 없다.

　20대의 보수화 역시 특수한 문제가 아니다. 장기 미취업자가 늘고 있다. 이 젊은 구직자들의 성별 격차는 점점 커지고 있다. 그래서 이른바 '이남자'라고 부르는 20대 남성 계층의 보수화는 사회 구조적 현상이다. 고도 성장기를 지나면서 과거와는 전혀 다른 사회 경제적 하부구조가 만들어졌고, 이들은 더 이상 부모보다 더 풍요로운 세대가 될 수 없게 됐다. 인식 체계는 이전 세대와 완전히 달라졌다.[147] 한국에서도 불만을 숙주로 또 다른 포퓰리즘이 자라날 환경이 조성되고 있다.

코로나는 게임 체인저일까?

　지금까지 한 소리를 헛소리가 되게 만들 방법이 셋 있다. 하나는 인플레이션이다. 자산 가격만 오르는 게 아니고 모든 물건의 가격이 동일하게 오르면 된다. 장기적으로 지속하는 인플레가 인류를 찾아오고, 그래서 중앙은행이 물가를 잡으려고 장기적으로 금리를 올리는 시대가 되면 된다.

　그럼 지금까지 얘기한 '디스토피아'는 완전히 사라진다. 주택담보대출 금리가 5%, 6%인데 집값이 장기 우상향할 수는 없다. 저금리 없이 유동성의 시대는 없다. 지금까지 돈이 스스로 찾은 생존방식(금융화, 자산 인플레이션)은 사형선고를 받는다.

　코로나 이후 그런 세상이 오고 있지 않느냐고 생각할지도 모른다.

인플레이션이 정말 왔고, 중앙은행이 금리를 올리고 있다. 그러나 중요한 건 장기 추세다. 장기적으로 고물가와 고금리의 시대가 지속될 것인가. 거기에 대해선 말하기 쉽지 않다. 빠르고 크게 금리를 올린 미국의 연준조차 장기 금리 수준을 2.5%로 보고 있다, 그래서 고물가의 장기화에는 회의적이라는 의견도 조심스레 밝힌 바 있다.

두 번째 방법은 세계화를 완전히 멈춰 세우는 것이다. 중국이나 인도로 떠나보낸 중간소득 제조업 공장을 다시 선진국의 땅에 불러 모을 수 있으면 된다. 제조업 일자리가 늘어나고, 그래서 저학력 노동자도 충분한 소득을 통해 상대적 빈곤을 겪지 않는다면, 그리고 충분한 의료 혜택을 받으며 건강한 삶을 살 수 있다면 문제가 사라진다.

문제는 추세다. 1979년에서 2016년까지 미국 제조업 일자리의 수가 1950만~1200만 개까지 줄었다고 했다.[148] 줄이고 싶어서 줄인 것이 아니다. 경쟁력이 쇠퇴해 사라진 것이다. 그 정도로 미국은 고비용 저효율 사회다. 의지만으로 갑자기 다시 제조업 강국으로 거듭날 수는 없다.

마지막으로는 기술과 사회의 혁신이 더 많은 사람과 이익을 나누는 경제 시스템이 자리 잡으면 된다. 혁신이 주식이라는 자산을 소유한 '주주'들에게만 이익이 되는 시대, 제조업 일자리는 사라지고 저숙련 배달, 운전, 단순포장 일자리만 느는 이 역사적 변화를 되돌릴 수 있다면 말이다.

아니면 어떤 방법이 됐든, 이 자본주의를 되돌릴 방법이 없을까. 마치 영화의 끝이 시작과 붙어 있는 〈테넷〉처럼, 불로소득의 시대 뒤에 일하는 사람들의 가치가 존중받던 과거가 다시 오게 할 수는 없을까.

안타깝게도 아직은 그럴 수 있다고 말하는 사람은 별로 없다. 자본주의 전개 방향이 다시 과거의 모습으로 회귀하리라고 예측하는 사람은 보이지 않는다. 평범한 상식을 가진 사람들이 '유목민'의 삶 대신 평범하게 행복한 삶을 살아갈 수 있게 해줄 자본주의가 돌아올 것이라 믿는 사람은 없다.

대신 너무 높은 곳은 쳐다보지 않으며, 주어진 이 유동성의 시대의 물결에 몸을 맡긴다. 불안과 우려 속에 예민하게 사는 수밖에 없다고 생각한다. 누군가 "잘살려면 일하는 것 자체보다는, 일과 무관하게 돈이 돈을 벌 방법을 예의주시해야 한다"라고 말하면 귀를 기울일 수밖에 없다. 그것이 '불로소득의 시대'를 뒤처지지 않으며 살아내는 방법이니까.

10

인구의 소멸,
성장의 끝

미·중 경제 역전의 날은 올까?

코로나 첫해인 2020년이 마무리될 즈음, 일본의 노무라 증권은 "운명의 날이 4년 당겨졌다"라고 예측했다. 보통 2030년 즈음으로 예상하던 중국의 미국 GDP 역전 시점이 2026년으로 당겨졌다는 얘기였다. 코로나로 미국의 성장은 심각하게 후퇴했는데, 중국은 '아무 일 없다'는 듯 플러스(+) 성장했기 때문이다. 노무라의 예측은 신뢰할 만한 기관의 분석 가운데 미·중의 역전 시점을 가장 빠르게 당긴 편에 속한다. 중국이 팬데믹이 몰고 온 경제적 파장을 더 효과적으로 극복한 덕분에 교차점에 도달하는 시기가 예상보다 앞당겨진 셈이다.[149]

최근에는 분위기가 달라졌다. 크게 두 가지 이유 때문이다. 하나는 중국의 경제 상황이다. 2022년 부각한 '제로 코로나' 리스크와 '부동산 부실'로 인해 중국의 성장 추세가 예상보다 느려진다. 다른 하나는 달러 강세다. 달러가 강하면 위안이 약하다. 미국의 나 홀로 금리 인상으로 달러 강세가 계속되면 '달러로 매긴 중국의 GDP'는 자연히 더 적게 측정될 수밖에 없다.

제로 코로나로 인해 수출이 둔화하고 있다. 2022년 4월 상하이 봉쇄 당시에 월간 증가율이 전년 동기 대비 3.9% 늘어나는 데 그쳤다. 제로 코로나가 이어지자 중국으로 향하던 세계의 주문도 동남아시아로 변하고 있다. 중국 정부는 2022년 5.5% 성장을 목표로 했지만 4%대 이하에 그칠 것이라는 전망이 쏟아졌다.

그러자 《옥스퍼드 이코노믹스》는 중국의 성장 속도가 2020년대에 4.5% 수준을 기록하고 2030년대에는 3%대에 머물면서 '운명의 날'은 2033년으로 늦춰질 것이라고 예측했다. 부동산 침체가 향후 수년간 성장에 큰 악영향을 미칠 수 있고, 중국의 전반적인 부채 수준이 높아지면서 지금 수준의 높은 투자를 지속하기 어려워질 거라고 했다.[150]

상황은 미·중 경쟁과도 미묘하게 맞물린다. 향후 주요 분야에서 중국 없는 글로벌 밸류체인GVC을 구성하려는 미국의 계획이 지속되고 있다. 특정 산업에서는 실제로 중국은 영미권 시장에 진출하기 어려워질 것이다. 이는 얼마가 되었건 중국의 성장 속도를 낮출 것이다.

양국의 생산성 변화와 수출입 실적, 전염병 대응 정책과 부동산 부실 변수까지 변수는 수도 없이 많다. 그 모든 변수가 중국에 유리해도 환율이 결정적으로 미국에 유리하게 작용하면 상황은 바뀐다. 미국의 중국 고립 정책이 어떤 효과를 낼지도 변수다. 이렇게 불확실성은 끝이 없고, 따라서 미·중 경제가 역전되는 그 운명의 날이 언제일지는 여전히 안개 속이다.

다만 이 수많은 불확실성 속에서도 비교적 확실한 요소가 하나 있다. 인구 구조의 변화가 경제에 미치는 영향이다. 이 영향이 결정적으로 미국에 유리하다.

인구가 중국의 발목을 잡는다

《월스트리트저널》은 이미 2년 전인 2021년 '중국의 미국 역전이 보이는 것처럼 쉽지는 않을 것'이라고 예견했다. 이 예견에는 복잡한 분석이나 그래프가 필요하지 않았다. 단 하나면 충분했다. 바로 20세에서 65세 사이 인구 증가율의 추이 그래프다.

1970~2000년대 중국의 가파른 성장률은 중국 생산가능 인구의 가파른 증가 속도와 같이 간다. 미국의 생산가능 인구 증가율은 절반 이하였다.

변화는 2000년대 이후 찾아온다. 중국의 생산가능인구 증가율이 급격히 감소한다. 2020년 현재는 미·중의 증가율이 교차하고 있다. 고공행진을 거듭하던 중국의 생산가능인구 증가율은 2018년에서 19년을 기점으로 미국보다 낮아지기 시작한 것이다. 출산율 감소 때문이다.

문제는 향후 추세다. 앞으로 무려 70~80년간 인구 구조는 계속 미국

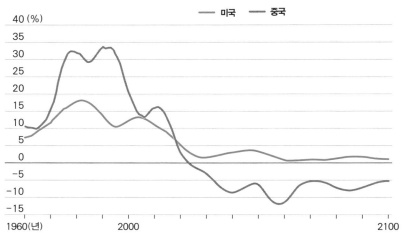

| 그림 10-1 | **인구가 미국의 승리를 점치게 한다**

20~65세 인구 전망 증가율(10년 이동 평균)

자료: 《월스트리트저널》

에 유리하다. 2100년까지 미국의 생산가능 인구는 낮기는 하지만 플러스(+) 성장을 한다.

반면 중국은 급격히 꺾여 2023년 이후 마이너스(-)로 전환한다. 수십 년간 회복하지 못한다. 중국 생산가능 인구 감소, 특히 젊은 노동력의 감소가 가파르기 때문이다.

이 때문에 《월스트리트저널》은 "어느 날 갑자기 중국의 출산율이 호전되더라도 상황은 바뀌지 않는다"라며 "지금 추세만으로도 20~65세 노동가능인구 집단 규모는 2030년대 후반이 되면 10% 정도 줄어들 것"이라고 예상했다. (사실 예상이 아니다. 예를 들어 2039년 20세인 인구집단은 이미 2019년에 태어났다. 즉 2039년의 해당 인구집단 규모는 이미 정해져 있다.)

또 UN을 인용해서 "2035년에서 2040년 사이에 중국의 근로 연령 인구 대비 65세 이상 인구 비율이 미국을 넘어설 것"이라고 했다.

《월스트리트저널》이 중국의 성장이 지속되기 어렵다고 보는 이유는 여기에 있다. 성장을 결정하는 노동(L), 자본(K), 총요소생산성^{TFP} 가운데 노동이 줄어들고 있고, 자본의 기여는 자본이 축적될수록 점점 더 낮아지기만 한다. 따라서 중국이 성장을 유지하려면 '이민자'를 유치하거나, '노동 참여인구'를 극적으로 증가시켜야 한다(그러나 이것은 가능하지 않다). 그렇다면 결국 '생산성'을 높여야 하는데, 이미 추세적으로 낮아지고 있다.

인구는 그만큼 중요하다. 경제에 '양면'으로 중요하다. 생산의 측면에서 인구는 노동력이다. 생산이 지속적으로 증가하려면 젊은 노동력이 지속적으로 공급되어야 한다. 생산물을 소비해줄 존재도 반드시 있어야 한다. 한국은 수출에 의존할 수 있지만 중국 규모의 거대 경제는 내수 없이는 지탱 불가능하다. 이미 내수 중심 경제로 돌아선 중국 안에서 막대한 생산물을 소비해줄 충분한 '소비인구'가 중요하다. 생산과 소비, 양면에서 인구가 곧 중국의 발목을 잡는다는 얘기다.

역전 자체는 가능, 그러나 결국 재역전

"중국이 미국을 역전한다는 사실이 중요한 게 아니다. 역전 자체는 하긴 할 텐데, 얼마 지나지 않아 미국이 재역전할 테니까."

대외경제정책연구원 연원호 박사는 우선 코로나19로 인해 중국의 미국 역전 시점(GDP 기준) 자체는 더 빨라졌다고 분석한다. 2033년이면 미·중의 GDP가 교차한다. (이는 중국이 첨단기술 분야에서 포괄적 혁신으로 '최선의 생산성 향상'을 이룬단 점을 전제로 한다. 최근엔 2030년 전으로 더 빠르게 보는 분석도 많다.)

하지만 이야기는 여기서 끝이 아니다. 인구 때문이다. 연 박사는 2060년이면 미국이 중국을 다시 추월할 수 있다고 했다. 또 일본 닛케이 신문 산하 일본경제연구센터는 '폐쇄적인 중국의 제도'가 결국 발목

| 그림 10-2 | **중국의 쌍순환 전략과 한중 협력 보고서(연원호)**

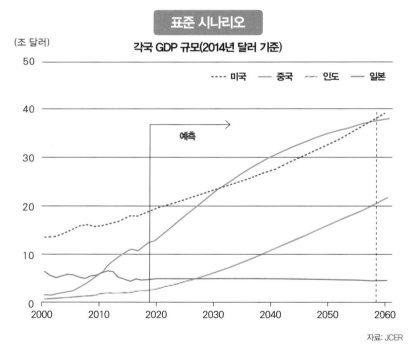

자료: JCER

을 잡을 것이라는 점도 든다.

이 시나리오는 연원호 박사가 제시한 세 시나리오 가운데 '중국에게 가장 유리한 시나리오'다. 중국이 첨단기술 분야에서 포괄적 혁신을 하긴 하는데, 그게 미국 수준의 최선의 혁신이 아닌 중간 정도 수준일 경우에는 역전 시점이 2040년으로 늦춰지고, 재역전은 더 빨라진다.

중국에게 가장 불리한 세 번째 시나리오(중국이 노동과 금융, 부동산 부문에 현재 산적한 개혁과제를 겨우 관리해내는 수준, 혹은 이마저도 실패하는 최악의 시나리오)에서는 미·중 경제 역전은 없다. 2035년 즈음 미국 GDP 대비 89% 수준까지 추격하는 게 다이고, 그 뒤에 격차가 다시 벌어진다.

어떤 시나리오든 '마지막에 웃는 건 미국'이라는 시나리오가 가능하다. 이게 다 인구 때문이다.

성장의 종말은 언제나 인구 때문

미국의 경제학자 디트리히 볼래스는《성장의 종말》에서 미국의 경제 성장률을 장기 추적한다. 20세기 미국의 성장률은 1950~2000년까지 50년 평균 2.25%였다. 이후 21세기에는 1.0%가 됐다. 1.25%p가 떨어졌다. 볼래스의 연구는 떨어진 1.25%p가 무엇 때문인지를 밝히는 것이 목적이다. 답은 물론 압도적으로 '인구 문제'다.

가족 크기의 축소와 인구 고령화가 0.8%p, 그러니까 감소량의 64%를 설명한다. 성장이 정점에 다다르자 출산율이 낮아지고, 고령화가 진

| 그림 10-3 | **성장의 종말**

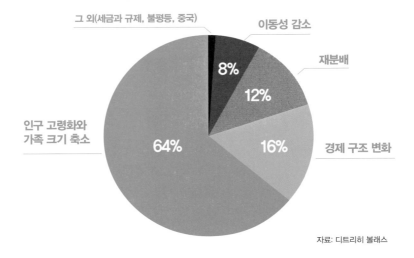

그 외(세금과 규제, 불평등, 중국)

이동성 감소

8%

재분배

12%

인구 고령화와
가족 크기 축소

64%

16%

경제 구조 변화

자료: 디트리히 볼래스

행되고, 가족 단위가 점점 작아졌다. 이 변화가 노동, 그리고 생산의 감소로 이어졌다. 3분의 2가 인구 때문이다.

그 외 상품 중심 경제가 서비스 중심으로 변화해 나가면서 0.2%p(감소량의 16%)가 줄었다. 재분배 문제가 0.15%p(감소량의 12%), 지리적 이동성의 감소가 0.1%p(감소량의 8%)다. 이 세 요소가 남은 3분의 1을 대부분 설명한다. 세금이나 규제, 불평등의 증가, 대중국 무역 등은 정치적 싸움의 요소일 뿐 실질적 영향은 미미했다. 0이거나 0에 가깝다.

이 신선한 분석은 한국을 비롯한 주요 선진국에서 왜 성장은 점점 줄어들어, 결국에는 종말에 이를 것처럼 보이는지에 대한 실증적 해석을 내놓는다.

수많은 스펙트럼에서 수만 가지 가설이 제시됐지만, 미국의 실례를 바탕으로 답을 하면 3분의 2는 인구 감소 때문이다. 나머지 이유는 그저 거들뿐이다. 인구는 이렇게 결정적이다.

인구 감소는 왜 발생하는가?

이제는 중국도 셋까지 낳으라고 한다. 산아 제한 정책을 폐기했다. 인구의 결정적 역할을 아는 것이다. 2021년 발표 기준 중국의 합계 출산율은 1.3명이다. 더 떨어지면, 미국과의 경제 경쟁은 불가능해진다.(미국은 세계에서 꿈을 찾아오는 젊은 사람들, 히스패닉의 높은 출산율에 힘입어 1.7명 수준은 된다.)

그러나 반응은 좋지 않다. '세 자녀 허용'을 골자로 하는 2022년 5월 31일 중국 공산당의 인구 정책 발표 직후 공산당 기관지《인민일보》의 웨이보 사이트에 올라온 의견 댓글 가운데 '좋아요' 수가 가장 많은 댓글 몇 개를 추려보니, 회의적 반응이 대부분이다.

"결혼 생각도 없는데 무슨 셋째."

"여성은 일도 하고 애도 봐야 하고……."

"키울 수 없어, 의료, 교육, 집."

세계 어디나 비슷하다. 이제 아이를 더 낳으려는 사람은 없다. 경제 경쟁에 이렇게 중요한 요소인데도! 대체 왜 이런 상황이 빚어지는지를 놓고 볼래스는 이런 이유를 꼽는다.

우선은 기회비용 때문이다. 임금이 상승했다. 부모의 시간은 더 비싸졌다. 일하는 대신 자녀를 낳아 양육하는 기회비용이 비싸졌다는 의미다. 돈 버느라 아이를 덜 낳는다.

특히 여성의 시간은 더 비싸졌다. 교육을 받을 기회는 평등해졌고, 능력을 펼칠 가능성은 확대되었다. 세탁기, 전기밥솥, 건조기, 로봇 청소기 등의 기술이 여성을 가사 노동으로부터 해방시켰다. 밖으로 나가 일할 수 있게 됐다. 아이를 낳고 남성에 의존해 생존했던 과거의 여성은 없다. 여성의 자기실현도 집 밖에 있게 됐다. 여성에게 아이 낳는 일의 기회비용은 더 커지게 됐다.

그러나 기회비용만으로 모든 걸 설명할 수는 없다. 기회비용에도 불구하고 사람들은 결혼을 하고 아이를 낳는다. 실제로 이철희 서울대 경제학부 교수의 연구 결과, 2016년 배우자가 있는 여성의 합계 출산율은 2.2명을 웃돌았다.[151] 연구의 결론도 결혼 자체를 안 해서 그렇지, 결혼만 하면 정부가 정책적으로 출산율을 높일 수 있다는 얘기다. 다시 말해, 현대 인류는 결혼 자체를 안 하는 방향으로 진화하고 있다.

또 다른 이유는 혼자 살기 좋은 세상이 됐기 때문이다. 사회 전반의 치안 수준이 높아졌다. 더 안전해졌다. 소득 수준이 높아짐에 따라 즐길 거리도 많아졌다. 더 안전하고 즐길 거리가 많아졌다. 그래서 방해도 구속도 없는 독신생활이 더 매력적인 생활양식이 되었다. 남녀 구분 없이 결혼 연령은 늦어졌다.

과학 발전도 역할을 했다. 피임약이 발전했고, 22세 전 출산 비율이 감소했다. 결혼연령은 더 높아졌고, 여성 노동시간은 늘 수 있었다.

볼래스에 따르면 이렇게 한 편으론 아이 낳는 기회비용 때문에, 다른 한편으로는 혼자 사는 게 꽤 즐겁기 때문에 인구의 감소는 피할 수 없는 일이 됐다.

그런데 다시 한번 살펴보자. 앞에서 열거한 요인 가운데 사회 퇴보의 징후가 있는지, 혹은 세상이 팍팍해져서라고 볼 부분이 있는지. 임금의 상승이 나쁜 일일 리 없고, 가사 노동 해방이 악몽일 리도 없다. 더 안전하고 즐길 거리 많은 삶이 불행할 리도 없고, 과학 발전 역시 그렇다.

그렇다. 우리는 더 좋은 세상에 살게 되었고, 그래서 아이를 덜 가지게 되었다. 부양해줄 자녀가 없어도 노후 걱정을 하지 않을 만큼 돈을 벌고, 자유로운 생활을 누릴 수 있어서 아이를 낳지 않는다. 동시에 과거, 출산과 양육 과정에서 당연하던 성 역할과 삶의 양식은 지나친 희생(양육 시간, 집중력의 분산 그리고 차별적 사회문화)을 의미하게 됐다. 이는 더 이상 '능력 있는 개인(특히 여성)'이 감당할 이유가 없는 삶의 양식이 되었다.

같은 맥락에서 출산율 결정 요인으로 HDI(인간개발지수)를 쓰는 사람들도 있다. HDI란 일종의 행복지수로 소득, 교육, 빈곤, 환경, 건강 등 다양한 지표를 종합해 한 국가의 종합적 인간 개발 수준을 평가한다. HDI가 높을수록 출산율이 떨어진다는 얘기다.[152]

결국 세상의 진보가 인구 감소의 원인이다. 인구 감소가 돌고 돌아 국가 경쟁력을 근본적으로 훼손한다는 점은 아이러니이지만, 이 상황은 결코 실패 때문에 벌어지는 일이 아니다.

그러니까, 충분히 진보 fully grown 한 세상에 사는 인간은 개체 늘리기에 집중하기에는 너무 바쁘다. 할 일도 즐길 거리도 너무 많다.

왜 하필 미국은 마지막까지 웃는가?

이렇게 "세상이 좋은 곳이 되어서 아이를 낳지 않는다"라고만 말하고 이야기를 마무리한다면 무책임한 사람이 될 것이다. 무언가 몹시 불편한 이야기를 감추려는 사람처럼 보일 수도 있다. 정말 세상의 발전 때문이기만 하다면, 국가별 발전도와 출산율 감소 속도는 정확히 일치해야 하는데 현실은 그렇지 않다.

중국의 출산율은 미국보다 낮아진다. 한국은 중국보다도 낮다. 발전과 출산율 사이에 단순한 반비례 관계는 성립하지 않는다. 절대 수준이 낮은 만큼이나 낮아지는 속도도 문제인데, 최근에는 중국의 속도가 가장 빠르다.

미국은 그렇지 않다. 이것은 '혁신을 선도하는 국가' 프리미엄이다. 세계의 인재들이 꿈을 좇아 미국으로 간다. 결혼 적령기의 젊은 사람이 유입된다. 여전히 미국은 '아메리칸 드림'의 나라다.

중국도 혁신 국가지만 중국의 처지는 다르다. 폐쇄적인 체제, 개인의 꿈이나 자유보다는 집단의 성취를 중시하는 억압적 체제가 작용할 것이다. 중국 디스카운트다. 앞선 장에서 언급했듯, 장기 지속하는 권위주의 체제는 '순응하는 인간'을 만든다.

한국의 디스카운트 요인은 무엇일까. 이 이야기는 글 하나를 옮겨 싣는 것으로 대신하려 한다. 지금까지 한 이야기가 세계적 흐름에 대한 것이었다면 지금부터는 한국에 대한 각론이다.

특파원 리포트: 태국의 저출산과
한국의 저출산을 비교해보니*

넓은 시야에서 인구 감소는 성공의 결과지만, 세상을 넓은 시야로만 보면 모든 게 다 당연하다. 구체적 현실은 좀 더 세밀한 시야로도 함께 봐야 한다. 다시 말해서, 한국에서는 다른 나라에서는 상상도 하지 못한 속도와 깊이로 출생률이 바닥을 향해 추락하고 있는데, 그것까지 '다 성공의 결과'라며 느긋하게 바라보고 있을 수는 없다. 극단의 값은 언제나 병리적 현상을 비추고 있다. 지금 한국이 그런 극단의 상황에 있다. 본문에는 담지 못한 이 한국의 이야기를 김원장 기자의 글로 대신한다.

■ 태국의 저출산

놀랍게도 태국의 합계 출산율은 1.09명(2021년)이다. 주변 베트남의 2.53명의 절반도 안된다. 1인당 소득이 8000달러 수준인 태국은 1인당 소득이 8만 달러 정도인 스위스만큼 아이를 낳지 않는다.

아이를 낳지 않으니 나라는 늙어간다. 태국인들을 한 줄로 세워 제일 가운데 있는 사람의 나이(중위연령)는 40.1세다. 소득 5만 달러인 싱

◆ KBS 방콕 특파원 김원장 기자가 2022년 7월에 쓴 기사다.

가포르 수준(42.2세)이다. 그러니 어느 외국 기업이 태국에 투자를 하겠는가(베트남의 중위연령은 32.5세, 라오스는 20.8세다).

이미 20%가 넘는 태국의 '노인 인구'는 곧 30%를 넘어간다. 이들 대부분은 '가난한' 노인이 된다. 태국의 노동인구 3790만 명 중에 2050만 명은 사회보장법에 따른 연금이나 적립금 사회보장보험이 단 하나도 없다(국가경제사회개발협의회/NESD).

짐작했겠지만 서민들이 저축하기 쉽지 않은 나라다. 미국인이 평균 30세에 저축을 시작하지만, 태국인은 평균 42세에 저축을 시작해 50세쯤 은퇴한다. 사실 도시 서민들에겐 삶 자체가 투쟁이다. 공교육의 질은 형편없고, 병이 들어도 병원 가기 쉽지 않다.

'생존도 힘든데 무슨 번식인가.'

하루하루가 힘든데, 엄청난 부의 격차는 눈앞에서 펼쳐진다. 도심 오염된 천변 위에는 수십만 가구의 도시 서민들이 살고, 그 지천을 벗어나 짜오프라야강으로 가면 부자들이 고급 요트를 빌려 매일 밤 파티를 연다. 부자에 대한 세율은 낮고, 서민들을 위한 복지혜택은 짜다.

자산 10억 달러(1조 3000억 원) 이상 부자가 한국보다 많다(급여가 한 달 100만 원 정도인 태국의 대졸 10년 차 직장인이 1조 원을 모으려면 8만 3000년이 걸린다). 사회 시스템은 대부분 부자나 힘이 있는 사람이 유리하도록 설계돼 있다(제비뽑기로 군대에 가는데 이상하게 부잣집 아들은 잘 안 뽑힌다).

그런데도 개혁 의지가 약하다. 착하게 살면 다음 생^生에는 더 나은 삶이 올 것이라고 믿는 이 순한 불교의 나라 청년들은 이렇게 저출산이라는 카드로 사회에 '복수 아닌 복수'를 하고 있다.

태국 노점에서 아이들을 만나는 것은 드문 일이 아니다. 태국은 동남아에서 말레이시아 다음으로 소득이 높지만, 여전히 서민들에게 의료와 교육 복지는 멀기만 하다. 여기에 지나친 빈부 격차가 더해져 출산율은 동남아 최저가 됐다. 내 삶이 나아질 것이라는 확신이 희미한 사회일수록 아이 울음소리는 듣기 어려워진다.

태국보다 소득이 훨씬 낮은 주변 캄보디아나 라오스는 여전히 출산율이 높다. 아직 산업화 초기인 이들 나라에서 자식은 노동력의 원천이다. 하지만 태국처럼 도시화와 산업화가 진행된 나라에서 자식은 내 삶을 힘들게 하는 원천이다. 이를 깨달은 젊은이들이 갑자기 애를 안 낳는다.

그 돈으로 차라리 여행을 가고 72개월 할부로 차를 구입한다. 한국과 많이 닮았다. 출산하면 돈 몇 푼 쥐어주려는 저출산 대책마저 똑같다. 무엇보다 다들 저출산이 제일 큰 사회문제라면서 근본적인 변화를 외면하는 것도 한국과 닮았다. 이제 한국 이야기다.

■ 한국의 저출산

가임 여성 1명이 2.3명을 낳아야 겨우 지금 인구가 유지된다. 고령사회 일본이 1.3명이다. 한국은 0.8명이다. 단연 비교 불가, 압도적이다.

미국 영국 등 선진국이 보통 1.3~1.8명, 우리가 경제 망해서 사람 살겠냐고 비판하던 그리스의 출산율이 1.3명이다. (이런 통계가 믿기지 않으면 네이버에서 자신이 졸업한 초등학교를 검색해보자. 지금 재학생 수가 나온다.)

왜 결혼 안 하고 애를 낳지 않는지는 우리 모두가 너무 잘 안다(다들 집에 그런 가족이 있지 않거나 당사자거나). '사는 게 빡세서 그렇다'. 그런데 정부나 정치권의 생각은 거꾸로 간다.

일하는 시간 줄이는 거 반대한다. 주 52시간제도 풀어줄 분위기다. 벨기에에서 캘리포니아주까지 선진국은 주 4일제를 하나둘 공식화하고 있지만 우리는 오히려 더 일하자는 분위기다.

임금 인상도 은근히 반대한다. 퇴임 후 로펌에서 연 4억 원 이상 자문료를 받았던 국무총리는 최저임금이 9000원에서 더 오르는 게 걱정이다. 가장 저출산을 걱정해야 하는 경제부총리는 기업에 직원들의 임금인상 자제를 요청한다(우리 근로자의 1인당 월평균 임금은 358만 원이다. 2022년 4월/고용노동부). 지금 부총리의 보고서를 작성하고 있는 고시 출신 사무관들의 급여명세서를 들고 이마트를 가보라. 월급 조금만 올리자는 말이 나오는가.

지난 2003년, 주 5일제를 도입할 때도 반대 목소리가 높았다. 이 저출산 시대에 다시 더 일하는 사회를 만들자는 구호가 고개를 든다. 우리 경제는 캐나다 호주 스페인 수준인데, 주당 노동시간은 코스타리카와 칠레, 멕시코 수준이다. 독일과 영국 프랑스인이 1년 1400시간 정도 일하는 반면 한국과 칠레, 코스타리카, 멕시코는 1900시간 정도 일한다(자료 OECD/2020년).

집값이 비싸서, 또 전셋값이 뛰어서 결혼을 안 한다. 하지만 획기적인 공공임대 공급은 없다. 그전에 나랏빚을 먼저 걱정한다.(우리보다 잘사는 나라들은 그럼 국가부채비율이 낮아서 임대아파트를 공급할까? 인구 5천만 명 이상, 소득이 3만 달러를 넘는 7개 나라 중에 한국의 GDP 대비 국가부채비율이 제일 낮다. 이들 국가 중 한국의 가계부채 비율이 가장 높다.)

지방 균형발전도 대안이다. 살기 좋은 곳을 많이 만드는 게 저출산 대책이다. 그런데 우리는 아직도 서울이 더 중요하다. 솔직히 말해 기성세대는 지금 판을 깨는 게 싫다. 젊은이들이 널널하게 사는 것도 싫다. 육아휴직 가는 것도 못마땅하고 실업수당 올려주는 것도 싫고, 집에 며느리 있는데 학교에서 무상급식 해주는 것도 싫다.

결국 진짜 저출산 대책은 우리가 더 잘사는 나라로 가는 속도를 조절해야 가능하다. 그런데 70년 동안 성장주의 깃발 들고 달려온 우리는 '성장'을 포기할 수 없다.

"조금만 더 허리띠를 졸라매고 더 잘사는 나라를 만듭시다."

그럴수록 젊은이들은 결혼도 출산도 하지 않는다. 마치 그런 사회에 보복이라도 하듯이.

■ 인생이 그런 것처럼 국가도 '속도가 아니라 방향이다'

우리는 미래의 성장을 위해서 오늘을 포기하고 살아왔다. 1년 내내 휴가 안 가고 일한 게 자랑이고, 월화수목금금금의 일상이 훈장이었다. 그렇게 만든 세계 9번째 경제대국이다. 그런데 그 경제대국의 삶의 질은 30위다(Better life index 2020/자료 OECD).

그렇게 자살률 1위 국가. 주당 노동시간 OECD 2위 국가(멕시코 빼면 1위다), 상위 10개국 중 가장 가계부채가 높은 나라를 이룩했다. 덕분에 이 나라에선 결혼도 출산도 안 하는 것이 합리적인 결정이 됐다. 그렇게 언니가 동생에게 "너라도 결혼하지 말고 편하게 살아라"라고 조언하는 나라가 됐다.

"OECD 국가 중 멕시코와 한국의 주당 노동시간이 가장 길다. 멕시코는 살인율이 가장 높고, 한국은 자살률이 가장 높다. 한 나라는 사는 게 힘들어 남을 죽이고, 또 한나라는 자신이 스스로 죽는다."

저출산만큼 경제에 해로운 것은 없다. GDP 성장률은 사실 사람 한 명이 1년간 사고 먹고 즐긴 것의 합계다. 인구 1명이 줄면 그 GDP가 고스란히 마이너스다. 출산이 줄면 노령층이 증가하고 우리는 조만간 소수의 청년이 다수의 노인을 부양해야 한다. 청년 인구가 줄면 일자리가 늘어날 것 같지만, 그 일자리를 지탱할 소비(수요)도 같이 줄어든다. 우리는 앉아서 가난해진다. (인구가 급격히 줄어든 도쿄 주변 위성도시를 가보라, 일자리가 늘어나는지.)

태국은 동남아에서 두 번째로 잘사는 나라다. 한국보다 더 화려한 호텔과 백화점이 있고, 더 멋진 골프장이 있고, 수억 원씩 하는 슈퍼카도 지천으로 널려 있다. 그렇게 0.1%를 위한 번쩍번쩍한 국가를 만들었더니 다수의 젊은이가 출산을 주저한다. 내 삶이 나아질 것이라는 확신이 희미한 사회일수록 아이 울음소리는 듣기 어려워진다. 태국 경제는 서서히 기울고 있다.

우리는 태국보다 훨씬 튼튼한 사회를 만들었다. 그런데도 젊은이들이 출산을 거부한다. '라떼는 말이야' 사고를 가진 기성세대의 시각으로는 이해할 수도 없고, 그래서 대책도 안 나온다. '저녁이 있는 삶'을 만들자고 한 게 언제인가.

더 느슨한 여유 있는 사회를 만들어야 한다. 그러려면 성장엔진의 가속페달을 더 느슨하게 밟아야 한다. 그렇지 않으면 젊은이들의 결혼 파업, 출산 파업은 계속될 것이다. 오직 성장에만 매달려 개인의 삶을 후순위로 놓은 이웃 나라 일본의 경제는 지금 안녕한가.

저출산 관련 기사에 붙은 댓글 하나. "저출산으로 망하는 게 아니라, 망할 세상이라 저출산이다." 그 망할 세상을 지금이라도 고쳐야 한다. 박경숙 서울대 사회학과 교수는 이렇게 말했다.

"저출산은 단순히 인구 차원의 문제가 아니라 우리 사회 모두가 겪고 있는 고통의 결과물이다."

11

기후 위기,
성장 집착이 부른 파국

지금 기후 이야기에 희망이 있다고 말하는 사람은 둘 중 하나다. 상황을 잘 모르거나 어느 정도 위선적이거나. 지구 온난화를 멈출 수 있을까? 비관적이다. 2021년 '기후변화당사국회의(COP26)'에서 국가별로 더 진전된 탄소중립 계획을 제출하고 확정 짓는 데 실패했다. 2022년 회의(COP27)에서는 기후 변화의 책임에 대한 배상금액 합의를 도출하는 데도 실패했다. 온난화를 1.5도 수준에서 막자는 파리 기후협약은 이미 불가능해졌다. 그마저도 국가별로 폐기되기를 반복한다. 교토의정서는 사문화된 지 오래다.

개별적 계획이나 배출 규제가 없는 것은 아니지만 지구 온난화를 멈추는 수준과는 한참 거리가 멀다. 문제는 자본주의 그 자체이기 때문이다. 노암 촘스키는 "자본주의 논리를 제약 없이 방치하면 파멸의 지름길이 된다"라고 말했다.[153] 쉼표 없는 성장을 원하는 호모 이코노미쿠스들이 지금도 이 비극을 쓰고 있다.

지구는 빠르다[154]

서울에서 뉴욕까지 직선거리는 1만 1000km 정도 된다. 비행 거리는 1만 2000km 정도다. 대한항공 KE081편을 타고 서울에서 출발해 뉴욕으로 갈 경우 13시간 정도, 돌아오는 KE082편은 15시간 정도 걸린다. 꽤 먼 거리다. 나는 기름 한 방울 안 들이고 이 거리를 대한항공보다 더 빨리 오가는 방법을 알고 있다.

그건 바로 지구 자전을 이용하는 방법이다. 우선은 뉴욕 JFK 공항에서 힘껏 점프해 지구에서 떨어진다. 그 뒤 지구 중력의 지배를 받지 않고, 뛴 자리에 그대로 멈춘다. 그러면 나는 멈춰 있고 지구만 돌 것이다. 자전 때문이다. 그리고 이 속도가 워낙 어마어마해서 가만히 있어도 축지법을 쓴 듯 멀리 간 효과가 날 것이다.

지구 자전 속도는 무려 시속 1700km(적도 기준)에 이른다. 지구를 따라 움직이지 않고, 가만히 원래 자리에 머물러 있는 것만으로도 엄청난 속력을 내는 것과 다를 바 없다. 방향만 살짝 조정하면 된다. 산술적으로 6~7시간이면 뉴욕에서 서울에 닿는다. 비행기 절반 수준이다.

농담이다. 다만 지구 자전 속도는 거짓말이 아니다. 무슨 말을 하려는지는 알아줬으면 한다. 지구는 인간이 만든 상업적 여객기보다 빠른 속도로 자전한다. 이게 다가 아니다. 사실 자전은 아무것도 아니다. 지구가 태양 주위를 공전하는 속도를 들으면 아마 깜짝 놀랄 것이다.

지구는 시속 11만 km의 속도로 태양 주위를 돈다. 시속 11만 km라니 잘 이해가 안 될지도 모르겠다. 그러니까 지구는 1초에 약 30km 속도로 나아가고 있다. 서울에서 부산까지는 14초 정도면 지나간다.

인간이 탑승할 수 있는 물체 가운데 이 정도 속도로 움직이는 물체는 아직 존재하지 않는다. 인간이 만든 그 어떤 유인 비행선보다도 지구가 더 빠르게 달린다. 그 정도로 빠르다.

갑자기 발밑이 흔들리는 것 같지는 않은가? 멀미가 나는 듯한 느낌은?

인간은 연약하다

허블 우주망원경은 인류의 집단적 성취와 희망의 물리적 표현이다.[155] 어느 정도냐면, 이 망원경이 우주의 크기와 나이를 결정했다. 태양계 밖에서 최초의 유기분자를 찾아냈다. 거의 모든 은하수가 초질량의 블랙홀을 담고 있음을 밝혀냈고, 행성들이 어떻게 태어나는지 알아냈다. 우주가 최근에 속도를 높이기 시작했음을 보여주는 먼 거리의 초신성도 목격했다.

허블의 뒤를 이은 제임스 웹 우주 망원경은 더 거대한 세상을 더 눈부시게 보여준다. 수억 광년 떨어진 우주의 은하와 성운과 가스, 그리고 별의 생성과 소멸 과정, 그리고 소행성의 충돌까지……. 제임스 웹의 눈으로 본 광대한 우주의 선명한 모습에 우리는 황홀해진다. 제임스 웹은 허블 너머의 세계로 인간을 인도할 것이다.

그러나 이렇게 수없이 많은 별과 시공간을 더 선명하게 탐색할 수 있게 됐음에도 우리는 여전히 '우리 지구처럼 생명이 거주하는 별'은 찾지 못했다. 관찰 가능한 우주 전체로 확장해 과학자들은 100억 개의 100억 배에 이르는 행성들을 두고 가능성을 타진해봤는데, 인간과 같은 생명이 존재할 수 있는 행성은 4100개 정도에 불과하다. 왜 이렇게 적을까. 멀리 떨어진 별을 탐사하기 어려워서기도 하지만, 그보다는 우리가 너무 연약해서다.[156]

우리 인간은 사실 신체적 능력의 면에서 유약하기 그지없다. 특히 적응성에 관한 한 인간은 형편없다.[157] 더위에 약하다. 물이 없으면 사막 위에서 우리 대다수는 6~7시간 내에 정신 착란을 일으켜서 졸도한 뒤 다시는 깨어나지 못한다. 추위에도 대책이 없다. 털이 없기 때문에 체온을 지키지 못한다. 세상 부러울 것 없이 뛰어난 두뇌를 가진 듯 하지만, 생존에 관한 한 인간은 이렇게 보잘것없다.

그러니 뜨겁게 달아오른 금성이나 얼어붙은 화성이 아닌 지구에 태어난 것이 인간에게는 억세게 운 좋은 일이다. 태양으로부터 적당한 거리에 있고, 또 달이라는 적당한 위성을 둔 지구라는 기막힌 행운.

연약한 인간에게 지구는 적당하다

얼마나 '적당한' 행운일까. 우선 태양이 너무 크지 않아 다행이다. 태양의 질량이 지금의 10배였다면 태양은 100억 년이란 오랜 세월 동안 타지 못했다. 질량이 크면 더 빨리 타올라 더 빨리 꺼져버리기 때문이다. 10배라면 천만년 만에 다 타서 없어졌을 것이다. 천만년은 너무 짧

다. 태양 주변에 지구가 형성되기도, 또 진화를 거쳐 우리가 태어나기
도 어려울 것이다.

지구의 태양 공전 궤도 또한 기가 막히게 적당하다. 빌 브라이슨은
지구가 지금보다 5% 정도만 태양에 더 가까이 있었다면 지구의 모든
것은 끓어서 사라졌을 것이고, 15% 멀리 있었다면 다 얼어붙었을 것이
라고 한다. 이런 '적당한 행운'은 끝이 없다. 달이 없었다면 지구는 죽어
가는 팽이처럼 비틀댔다. 달의 인력 덕분에 적당한 속도와 기울기와 안
정적인 궤도를 가지게 됐다. 이 행운은 20억 년 뒤면 사라진다. 달이 매
년 4cm씩 지구에서 멀어지고 있기 때문이다.

지구 내부가 적당히 물렁물렁한 것도 행운이다. 고체가 아닌 움직이
는 마그마와 맨틀 덕분에 지구 자기장이 형성되고, 오존층이 파괴되지
않고, 유해 자외선 등 입자가 지표에 도달하지 않는다. 안 그랬다면 화
성처럼 지구에는 생명이 존재할 수 없다. 또 만약 공룡이 없었다면, 적
당한 때에 운석의 충돌로 멸종하지 않았다면, 지구 판이 움직이지 않는
다면……. 인간은 이 모든 적당한 거리와 우연과 행운 덕에 지금 이 땅
에서 살아갈 수 있다.

인간은 지구를 파괴해 자멸하고 있다

문제는 연약한 우리의 활동이 이 적당한 지구를 더 이상 적당하지
않은 공간으로 만들어가고 있다는 점이다.

조너선 사프란 포어라는 작가가 있다. 《엄청나게 시끄럽고 믿을 수 없을 만큼 가까운》이라는, 문학의 미래를 예감하게 만드는 놀라운 작품을 써 문학 신동이라는 찬사까지 받았다. 이 작가가 요즘 소설보다는 논픽션을 쓴다. 기후 위기 때문이다. 《우리가 날씨다》는 그중 하나인데, 여기서 포어는 우리가 할 수 있는 가장 중요한 수칙 네 가지를 제시한다. 전기차, 재활용, 에너지 절약 같은 게 아니다. 한번 살펴보시라. 1번이 가장 중요하고 4번이 넷 중엔 덜 중요하다.

① 채식 위주로 먹기(저녁 한 끼를 제외하면 채식을 하라)
② 비행기 여행 피하기
③ 차 없이 살기
④ 아이 적게 낳기

과학적 근거는 탄소발자국이다. 위 네 가지가 일반인의 생활에서 탄소발자국이 가장 큰 활동들이다. 일단 책 읽기를 잠시 멈추고 눈을 감자. 네 가지 권고를 떠올려보자. 무슨 의미 같은가?

인간이기를 포기하라는 뜻이다. 과장해서 말했지만 의미는 그렇다. 식습관의 즐거움을 포기하라. 지구에 존재하는 인간이 너무 많아서 인간이 인간의 종래 식습관을 유지하면 탄소배출을 줄일 수 없다. 하루 두 끼는 채식만 하고, 한 끼만 육식을 하라. 여행의 즐거움을 포기하라.

여행은 삶을 풍요롭게 하고, 일상에서 느끼지 못하던 영감을 준다. 그러나 항공 여행의 탄소발자국은 너무 크다. 차 없이 살라. 멀리 출퇴

근 하는 직장을 가지지 말라. 물론 국내 여행도 하지 말라. 그리고 아이도 낳지 말라. 인간의 번식 자체가 탄소배출을 극심하게 만드니 개체수를 감소시켜야 한다.

너무하지 않나 싶을지 모르겠는데, 상황 자체가 실제로 극단적이다. 특히 우리의 식습관이 문제다. 다음은 음식 1인분의 이산화탄소 양을 킬로그램으로 계산한 수치다.[158]

소고기: 3   돼지고기: 0.78   가금류: 0.57

우유: 0.32   쌀: 0.07   감자: 0.01

모든 음식은 이산화탄소의 양으로 번역될 수 있다. 문제는 인류 가운데 가장 잘사는 10%에 의해 이뤄지는 엄청난 식량과 연료 소비로(당연히 대한민국도 포함된다) 나머지 90%의 삶에 필요한 기본적인 것들을 만들어내는 지구의 능력이 위협받고 있다[159]는 점이다.

닭 양계장을 본 적 있는가. 농장이 아니다. 공장이다. 처음부터 끝까지 효율의 극치다. 우선 어미 품속이 아닌 인공적 부화로 태어난 병아리가 모내기 모종판 같은, 두부판 같은 접시에 가득 담겨 공장으로 옮겨진다.

공장은 자신과 똑같은 종들로 가득 찬 공간이다. 평생 거기에 산다. 너무 긴 세월일 것 같지만 '메이드 인 공장' 닭에게 평생의 길이는 30~40일에 불과하다. 닭은 지금 지구상에서 평균수명이 가장 짧은 가축이다. 그 이상 키우면 사룻값이 너무 많이 들고, 육질은 떨어진다. 출하 직전이 되면 닭들은 거의 고개도 돌릴 수 없을 정도로 동족들로 가득한 공간 안에 갇히고 만다. 일부러 그렇게 키운다. 움직이면 살이 빠지니까. 이러니 스트레스가 심하다. 조금만 더워도, 작은 상처만 생겨도 죽는다. 항생제를 투여한 모이를 먹이고, 옆 닭을 공격할 수 있는 부리는 잘라버린다.

한 달 남짓한 생을 뒤로하고, 이 닭들은 삶의 마지막 순간 컨베이어 벨트 위에 오른다. 태어나 처음이자 마지막으로 하는 나들이다. 21세기는 닭이라는 생물종에게 어두운 역사로 기록되겠지만,[160] 인간의 식량 생산의 측면에서는 매우 효율적인 과정처럼 보인다.

극도의 효율성을 추구하는 잔인한 공장이지만, 근본적으로는 그다지 효율적이지도 않다. 이렇게 효율적으로 생산해도 3kg의 곡물을 먹여서 얻는 고기는 0.5kg에 지나지 않는다. 닭만의 이야기가 아니다. 돼지, 소 등 인간이 키우는 가축이 모두 마찬가지다. 심지어 바다에서 나는 연어도 다르지 않다.◆[161] 모두 먹이를 먹어야 인간에게 필요한 단백질이 되는데, 다들 먹은 것의 극히 일부분만 단백질로 저장해 인간에게 전달한다. 나머지는 모두 거대한 탄소발자국이다. 곡물 생산도 탄소배출, 가축 생산도 탄소배출, 가축이 배출하는 가스도 탄소배출이다.

그러니까 인간의 먹이가 될 동물을 키우는 과정은 매우 비효율적이다. 전체적으로 보면 10억 톤의 곡물을 먹이로 소비해서 1억 톤의 고기

◆ 1kg의 연어를 얻으려면 3kg의 연어 먹이가 필요하다. 1kg의 연어 먹이를 얻으려면 5kg에 이르는 물고기를 갈아야 한다. 따라서 1kg의 양식 연어를 얻으려면 바다에 사는 작은 물고기 15kg이 필요해진다. (연어 먹이는 작은 물고기를 갈아 만든다.) 지금은 바다에서 잡히는 물고기 3분의 1가량이 분쇄되어 양식장 물고기의 먹이로 사용된다. 멸치와 청어, 정어리는 전 세계에서 가장 많이 잡히는 물고기인데 그 대부분은 양식장 물고기의 먹이로 사용된다.

와 3억 톤의 분뇨를 얻는다.[162] 지구상에서 재배한 곡물의 90%를 가축 사료로 쓰고 있다. (우크라이나 곡물 수출이 제한될 때 왜 돼지와 소의 가격이 급등하고 소비자물가가 다 같이 오르는지 이해할 수 있을 것이다. 가축은 투입 식량과 시간의 함수다.)

온실가스를 줄이려면 인간적 삶을 희생해야 한다. '인간이기를 포기하라'는 다소 과격한 말로 표현했지만, 보통의 인간이 느끼는 즐거움과 삶의 활력소와 생활 반경과 종족 번식을 포기해야만 온실가스의 감축을 달성할 수 있다는 의미다. 어떤가? 희망이 느껴지는가?

스티븐 호킹은 인간이 지구를 떠나야 한다고 말했다. "우리에게 지구가 너무 작아지고 있다"라고 했지만, 실은 '인간이 지구에게 재앙을 주었다'는 얘기였다. 그리고 떠날 때 박테리아와 식물, 균류도 싣고 가야 할 것이라고 말했다. 지구를 떠나 우주로 나갈 준비를 더 꼼꼼히 하라는 말이었지만, 실은 박테리아까지 모두 싣고 우주로 나갈 수는 없을 테니 인간에게 미래가 없다는 선언이다.[163]

물리학자들은 단체로 비관적이다. 인간이라는 종의 운명에 초연한 듯 말하기를 좋아한다. 먼 우주를 망원경으로 바라보다 보면, 더 크고 광대한 존재를 자각하기 때문 아닐까?

같은 맥락에서 이탈리아 출신의 문학적 이론물리학자 카를로 로벨리 역시 인간이 스스로 자초한 위기를 벗어나긴 힘들 것이라 했다. 연약해서 기후가 조금만 변해도 수천, 수백만 년 동안(인류 역사는 예수로부터 2000년, 구석기로부터 따져봐도 수백분의 1밖에 안 된다) 존재할 능력이 있는 거북이처럼 역사를 지속할 수가 없다고 했다.

우리는 수명이 짧은 종에 속합니다. 우리가 변화의 도화선에 불을 붙인 결과 기후와 환경은 처참한 지경에 이르렀고, 이는 쉽게 회복되지 않을 것입니다. 나는 조만간 우리가 만든 문명이 끝나기도 전에 우리 역시 진정으로 멸종에 이르는 모습을 의식적으로 깨달아야 하는 종이 될까 봐 두렵습니다.[164]

이 장을 시작하며 '상황에는 희망이 없다'고 단언한 이유는 여기 있다. 우리는 온실효과를 걱정하지만, 실은 걱정하는 우리가 숨 쉬는 자체가 온실효과를 막을 수 없는 이유다. 그렇다고 인간에게는 희망이 없다고 선언한 타노스처럼 핑거스냅으로 인류 절반을 한 번에 절멸시킬 수도 없다. 국가들 사이에 확실하고 거대한 합의라도 이뤄낸다면 모르겠으나 그런 전망도 없다.

더 잘못한 사람 따지다 멸종한다

COP는 '당사국총회 Conference of the Parties'의 줄임말이다. 26은 26번째 연례회의를 의미한다. 그러니까 26번째 UN 기후변화당사국총회다. 2021년 영국 글래스고에서 열렸다. 스스로를 멸종으로 이끌지 않기 위해 인간이 하는 가장 구체적이고 중요한 노력으로 평가할 수 있다. 국가들이 모여 기후 변화를 막기 위한 합의를 만들려고 노력하는 장이다.

역사가 기억하는 가장 의미 있는 COP는 3번째와 21번째다. 교토의 정서가 나온 1997년 교토 총회가 COP3이고, 파리협약이 나온 2015년 파리 회담이 COP21이다.

교토에서 주요 37개국들은 온실가스를 기후 변화의 주범으로 정의하고 감축 목표 설정에 합의했다. 그리고 파리에서 체결된 협정에서 이 숫자는 195개로 늘었고 1.5도가 인류 생존을 위해 달성해야 하는 지구 온난화 마지노선으로 합의됐다. 지구촌 구성원 모두가 동참해야 하는 문제가 됐다.

COP26은 각 나라가 2030년 탄소 감축 목표를 얼마나 높여 다시 제출할지 확인하는 자리였다. 흔히 NDC Nationally Determined Contributions 라고 불리는 감축 목표를 각국은 이미 UN에 제출했지만, UN은 온난화에 대응하기엔 부족한 수준이라며 더 높인 계획을 다시 제출하라고 했다. 목표는 파리기후협약의 약속인 1.5도 상승 수준에 맞는 탄소배출량 감축이었다. 그러나 중국, 인도, 러시아 등은 기온 상승 1.5도 이내를 이룰 수 없는 목표가 담긴 NDC를 제출했다. 개최 당사국의 공영방송인 BBC는 COP26에서 각국이 제출한 NDC를 토대로 계산하면 지구 온도 상승 폭이 2.4도에 달할 것이라고 보도했다. 2022년 COP27에서 이 문제는 또다시 논의되었다.

이 외에 '탄소저감장치가 없는 석탄 발전을 단계적으로 감축하고, 비효율적인 화석연료 보조금을 단계적으로 중단하기 위한 노력을 가속한다'는 문구도 들어갔다. 그러나 석탄 발전 '중단' 문구는 '빈곤 해결을 위해 중단을 감축으로 수정해야 한다'는 인도 요구로 '감축'으로 수정되었다. 중단 대상인 화석연료 보조금을 수식하는 '비효율적인'이라는 표현은 모호하다.

'선진국은 2030년, 개도국은 2040년대에 석탄 발전을 중단하겠다'는 탈석탄 선언도 있었지만, 여기에는 미국과 중국 등 일부 석탄 사용국이 참여하지 않았다. 한국은 참여는 했지만 '노력하겠다'는 의미라고 참여의 의미를 제한했다.[165]

스웨덴의 기후 소녀, 환경운동가 그레타 툰베리는 트위터에 "'작은 걸음이지만 올바른 방향이다'나 '느린 성공이다'와 같은 말은 실패했다는 의미와 같다"라고 혹평했다.[166]

실패도 실패지만, 과정에서 불거진 '로비 논란'은 더 가관이다. 회담을 앞둔 2022년 10월, 주최국 영국의 BBC는 사우디아라비아와 호주, 일본을 '탄소 감축 훼방꾼'으로 꼽는 기사를 썼다.[167] 유출된 문서를 인용해 "사우디는 원유 감산 계획이 없고, 호주는 석탄 수출에 장애가 되는 보고서 내용이 싫다. 뜻밖에 일본도 화력발전소 감축 의제를 늦추려고 로비했다"라고 폭로했다. 각국의 경제적 이익 때문에 급진적 감축 계획은 피하려고 로비를 했다는 얘기였다. (소고기 수출국가인 아르헨티나와 브라질은 '육식 자제' 문구에 반대한다.)

누가 더 잘못했는지 따질 구석이 없는 이슈는 아니다. 글로벌 이슈에 대한 통계 사이트인 '아워 월드 인 데이터Our World in Data'[168]에서 탄소 배출과 관련된 가장 인상적인 두 그림 [11-1]과 [11-2]를 가져왔다.

지금(2017년 기준) 가장 많은 온실가스를 배출하는 건 단연 중국이다. 그다음 미국, 인도, 러시아순. 이들이 세계 온실가스 배출량의 53.5%, 절반 이상을 배출하니 이들이 줄이는 게 시급하다.

하지만 이번 총회에 직접 참석한 건 딱 미국 하나뿐이다. 중국은 화상으로 참석했고, 인도와 러시아는 불확실했다. 특히 인도는 각국에 탄소 감축 계획서를 내라는 기본 프레임워크 자체를 반대하며 '사다리 걷어차기'라는 논리를 내세운다.

당연히 모두 경제 때문이다. 상품을 생산(중국, 인도)해서 성장시키거나 자원을 수출(러시아)해서 경제를 성장시키려면 탄소배출을 피할 수 없다, 더 적게 배출하기 위해 덜 성장할 수는 없다는 이유다. 성장이라

| 그림 11-1 | **누가 온실가스를 가장 많이 배출하나(2017년 기준)**

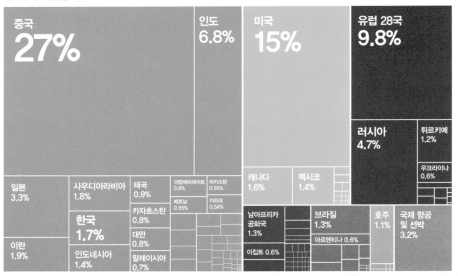

아시아 19조 톤 배출, 전 세계 배출량의 53%
북미 6.5조 톤 배출, 전 세계 배출량의 18%
유럽 6.1조 톤 배출, 전 세계 배출량의 17%

중국 **27%**
인도 6.8%
미국 **15%**
유럽 28국 **9.8%**

러시아 4.7%
튀르키예 1.2%
우크라이나 0.6%

일본 3.3%
사우디아라비아 1.8%
태국 0.9%
아랍에미레이트 0.6%
파키스탄 0.55%
캐나다 1.6%
멕시코 1.4%

한국 **1.7%**
카자흐스탄 0.8%
베트남 0.55%
이라크 0.54%

이란 1.9%
대만 0.8%
남아프리카 공화국 1.3%
브라질 1.3%
호주 1.1%
국제 항공 및 선박 3.2%

인도네시아 1.4%
말레이시아 0.7%
아르헨티나 0.6%

이집트 0.6%

아프리카 1.3조 톤 배출, 전 세계 배출량의 3.7%
남미 1.1조 톤 배출, 전 세계 배출량의 3.2%
오세아니아 0.5조 톤 배출, 전 세계 배출량의 1.3%

자료: Our World in Data

2부 다른 호모 이코노미쿠스의 등장

는 말이 부담스러울 때는 '빈곤을 퇴치하기 위해서'라는 표현을 쓴다.

　때로는 강대국들이 약소국이 따라오지 못하게 하려고 각종 규제를 도입한다. 즉 사다리를 걷어찬다는 논리가 도입되는 것이다. 피장파장 이란 논리도 나온다. 18세기 산업혁명 이후 지구의 온갖 자원은 다 뽑아 쓰며 부를 축적한 서구권이 꺼내 든 것이 탄소중립이라니, 이율배반을 지적한다. 실제로 [그림 11-2]를 보면 '지금' 누가 줄여야 하는가 하는 문제와 '지금까지' 누가 더 배출했는가 하는 질문에 대한 답은 다르다.

| 그림 11-2 | **누가 '지금까지' 온실가스를 가장 많이 배출했나**

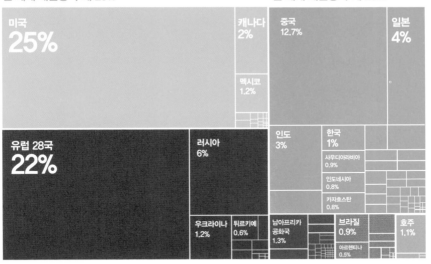

자료: Our World in Data

누적 온실가스 배출량은 미국과 유럽, 캐나다, 일본 같은 선진국 그룹이 과반(53%)을 차지한다. 그러니까 온실가스는 지금 더 많이 배출하는flow 국가와 지금까지 누적 배출량이 많은stock 국가 사이에 심각한 불일치가 존재하는 이슈다.

한국도 기후 악당국이다

앞의 그래픽에서 한국의 비중이 작아서 안심했을지 모르겠다. 그리고 한국이 COP26에서 여러 협약에 더 적극적으로 참여했다니 걱정하지 않을지도 모르겠다. 그러나 한국은 기후 악당국이다.

지난 50년간 한국의 GDP에 탄소배출량 그래프를 올려보자. 똑같다. 1997년 외환 위기 때 주춤한 모양까지 똑같다. 급격한 성장이 있을 때는 탄소배출량 증가세도 급격하다. 성장과 탄소배출은 함께 간다.

인구 기준으로 보면 남들보다 탄소배출을 오히려 더 많이 했다. 이유는 우선 산업 구조 탓이다. 우리 주력 산업은 중화학 공업이다. 우리는 농업에서 경공업을 거쳐 중화학 공업으로 성공적 발전을 이뤘다고 배웠다. 탄소발자국의 언어로 바꾸면 남들보다 탄소를 더 많이 배출하는 방향으로 발전전략을 수립했단 이야기다.

산업별로 보면 제철은 탄소배출량이 극도로 많은 산업이고, 조선이나 화학, 시멘트, 자동차는 물론, 반도체도 탄소 고배출 산업이다. 강승진 한국산업기술대학교 에너지대학원 교수는 "경제 성장 전략 결과가

| 그림 11-3 | **한국은 탄소배출 '불량국가'(2020.12.06. 기준)**

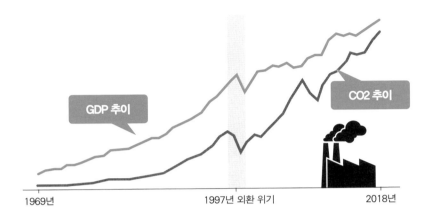

GDP 추이

CO2 추이

1969년　　　　　　　　　1997년 외환 위기　　　　　　　　2018년

결국은 에너지 다소비 구조, 온실가스 다배출 구조로 고착화되었다"라고 평가한다.

　다시 말하면 우리 수출 주력 산업은 모두 탄소 고배출 산업이다. 국내 탄소배출량의 60% 이상이 산업 생산 과정에서 발생한다. 탄소배출을 줄인다는 말은 곧 수출을 줄인다는 말이 된다.

　발전 구조도 문제다. 각국이 태양광과 풍력 같은 재생에너지 비율을 확대해 대부분 두 자릿수인데 한국은 한참 뒤처진다. 심지어 중국에도 한참 뒤처진다.

　그러면 지금부터라도 줄여가야 할 텐데, 오히려 온실가스 배출량이 가장 많은 석탄 발전은 늘리고 있다. 이지언 환경운동연합 온실가스 국장은 "온실가스를 줄이겠다고 해놓고, 실제 에너지·교통·산업·건물 정책은 정반대로 갔다. 심지어 석탄발전소는 증설했다"라고 비판한다.

결국 한국의 온실가스 배출량은 총량으로 세계 7위, 1인당 기준으로는 세계 6위의 국가가 됐다. 더 심각한 건 OECD 국가 가운데 온실가스 배출량 증가 속도는 가장 빠르단 점이다. 안병옥 전 국가기후환경회의 운영위원장은 "에너지 효율을 높이는 데 투자를 하지 않아서, 그동안의 온실가스 감축 노력에는 거의 효과가 없었다"라고 자평했다.

네덜란드 연금자산운용의 아태지역 책임투자부서장 박유경 씨는 콕 집어 한국전력을 비판했다. 해외에 대규모 석탄투자발전소를 짓는 데 투자하려 하는 등 탄소 감축에 미온적이라는 이유에서다. 해외에서 한국을 기후 악당이라고 비판하는 시선이 있다는 뼈아픈 말도 했다. 이대로라면 ESG 경영 시대에 해외 선진국 연기금의 투자를 받지 못하는 기업이 속출할 것이라고 경고도 했다.

사실 2021년 당사국 회의 이후 한국에서는 국내 반발이 있었다. COP26에서 정부는 2030년까지 탄소배출량을 2018년 대비 40% 감축하겠다고 약속했다. 기존 약속(26.3%)보다 감축 치를 대폭 늘렸다. 2050년엔 탄소중립, 다른 말로 넷제로^{Net Zero}다.

국내 산업계는 불가능한 목표라며 반발했다. 전문가들은 유럽보다 두 배 이상 빠른 속도로 감축해야 달성 가능하고, 다른 대부분 선진국들보다 빠르게 감축해야 달성 가능한 수치라고 했다. 재생에너지 비율 증가 속도를 감안하면 사실상 불가능한 목표라고 했다. 이래도 우리가 기후 악당국가라는 데 반론을 제기할 사람이 있는가?

넓게 보면 인류가 스스로의 멸종을 막기 위해 벌이는 지구에서 가장 큰 기획(COP)도 엉망이 되고 있다. 회의 내내 누가 더 잘못했는지 잘잘

못을 따지느라 바쁘다. 당장 행동이 필요하고, 그 행동이 무엇인지도 알지만 결의하지 못한다. 한쪽의 속마음은 '우린 늦게 성장을 시작했으니 앞으로 좀 더 성장해야겠다'는 것이다. 다른 쪽에선 '기후 재앙 겪는 나라들의 사정이 안타깝긴 하지만 그것이 우리(선진국) 책임이라고 뒤집어씌우지는 말아달라'는 속내가 엿보인다. 다들 여전히 '나의' 성장, 혹은 경제적 이익을 포기할 수는 없다.

성장은 중요하다. 심지어 기후보다 중요하다. 사람들은 왜 디플레이션이 인플레이션보다 훨씬 무섭다고들 할까. 사람들이 미래의 물가가 더 쌀 것이라는 기대를 하면 지금 물건을 사지 않기 때문이다. 기업은 투자를 하지 않는다. 성장은 멈추는 수준이 아니고 마이너스로 곤두박질친다. 그리고 다시 미래의 물가가 더 쌀 것이란 기대가 생기고 소비가 줄고 투자가 준다. 이걸 악순환이라고 믿는다.

악순환이라고 불렸지만 환경의 측면에선 선순환이다. 현대 경제에선 호환 마마보다 더 무섭다는 이 디플레이션이 환경의 측면에선 축복이다. 생산이 줄고, 소비가 줄고, 투자가 줄면 탄소배출도 준다. 다시 말해서, 인간의 삶은 기본적 즐거움을 충족하는 활동, 경제 성장을 하려는 활동을 줄이면 기후 위기를 늦출 수 있다.

코로나19 위기 이 가설을 증명한다. 아워 월드 인 데이터가 기록하는 세계 탄소배출량 그래프를 보면,[169] 2019년 370억 톤에 달했던 세계 이산화탄소 배출량은 2020년 352억 톤으로 줄었다. 한 해 줄어든 규모로는 인류 역사상 최대 폭 감소다. 보는 김에 [그림 11-4] 그래프를 눈여겨보면 언제 온실가스 배출이 줄어드는지 명확히 알 수 있다. 역사적

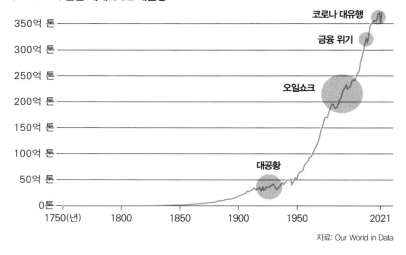

| 그림 11-4 | **연간 세계 CO2 배출량**

코로나 대유행
금융 위기
오일쇼크
대공황

350억 톤
300억 톤
250억 톤
200억 톤
150억 톤
100억 톤
50억 톤
0톤
1750(년)　1800　1850　1900　1950　2021

자료: Our World in Data

으로 1930년 대공황, 1980년대 오일쇼크, 2008년 글로벌 금융 위기처럼 경제 위기가 오면 줄었다. 코로나19 위기는 환경에는 축복이었다.

그러나 2021년, 온실가스는 다시 증가해(371억 톤) 2019년에 세운 역사적 최고치를 갈아치웠고, 지금도 계속 증가하고 있다.

10년 후 침몰하는 지구

방글라데시는 매년 폭풍해일과 열대 사이클론에 시달린다. 가뭄과 홍수 등 환경 재앙 때문에 벌써 600만 명이 이주했다. 앞으로도 수백만 명이 삶의 터전을 떠날 것이다. IPCC(기후 변화에 관한 정부 간 협의체)는 온난화에 따른 해수면 상승으로 2050년까지 방글라데시 국토의 17%

가 침수될 것이며 최소 2000만 명이 주거지를 잃는다고 경고했다.[170]

그런데 방글라데시는 세계에서 탄소발자국이 가장 적은 나라 중 하나다. 책임이 적다. 1인당 연간 평균 이산화탄소 배출량은 0.29M/T(미터톤)인데, 핀란드인은 연간 평균 배출량이 38배나 더 높다. 또 방글라데시는 전 세계에서 채식을 가장 많이 하는 나라 중 하나다. 1인당 연간 고기 소비량이 4kg이다. 2018년 기준 평균적인 핀란드인이라면 18일이면 다 먹었을 양이다.[171]

그러니까 국가 단위로 보면 지구 온난화의 책임과 지구 온난화의 피해 사이에 불일치가 있다. 가장 부유한 10%의 책임이 절반이 넘는데, 죄를 짓지 않은 방글라데시인의 기후 고통이 전 인류가 겪는 것 가운데 가장 심각하다. 지구 온난화가 지속되면 해수면 아래 잠기는 투발루나 몰디브 같은 나라 역시 책임에 비해 과도한 피해를 겪기는 마찬가지다.

2022년 열린 27번째 기후변화당사국총회의 주제는 이것이다. 이집트 샤름엘셰이크에서 열렸다. 이집트는 이미 물 부족과 농작물 작황 감소, 해안선 침식, 염수의 민물 침범 피해를 겪고 있는 나라다. 다급하다.

문제는 앞서 살펴본 이유로 국가별 탄소 감축 목표 NDC 상향은 여전히 난항을 거듭한다는 점이다. 그래서 다급한 나라들이 '기후 정의'를 요구했다. 기후 변화의 영향이 초래하는 부담과 책임을 국가 간에 공정하게 분배해야 한다는 이야기다. 현실적으로는 개발도상국의 기후 변화 적응 비용을 선진국들이 부담하자는 논의였다.

이를테면 2022년 폭우로 국토 3분의 1이 물에 잠긴 파키스탄의 온실가스 배출량은 전 세계 0.4%에 불과하다. 에티오피아와 케냐, 소말

리아 등 아프리카 저개발국은 극심한 가뭄으로 생계에 어려움을 겪고 있다. 손실보상 기금 문제는 그러나, 진전은 있었으나 완전 타결은 이뤄지지 않았다.

그렇다고 기후 재난의 결과가 저개발국에만 심각한 영향을 미칠 것이라고 여기면 곤란하다. 한국도 예외가 아니다. 환경단체 그린피스가 연구기관(스카짓 기후과학 컨소시엄)에 의뢰한 시뮬레이션 결과, 2030년 태풍이 몰아닥칠 때를 가정한 한국의 피해는 충격적이다. 해운대와 수영만 주변 수백 미터가 물에 잠긴다.

인천공항은 바닷물에 완전히 침수되고, 항공기도 피해를 입을 것으로 예측됐다. 서울 한강 하류 저지대는 모두 침수 피해를 입고, 국회의사당도 물에 잠긴다. 해안지역 곳곳에 2~4m 높이의 해일이 덮칠 수 있다. 서울 면적 약 10배에 해당하는 면적이 물에 잠기고, 330만 명 이상이 피해를 입을 수 있다. 이미 배출된 탄소 때문에 10년 후에 이런 상황은 막기 힘들 것이란 게 전문가들의 전망이다.[172]

끝을 향한 성장

영국《이코노미스트》가 COP26을 앞두고 낸 표지 그림에는 세 마리 펭귄이 있다. '남극의 마지막 남은 빙하 위에서 눈 막고 귀 막고 입 막은 세 마리 펭귄'이다. 뻔히 벌어지는 변화를 빤히 보고도 뻔뻔히 모른 체하는 인류의 모습.《이코노미스트》는 희망적이지 않은 회담 직전 풍경

| 그림 11-5 | **2021년 10월 30일자 《이코노미스트》의 표지 그림과 기사**

을 표지 기사로 전했다.

데이비드 월러스 웰즈의 《2050 거주 불능 지구》는 지금의 환경 위기를 이렇게 설명한다.

> 많은 사람이 지구 온난화가 산업혁명 이후 여러 세기에 걸쳐 쌓였다가 이제야 갚을 때가 된 도덕적, 경제적 부채라고 생각한다. 하지만 대기 중에 배출된 탄소 중 절반 이상은 불과 지난 30년 사이에 배출됐다. 다시 말해 우리가 지구의 운명에 그리고 인류의 삶과 문명을 지탱하는 지구의 능력에 준 피해를 계산해보면, 앨 고어가 기후 문제를 다루는 책을 처음 출간한 이후의 피해가 지난 수백 수천 년 동안의 피해만큼이나 막대하다는 뜻이다.

COP27에서도 우리는 본질적으로 나아지지 않았다. 약간의 양보와 약간의 기부만 있을 뿐이다. 그걸로는 막을 수 없는 위기란 걸 모두가 알고 있는데도 말이다.

어느 나라 정치인도 회담장에서 기후 문제를 경제 성장 앞에 놓지 않기 때문이다. 국내 정치 상황이 발목을 잡는다. 그들은 경제 성장률이라는 성적표를 바탕으로 정치적 심판을 받기에, 성장을 해칠 협의는 할 수가 없다. 양보하는 모양새도 인기가 없다.

결국 중요한 것은 행동이다. 기후 변화를 인정하고 온실효과를 줄여야 한다고 생각하거나 그렇지 않거나 행동이 같다면 차이는 없다. 결국 우리는 더 풍요로워지고 있고, 동시에 모든 것의 끝을 향해 한발 더 나아가고 있다.

12

고장 난 나침반, GDP

GDP라는 발명품

전미경제연구소^{NBER}가 〈국민소득$^{National\ Income}$, 1929~1932〉이라는 짧은 제목의 보고서를 내놓은 건 1934년이다. 이 보고서는 1929년부터 1932년 사이, 미국의 국민소득 변화를 살핀다. 대공황이 휩쓸던 때다. 다시 말하면 대공황 시기 미국 전체의 소득 변화를 측정한 것이다. 경제학의 역사에 국가 단위로 소득 규모의 총합을 계산하고 분석하는 방법론이 처음 등장한 순간이다.

보고서를 통해 1932년의 국민소득이 1929년 국민소득의 약 절반에 불과하다는 사실이 숫자로 드러났다. 3년 만에 반토막이 났다. 그게 대공황 충격의 크기다. 충격의 크기 자체가 우선 놀랍다. 대공황의 충격

은 현대의 그 어떤 금융 위기보다도 크고 지속 기간도 길었다. 논문의 내용은 폭탄 같았다.[173]

곰곰이 생각하면, 논문의 발표 시점도 놀랍다. 1934년이다. 그러니까 29년 이후 미국 경제가 받은 대공황의 충격을 정확히 추산해내는 데 무려 5년이 걸린 셈이다. 무척 늦다. 이른바 경제의 전문가라는 사람들조차 '세계 역사를 바꾼 공황'을 정확히 파악하기는커녕, 구체적인 숫자로 나타내지도 못하는 이른바 '깜깜이 상태'로 5년을 보냈단 얘기니까.

논문의 저자는 경제학자 사이먼 쿠즈네츠다. 그는 1901년 러시아를 도와 우크라이나를 침공한 벨라루스의 핀스크에서 태어났지만, 유년 시절은 우크라이나 제2도시 하르키우에서 보냈다(당시에는 모두 러시아 제국이었다.) 이후 스물한 살이 되던 해인 1922년 가족과 함께 미국으로 이민을 가 미국인이 되었다.

논문을 쓸 당시 만 33세였던 청년 쿠즈네츠의 무기는 숫자였다. 국민 한 사람 한 사람의 소득을 모두 더해 하나의 숫자를 만들었다. 모두가 말로 떠들었지만, 구체적으로 측정하고 숫자로 표현한 것은 처음이었다. 물리학자 켈빈 경은 이렇게 말했다.

"당신이 말하는 것에 관해 측정할 수 있고 그 내용을 숫자로 표현할 수 있다면 당신은 그것에 관해 무엇인가 아는 것이다."[174]

쿠즈네츠는 곧 숫자의 의미가 '국가 경제의 크기'를 의미한다는 사실을 깨닫게 되었다. 그리고 보고서를 통해 '국민소득의 총합'이 '국가의 경제 규모'를 의미한다고 선포했다. 이 선포로 인해 우리는 세상의 경제적 생김새를 더 명확하게 이해할 수 있게 되었다.

더 구체적인 이해는 더 나은 치료와 닿아 있다. X선으로 인체 내부를 보게 된 인간은 뼈의 균열과 골절, 치료 경과를 자세히 알 수 있게 됐다. CT는 여러 장기의 상태를 더 잘 알게 해주었다. MRI와 PET 등 새로운 방법이 등장할 때마다 우리는 병리현상을 더 잘 이해하고 치료할 수 있게 됐다. 측정 가능할 때 대응도 더 정밀해진다.

'국민소득'도 같은 역할을 했다. 우선은 '막연한 경제 규모와 현상의 변동'을 구체적인 수치로 측정할 수 있다는 사실 자체의 의미가 컸다. 1934년 이 보고서가 나올 때까지 5년간, 미국은 대공황의 피해를 구체적으로 파악조차 하지 못했다. 이 보고서로 인해 비로소 '경제가 3년 만에 반토막이 되는 충격'이라는 사실을 알게 됐다.

실제로 학자들은 1929년에서 1933년 사이의 대공황과 금융 위기가 악화된 이유를 '무지'라고 지적한다. 경제학자와 정치 지도자들이 금융 위기를 근본적으로 잘못 이해하고 사태를 더 악화시키는 대응 조치를 취했기 때문이라는 얘기다.[175] 반대로 2008년 금융 위기나 2020년 코로나 위기는 빠르게 극복했다. 이 대공황을 연구해 제대로 된 교훈을 찾아 현실에 적용했기 때문이다. 벤 버냉키 전 미 연준 의장은 바로 이 공로로 2022년 노벨상을 수상했다.

누가 가장 큰 피해를 보았는가? 대공황 당시를 우리는 뉴욕의 증시 폭락으로 기억하지만, 피해는 주식을 가진 자본가들보다 노동자들이 더 크게 입었다. 노동자 중에서도 피해는 상이했다. 월급salary을 받는 노동자보다 일당wage을 받는 노동자의 피해가 컸다. 육체노동 근로자의 피해가 더 극심했다는 얘기다. 그들이 일자리를 잃자 민간 소비가 급격히 얼어붙었다.

지금의 정부라면 바로 육체노동자를 위한 실업급여를 도입했을 것이다. 코로나19 초기에 미국 정부가 그랬다. 육체노동자의 피해를 빨리 구제해야 경제 순환이 회복되는데 당시 정부는 그러지 못했다. 오히려 정부는 경제는 민간 영역이라고 선을 그으며 경제적 재난 앞에 방관할 뿐이었다. 시간은 그렇게 허비됐고, 경제 충격은 필요 이상으로 더 길어졌다.

그러나 1934년 이후 상황은 변화한다. 이제 쿠즈네츠의 발명품으로 '무엇이 문제인지' 환부가 드러났으므로, 맞춤형 대책을 낼 수 있다. '뉴딜 정책'이다.

뉴딜을 댐 짓고 고속도로 짓는 정책으로 이해하는 사람이 많겠지만, 루스벨트 뉴딜의 핵심은 '노동자를 위한 정부의 정책'이다. 공정노동관계법과 같은 노동자 보호 강화 법안이 나온다. 노조를 만들어 자본가에 대항할 수 있는 법적 근거, 즉 노동자 단결권을 강화한다. 실업보험을 도입한다. 극빈 장애인 부조도 등장시킨다. 가장 큰 피해를 본 노동자를 보호함으로써 자본주의를 지키겠다는 선언이다. 건설사업은 이 정책의 일부에 불과하다.

소득세 최고세율도 올린다. 수치 듣고 놀라면 안 된다. 1936년 79%까지 올라갔고, 1942년에는 88%, 전쟁 막바지인 1944년에는 94%까지 오른다. 그만큼 국가가 추상같이 나서서 시장의 실패를 극복할 과감한 계획을 꾸렸다.

처음에는 거센 저항에 직면했다. '친노동, 반자본 정책을 펴는 루스

벨트는 공산주의자'라는 비판이 극심했다. 순수한 민간의 영역인 경제에 정부가 왜 간섭하느냐는 시각이다.

저항을 극복하는데 쿠즈네츠의 숫자가 큰 역할을 했음은 의심의 여지가 없다. 세상의 경제적 형태를 더 잘 이해할 수 있게 된 딱 그만큼, 사람들은 해법의 필요성도 납득할 수 있게 되었기 때문이다.

국가의 역할을 강조하는 새로운 경제 정책, 그러니까 '시장의 실패를 바로잡는 정부'라는 생각은 이렇게 쿠즈네츠가 국민소득이라는 개념을 만든 뒤에 확고해졌다. 이후 1970년대에 이를 때까지 정부의 역할, 공공의 역할은 점점 더 커졌다. (사실 첫 국민소득 보고서에는 '정부지출^G' 부분이 없었다. 나중에 저 유명한 케인스가 "정부 부문을 빼면 세금을 걷어 정부가 벌인 사업의 효과가 반영이 안 된다"라며 정부 부문을 넣자고 한 뒤에야 계산에 포함한다.)◆

쿠즈네츠는 1971년, 이 국민소득 개념을 창안한 공로로 노벨 경제학상을 받는다. 그래서 사람들은 국민소득을 쿠즈네츠의 '발명품'이라고 불렀다. (노벨 경제학상 위원회는 쿠즈네츠의 업적을 다음과 같이 정리한다. "사이먼 쿠즈네츠는 경제 성장과 불평등 사이의 관계를 설명하는 쿠즈네츠 곡선으로 대중에게 잘 알려져 있다. 그러나 이 이론은 비교적 훗날 정립한 것이다. 노벨상은 성장과 경제 규모에 대한 그의 초기 업적에 대한 평가다. 그는 한 나라의 소득 규모와 그 변화를 계산하는 방법을 개발했고 국민총생산^{GNP}의 개념을 표준화했다. 쿠

◆ 사실 지금의 우리는 1930년대의 대공황을 막을 방법도 안다. 대공황을 촉발한 뉴욕 증시의 폭락이 금융의 붕괴로 이어지지 않게 만드는 방법을 안다. 중앙은행과 정부의 개입이다. '유동성 공급'과 '신뢰의 회복'이다. 측정된 데이터를 바탕으로 유동성이 얼어붙은 지점에 정확히 유동성을 공급한다. 채권 시장이 무너지지 않게 직접 회사채를 매입한다. 또 예금이 공권력에 의해 보호된다는 믿음을 준다. 그렇게 시장을 안심시킨다. 2008년 글로벌 금융 위기나 2020년 코로나 위기가 대공황 같은 재앙적 결과로 이어지지 않은 이유는 여기 있다. 대공황 당시에는 이걸 잘 몰라 충격이 더 커졌고, 더 오래갔다. 이 방법을 인류에게 가르쳐준 벤 버냉키 전 미 연준 의장(2006~2014) 등 3명은 그 공로를 인정받아 2022년 노벨 경제학상을 받았다.

즈네츠는 또한 장기간에 걸친 경제 성장률의 변동과 이것이 인구 증가와 어떻게 연결되어 있는지 분석했다.")

이게 지금 우리가 말하는 GDP다. 쿠즈네츠는 국민이 생산한 것이라면 국내와 해외를 가리지 않는 개념인 GNP^{Gross National Product}를 정립했는데, 지금의 우리는 국내에서 생산된 최종 재화의 총합인 GDP^{Gross Domestic Income} 개념이 국가 경제를 표현하는 더 정확한 수단이라고 믿는다.

한발 나아가 개인의 소득에 중심을 둔 GNI^{Gross National Income}라는 개념이 1인당 소득을 더 정확히 표현한다고 믿는 사람이 많다. 이 숫자를 국가 간 비교에 사용하려면 단순히 소득을 더하기만 할 것이 아니라 국가별로 다른 물가^{prices}를 고려해야 하지 않느냐는 생각은 구매력지수인 PPP^{Purchase Power Parity}라는 개념으로 이어졌다.

측정 속도도 훨씬 빨라졌다. 쿠즈네츠는 5년이 걸렸지만, 우리 한국은행은 사실상 실시간으로 국민경제 규모를 측정해, 석 달에 한 번 발표한다. '경제전망'이라는 이름으로 '우리 경제가 올해 몇 퍼센트 성장한다'고 발표하는데, 이게 국민소득 측정 결과다. 측정된 국민소득이 몇 퍼센트 증가하거나 감소한다는 의미다. 훨씬 더 정밀한 지표를 더 빨리 발표할 수 있게 된 것인데, 이 모든 개념의 뿌리는 하나다. 쿠즈네츠의 발명품이다. 그리고 이렇게 측정된 '경제 규모'는 단순한 경제지표 이상의 거대한 의미를 획득하게 되었다.

한국을 GDP로만 표현한다면

'대한민국은 얼마나 좋은 나라인가'는 무엇을 기준으로 비교할 수 있을까. 그리고 어떤 나라와 비교해야 할까. 군사력이나 자살률을 기준으로 설명하기도 할 것이다. 세계 민주주의 지수, UN의 인간개발지수, 남녀평등지수, 행복지수 등 다양한 지표를 떠올릴 수도 있다.

혹은 BTS와 〈오징어 게임〉을 내세울 수도 있다. 실제로 OECD는 2022년 9월 한국 보고서를 발표하면서 온라인 블로그에 〈한국: 놀라운 성공과 여전히 진행 중인 일들〉이라는 영문판 글을 실었는데, 시작이 이랬다. (OECD 한국 담당 데스크 욘 파렐리우센의 글이다.)

> 한국의 거리를 걸으면 그 현대성에 숨이 턱 막힐 것이다. 그런데 굳이 한국에 직접 가봐야만 이걸 느낄 수 있는 것은 아니다. 만약에 당신이 삼성 스마트폰을 쓰고 있거나, BTS나 블랙핑크의 음악을 듣거나 〈오징어 게임〉이나 〈이상한 변호사 우영우〉를 봤다면 말이다.

그러나 이 개별 지표들만으로 현 상황을 설명하려 시도한다면 결과물이 그리 만족스럽지 않을 가능성이 크다. 모두가 동의할 수 있는 일관된 기준이 되지는 못해서다. 또 정밀하게 측정된 특정한 숫자가 주는 일목요연함이 없어서다. 이때 우리는 하나의 지표, 궁극의 지표인 GDP를 들이민다.

우리만 그러는 것도 아니다. OECD도 위와 같이 미사여구로 시작한

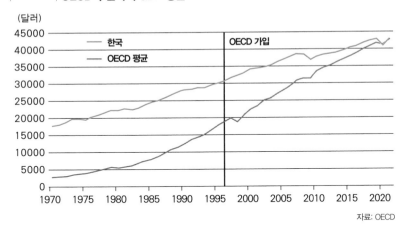

| 그림 12-1 | **OECD와 한국의 GDP 평균**

뒤에 바로 GDP 그래프를 들이민다. [그림 12-1]인데, 설명은 이렇다.

"한국은 2020년 1인당 국내총생산(GDP, PPP 기준)에서 OECD 평균을 상회했다. (그 상황을 보여주는 12-1 그래프를 보면) 한국이 전쟁 이후 빈곤과 황폐했던 나라에서 강력하고 번영하는 나라로의 긴 여정을 얼마나 엄청난 속도로 달려왔는지를 가늠하기는 정말 쉽지 않다."

한국의 성공과 관료기구의 유능함을 지적하면서, 동시에 수출 주도 전략이나 급속한 성장 그 자체에 내재된 향후의 도전적 과제를 동시에 말하는 OECD의 관점에서 가장 상징적인 그래프가 이 GDP 그래프였던 셈이다. 해방과 정부 수립 이후의 혼란, 그리고 그 뒤 이어진 군사독재와 한강의 기적, 산업 발전과 민주화, 뒤이은 민주주의의 발전이 이 하나의 그래프에 녹아 있다.

'3050 클럽'이라는 표현은 어떤가. 3050 클럽은 인구 5천만 명이 넘는 나라 가운데 1인당 국민소득이 3만 달러가 넘는 나라들을 묶은 가상의 모임이다. G7처럼 실재하는 모임은 아니다. 우리는 2018년을 기준으로 미국, 독일, 영국, 프랑스, 일본, 이탈리아에 이어 세계에서 7번째로 가입하게 됐다. 당시 언론은 '진정한 선진국 클럽'에 가입했다고 의미를 부여했다. 아마 이 글을 읽는 당신도 (그런 클럽이 어디 있느냐고 조금 우습게 여겼을 수는 있지만, 그럼에도 불구하고) '아 대한민국이 정말 발전했구나' 하고 느꼈을 것이다.

'역사상 그 어떤 나라도 이 짧은 기간에 원조받는 나라에서 원조하는 선진국으로 성장한 적 없다'는 표현도 마찬가지다. 이는 모두 GDP와 GDP에서 파생된 다양한 국민 계정 수치를 전제로 한다.

그래서 뭘 해도 GDP 이야기는 따라붙는다. 선거를 앞둔 정당은 흔히 '우리는 상대 후보보다 경제를 몇 퍼센트 이상 더 성장시키겠다'는 약속을 한다. 성장에 실패한 정권은 다음 선거에서 정권을 잃을 가능성이 커진다. 코로나19 같은 세계적 전염병 대응 역시 성장 자체는 아니지만 비슷한 방식으로 'GDP 감소 폭이 다른 나라보다 얼마나 적었는가'로 평가한다.

그러니까 GDP는 국가 단위에서 한 나라의 정치, 경제, 문화, 사회 발전 정도를 드러내는 가장 널리 쓰이고 보편적으로 인정받는 지표 혹은 근사치 proxy가 되었다.

모든 것을 경제수치화하는 첨병에 이 국민소득 개념이 있다. 쿠즈네츠는 자신의 발명품의 역할이 이 정도까지 확장될 것이라고 예견하지는 못했을 것이다. 하늘에서 이 상황을 바라보며 자신의 유산에 흐뭇해

하겠지만, 그저 흐뭇하기만 하다면 이 이야기를 다시 꺼낼 이유는 없을 것이다.

문제는 이 절대적인 존재 같은 GDP가 그렇게 정확한 잣대는 아니라는 데 있다.

GDP로 측정할 수 없는 것

외로운 밤 스마트폰을 보다 자책감이 든 적이 있다면, 나는 당신이 무엇을 했는지 거의 맞출 수 있다. 십중팔구 틱톡이나 유튜브다. 불을 끄고 침대 위에서 그냥 스와이핑만 좀 했을 뿐인데 벌써 새벽 한 시다. 내가 왜 그랬을까. 어떻게 이 오랜 시간 이 작은 화면을 쳐다보았나. 나는 무엇을 했는가.

수십 초 길이의 짧고 질 낮은 영상. 촬영기법은 떨어지고 내용도 아무 의미가 없다. (레거시 미디어 종사자는 어쩔 수 없다.) 누군가의 의도적 바보짓, 혹은 계획된 거짓말 천지다. 그런데 빠져든다. 빠져든다고 말하면 자존심이 좀 상할 수도 있다. 그냥 일없이 켜냈더니, 그렇게 됐다.

너무 자책할 필요 없다. 21세기를 사는 평범한 인간들은 다 그런 경험을 한다. 이를테면 당신은 혼자가 아니라는 뜻이다.

좀 아련한 기억이겠으나 틱톡과 유튜브 자리를 페이스북이나 트위터가 차지할 때가 있었다. 지구인의 손바닥 안에 트위터가 있을 때 아랍에서는 거대한 민주화 혁명이 일어났고, 페이스북이 있을 때는 마크 저커버그(페이스북 창업자)가 웃었다.

물론 지금 페이스북은 더 이상 '핫'하지 않다. 나이 들고 말 많은 사

2부 다른 호모 이코노미쿠스의 등장

람들이 자신의 정치적 주장을 길고 장황하게 쓰는 곳이다. 그런 매체는 아무도 핫하다고 평가하지 않는다. 기억하자, 목소리 높여 정치 얘기만 하면 아무도 당신 곁에 머물지 않는다. 싸이월드 미니홈피처럼 화석 취급받을 날이 멀지 않았다. 저커버그의 미래는 점점 어두워지고 있다.

10년 뒤에 무엇이 핫할지는 아무도 모른다. 그러나 한 가지는 짐작할 수 있다. 틀림없이 현실 세계보다는 온라인과 관계된 플랫폼일 것이다. 그리고 사람들은 그 핫한 무언가를 소셜미디어로 분류할 것이다.

또 하나 더 확실한 것도 있다. 그것은 무료이거나 거의 무료일 것이다. 이용 가격이 없을 것이고, GDP를 측정할 때는 포함되지 않을 것이다. 그래서 사람들은 '이 가치를 측정하지 못하는 GDP가 정말 우리 경제의 성장을 제대로 측정하는 게 맞냐'고 질문할 것이다.

사실은 지금도 그렇다. 작고한 경제학자 마틴 펠드스타인은 구글이나 페이스북, 혹은 온라인의 비디오나 음악 등의 서비스는 한계 지출을 한 푼도 들이지 않고 이용할 수 있다고 했다.[176]

2019년 노벨 경제학상 수상자인 에스테르 뒤플로와 아비지트 배너지 부부도 "측정된 생산성의 성장이 둔화를 보이기 시작한 시점이 소셜미디어가 폭발적으로 성장하기 시작한 시점이기도 하다"라고 했다. GDP에 잡힌 것과 잡혀야 마땅한 것 사이에 격차가 벌어졌을 가능성이 있다는 것이다.[177]

총요소 생산성의 성장은 1995년에 시동이 걸렸다가 2004년에 둔화되었다. 2004년은 페이스북이 우리 삶에 막대한 영향력을 갖기 시작한 해다. 그리고 2006년에는 트위터가, 2010년에는 인스타그램이 그 대열에 동참했다. 이러한 플랫폼들의 공통점은 명목 가격은 공짜이고, 쉽게 사용할 수 있으며, 매우 많은 사람에게 널리 사용된다는 것이다.

에릭 브린욜프슨 등은 '디지털 경제에서 제공되는 새롭고 무료인 상품들의 가치를 계산해보자'는 취지에서 GDP-B라는 지표를 도입했다. B는 'Benefit(혜택)'이다. 계산 결과 페이스북 하나만 고려해도 2003년에서 2017년 사이 미국의 연평균 성장률은 실질 GDP 기준 1.83%에서 GDP-B 기준으로 1.91%로 0.08%p 상승한다.[178] 구닥다리 학자들이라 페이스북을 가지고 이야기하는 것이지만, 틱톡이나 유튜브, 혹은 유튜브 쇼츠Shorts를 가지고 계산해봐도 역시 마찬가지일 것이다.

그러니까 GDP로는 측정할 수 없는 것이 있다. 우리의 삶, 국가의 성장 수준, 한 나라의 정치, 경제, 문화, 사회 발전 정도를 말할 때 가장 많이 등장하는 지표인 GDP의 치명적 단점이다. 시장에서 '가격'을 통해 존재가 드러나야 측정이 가능하다. 가정에서 일어나는 가사노동이나 육아는 가격이 없어 측정하지 못하고, 정부의 무상 의료보험 역시 GDP의 측정 대상이 아니다. 대신 백해무익하다는 담배는 가격 구조 때문에 GDP에 반영된다.

따져보면 GDP의 이런 모순은 끝이 없다. 같은 물건이 쿠팡을 통해 더 싸게 팔리면 GDP는 싸게 팔린 그만큼 감소한다. 서울 시내에서 운전을 할 때, 길이 막혀 시간이 오래 걸리면 GDP는 증가한다. 휘발유 소비량이 늘었기 때문이다(배기가스로 인한 환경오염 효과는 계산이 안되니까 포함도 안 된다.) 대지진으로 폐허가 되어도 GDP는 증가할 수 있다. 재건과 복구를 위해 막대한 정부 예산을 들이면 그만큼 건설투자가 증가한 것이 된다. 이런 식으로 삶의 질을 높이지는 못하지만, GDP를 높이는 경제 활동은 도처에 널려 있다.

게다가 GDP는 분배에 대해서는 아무것도 말하지 않는다. 스웨덴과 멕시코의 GDP 규모는 비슷하지만, 빈부의 격차는 전혀 비슷하지 않다.[179] GDP는 측정상 불완전한 지표다.

고장 난 나침반이 인류 생존을 위협한다

GDP의 가장 큰 문제는 따로 있다. GDP는 인류의 생존을 위협한다. 아이러니다. 인류 진보를 보여주는, 그래도 현실적으로 가장 널리 사용되는 지표가 오히려 반대 역할을 한다니. 이유는 분명하다. GDP가 오직 '숫자로 드러난 경제의 성장'만 바라보는 고장 난 나침반이기 때문이다.

기후 변화 문제는 이미 닥쳐버린 도전이다. 이미 늦었다는 평가 속에서 각국은 어떻게든 합의를 만들어내려 하지만 쉽지 않다. 모두가 '기후협약'을 말하면서도 동시에 '경제 성장'을 가리키는 고장 난 나침반 GDP를 바라보고 있기 때문이다.

앞서 살펴봤듯, 중국같이 지금 성장 중인 나라들은 이미 성장한 나라를 향해 '기후를 빌미로 사다리 걷어차지 말라'고 한다. 어쩌면 이렇게 말할지도 모를 일이다.

"온실가스 누적 배출량은 서구 선진국이 압도적으로 많다. 그런데 왜 지금 우리의 석탄 발전만 문제를 삼냐, 불공평하다. 정말 온실가스 문제가 그렇게 심각하면 선진국들이 먼저 지금 당장 모든 화석연료 발전소를 멈춰라. 우리는 당신들만큼만 배출하고 당신들과 발맞춰 친환경 에너지로 전환하겠다. 그리고 아는지 모르겠는데, 지금 중국은 세계에서 친환경 발전의 양을 가장 많이 늘리는 나라 중의 하나다."

노벨 경제학상을 받은 스티글리츠와 아마르티아센 등은 GDP를 대체할 방법을 연구하기도 했다. 이들은 《GDP는 틀렸다》(원제는 'Mismeasuring Our Lives')로 출간된 '경제 실적과 사회 진보의 계측을 위한 위원회'의 보고서(2010)에서, GDP가 우리의 삶을 잘못 측정하고 있으니 더 나은 지표를 만들자고 했다.[180] 생산량 자체보다는 소득과 소비에 주목하고, 가계의 입장을 중시하고, 소득이나 소비, 재산의 분배를 좀 더 잘 살펴보고, 비시장적 행위로 측정 대상을 넓혀야 한다는 권고를 한다.

하지만 쉽지 않다. 이미 같은 목적으로 UN은 HDI(인간개발지수) 같은 지표를 만들었다. UNDP가 경제뿐 아니라 교육과 수명, 건강, 자유 등의 분야에서 수량화된 지표를 바탕으로 매년 각국의 지수를 발표하고 있다. 인간의 행복과 자유에 관련된 정보를 잘 표현하지만, 활용성은 제한된다. '고장 난 나침반'인 GDP의 영향력이 너무 강력하기 때문이다. 더 간명하면서도 국가 간 비교도 가능한 국민계정 지표가 필요하다. 경제뿐 아니라 복지, 환경, 나아가 인류 생존과 행복까지 담아내는 궁극의 지표를 만들려는 노력이 지금도 계속되는 이유는 여기 있다.

작고한 스웨덴의 의사이자 통계학자인 한스 로슬링의 꿈도 그것이었다. 《팩트풀니스》의 저자로 알려진 로슬링은 온라인 사이트 '갭마인더 Gapminder'를 통해 더 시각적이고 또 명확한 목적의식을 부여할 수 있는 여러 통계를 제시해왔다. 성장률과 물가, 국민소득과 같은 주요 경제지표를 넘어, 숫자보다 중요하지만 쉽사리 잡히지 않는 삶의 가치들을 표현하려는 노력이다. [181]

한국의 민낯을 담을 지표가 필요하다

자살률은 '정신 건강'을 나타내는 근사치로 볼 수 있다. 우리는 자살률 지표에서 언제나 최하위다. 2022년에도 상황은 변하지 않았다. 통계청이 발표한 〈2021년 사망원인통계〉를 보면 인구 10만 명당 자살자는 23.6명이다. OECD 평균 11.1명의 두 배를 넘으며, 부동의 1위다. 10대에서 30대 사망 원인 1위는 자살이다. [182]

344쪽에 나오는 [그림 12-2]처럼 OECD 국가들과 비교하면 어떤 상황인지 더 잘 보일 것이다. 자, 이제 이 사회 통계를 경제 통계와 결합할 차례다.

"GDP는 당신이 가진 것이 얼마나 되는지를 보여주죠. 이제 그 가진 것으로 무언가를 만들면 되는 겁니다."

한스 로슬링이 먼저 걸어간 길을 차용해보자. 의사이자 통계학자인 그는 '갭마인더'에 자신의 의도를 시각화해서 올렸다. [그림 12-3]부터

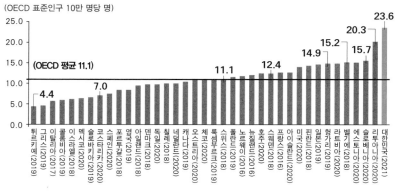

| 그림 12-2 | **OECD 국가들의 자살률**

(OECD 표준인구 10만 명당 명)

- 한국 최근 자료는 OECD 표준인구로 계산한 수치(2022년 9월 기준)
- OECD 평균은 자료 이용이 가능한 38개 국가의 가장 최근 자료를 이용해 계산

자료: OECD CTAT, Health Status Data

[그림 12-5]다. 이어서 나오는 2차원 평면 그래프들을 함께 살펴보자. 가로축은 GDP다. 세로축은 사회 통계다. GDP만 보면 잘 보이지 않는 다른 중요한 가치들을 살피되, GDP도 무시하지 않고 보겠다는 취지다. 국가별 비교인데, 편의상 한국과 비교할 국가는 인구 500만 명 이상이면서 국민소득 기준으로 상위권에 속하는 20개 나라로 한다. 산유국은 제외하고 중국은 포함했다. 원의 크기는 인구의 크기다. 가장 큰 원이 중국이고, 두 번째가 미국이다.

이 그래프에는 GDP만 볼 때는 보이지 않는 풍경이 보인다. 가장 먼저 기대수명과 자살률을 살펴보자. 앞서 언급했듯 자살률은 정신 건강의 척도로, 기대수명은 신체 건강의 척도로 활용 가능하다.

두 기준을 먼저 보는 이유는 우리 사회가 얼마나 건강한가를 살피기 위해서다. 예를 들어, 프랑스가 미국보다 1인당 GDP는 낮지만 태어났

| 그림 12–3 | **기대수명과 자살률**

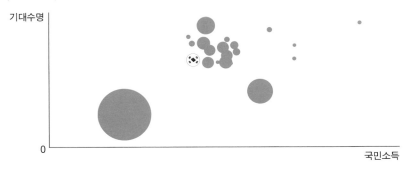

기대수명

0

국민소득

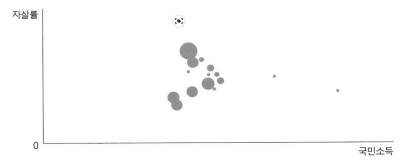

자살률

0

국민소득

자료: 갭마인더

을 때 기대수명은 더 높고, 그 차이는 1960년대 6개월에서 2006년 거의 2년으로 확대됐다.[183] 이런 비교가 가능하다.

한국은 신체 건강을 의미하는 기대수명에서 평균보다 조금 낮다. 그러나 추세적으로는 꾸준히 증가했다. 경제가 성장함에 따라, 사회의 풍요가 증가함에 따라 수명은 증가한다. 경제 성장의 결과다. 그러나 자살률의 잣대로 보면 전혀 다른 풍경이 보인다.

결국 대한민국은 '경제 성장에 따라 신체 건강 수준은 비약적으로 늘었으나, 정신 건강은 심각하게 나빠진 나라'로 평가해볼 수 있다.

다음으로, 세계 최하위권인 출산율이나 노동 시간을 GDP와 함께 바라보면 우리가 얼마나 행복하고 지속 가능한 방식으로 살아가고 있는지를 볼 수 있다. 출산율은 사회 전반의 안전과 경쟁의 강도, 남녀평등의 수준과 육아 비용과 같은 다양한 변수의 영향을 반영한다. 노동 시간도 마찬가지다.

| 그림 12-4 | **출산율과 노동 시간**

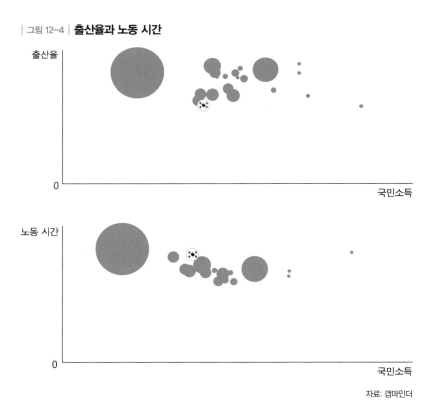

자료: 갭마인더

1인당 온실가스 배출 지표는 환경 측면에서 우리의 발자국을, 부패 정도에 관한 지표는 민주주의 성숙도를 살피는 지표가 된다.

　　조지프 스티글리츠 등은《GDP는 틀렸다》에서 삶의 질을 의미할 수 있는 다양한 보조적 지표들을 제시한다. 건강과 교육, 개인 행위의 자유, 정치적 의견 개진의 자유, 사회적 연계, 환경지표, 치안 등이 있다. 이 가운데 한국은 건강과 교육, 치안 등 지표에서는 비교적 괜찮은 평가를 받는 나라다.

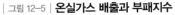

| 그림 12-5 | **온실가스 배출과 부패지수**

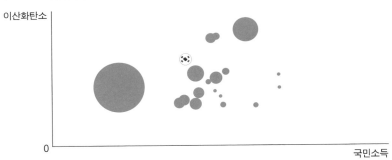

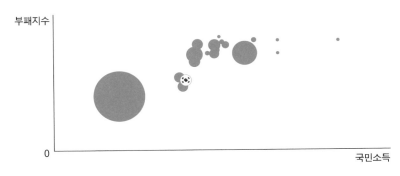

자료: 갭마인더

따라서 이 책에서 자살률과 출산율 그리고 온실가스 등을 GDP와 함께 지표로 살펴보는 것은 다분히 의도적이다. 나쁜 수치를 기록한 지표를 중심으로 본 것이다. GDP 수치가 표현하지 못하는 비경제적 측면의 역설을 더 깊게 바라보자는 취지다.

우리는 경제 기계가 아니다. 경제는 그 자체가 목적이 될 수 없다. 오히려 '삶의 질'이라고 표현되는, 대체로 모호하고 추상적인 지표들 속에 우리의 목적이 있다. 이걸 보지 않는다면 진짜 목적, 성장을 통해 다다르려는 우리 삶의 궁극적 지향을 잊게 된다.

우리는 이미 행복에 이르는 답을 알고 있다

BBC 다큐멘터리 〈행복〉은 행복 전문가들의 입을 빌어 '행복에 이르는 열쇠'를 제시한다. 모두 17개의 열쇠가 있다. 열거하자면 '친구, 돈, 일, 사랑, 성생활, 가정, 아이들, 음식, 건강, 운동, 반려동물, 휴가, 공동체, 미소, 웃음, 정신, 행복한 나이 들기'다.

돈이 두 번째 요소로 들어 있기는 한데, 17개 열쇠 가운데 하나일 뿐이다. 그리고 '돈'을 다룬 내용의 부제는 '행복은 돈으로 살 수 없다'이다. 그리고 이 부제는 행복을 다룬 저명한 경제학자들이 어느 정도는 동의하는 결론이다.

대표적인 학자가 '이스털린의 역설'로 잘 알려진 리처드 이스털린이다. 이스털린은 1974년 발표한 "'경제 성장이 인류를 향상시키나"에 대한 몇 가지 실증적 증거'라는 제목의 논문[184]에서 19개국을 대상으로 1946년에서 1970년 사이 수행된 30건의 조사를 분석했다. 일단 한 국가 안에서 특정 시점에 소득과 행복 사이에는 상관관계가 있다. 가난한 그룹보다는 부유한 그룹이 상대적으로 행복하다(횡단면 비교 Snapshot). 그러나 시간의 경과에 따라 소득이 증가한다는 사실이 언제나 행복의 증가를 의미하지는 않는다(시계열 비교 timeseries).

노벨상 경제학상을 탄 대가들도 이 연구에 뛰어들었다. 불평등 연구의 대가 앵거스 디턴과 경제 심리학(행동경제학)의 장을 연 대니얼 카너먼은 2010년 공동연구를 통해 주관적 행복 well-being을 '인생에 대한 평가 life evaluation'와 '행복감 emotional wellbeing'으로 나누고, 이 두 가지 잣대로 돈이 주관적 행복감에 미치는 영향을 추적했다.[185]

그 결과 돈이 주관적인 행복지표에 영향을 주지 않는다고 결론 내렸다. 소득이나 교육 정도는 인생에 대한 평가와는 밀접한 상관관계를 가졌다. 반면에 건강이나 돌봄, 외로움과 흡연은 행복감과 더 밀접했다. 소득과의 상관관계를 보면 '인생에 대한 평가'는 소득이 늘어날수록 높아졌다. 그러나 '행복감'은 소득 7만 5000달러를 넘어가면 더 이상 높아지지 않았다.

대가들은 높은 소득으로 삶에 대한 만족감 life satisfaction은 살 수 있지만, 행복은 살 수 없다고 결론짓는다.

'행복'이라는 정의하기 어려운 개념을 가장 포괄적으로 측정하고 싶다면, 지난 수십 년간 음식과 연료 소비가 늘어났다고 해서 우리가 더 행복해지지는 않았음을 이해해야 한다. 제프리 삭스가 이끄는 세계 행복 협의회는 2005년 이래 미국인들은 이전보다 더 많이 일하고 더 많이 먹고 더 많이 운전하고 더 많이 소비하는데도 그 어느 때보다 불행하다고 느낀다고 발표했다.[186]

실은 GDP의 발명가 사이먼 쿠즈네츠 역시 1934년의 논문에 이 사실을 적시해놓았다. 우리가 잊을 뿐이다.

"한 국가의 후생 수준은 국민소득이라는 잣대로는 거의 추론하기 어렵다."[187]

2부 다른 호모 이코노미쿠스의 등장

13

인간을 응시하는 경제만
지속 가능하다

"잘사는 사람들은 좋은 사람 되기 쉬워"

박해영 작가의 드라마 〈나의 아저씨〉에서 문장 하나를 빌려 오려 한다. 세상의 풍파에 삐뚤어진 20대 여성의 눈에 비친 세상 풍경을 보면서 경제학이 뭘 해야 하는지를 되짚어보자.

이름은 이지안. 변변찮은 학력의 비정규직이다. 어둡고 무표정한 얼굴. 회사 탕비실 믹스커피를 뭉텅이로 훔친다. 집에 가져가기 위해서다. 식당에서 접시 닦기 알바를 하다가 손님이 먹다 남긴 음식을 몰래 비닐에 싼다. 한밤중 산동네 어두운 단칸방에 홀로 앉아 싸 온 음식을 먹는다. 믹스커피 두 팩을 한 번에 털어 넣어 커피를 끓인다. 잠들지 않고 해야 할 일이 있다.

그마저도 훼방꾼 때문에 집중할 수 없다. 죽은 부모 빚을 재촉하는 추심꾼이 어김없이 등장한다. 집으로 찾아와 돈 내놓으라며 협박을 일삼는다. 반항하자 그녀의 얼굴과 온몸을 샌드백 때리듯 두들겨 팬다.

설상가상으로 못 듣고, 말 못 하고, 못 걷는 할머니까지 딸려 있다. 요양병원에 보냈는데, 병원비 낼 돈이 없다. 어느 밤, 마트에서 훔친 카트에 병원에서 빼낸 할머니를 싣고 야반도주한다. 삶은 버겁고 기댈 곳 없다. 어두운 표정, 차가운 말투, 날 선 눈매 이면에는 가난이 있다.

삐뚤어진 지안은 사기를 치기로 결심한다. 어린 눈에 돈 벌 방법이 보였다. 성공하면 천만 원이다. 잘 챙겨주고 밥도 잘 사주는 40대 부장(이름은 박동훈이다)을 유혹하는 치정극을 꾸민다. 그를 무너트리면 돈을 주겠다는 직장 상사가 있어서다. 그녀는 휴대전화 도청까지 하며 사기행각에 달려든다.

문제는 부장이 너무 착하다는 점이다. 이 아저씨, 자신은 물론 할머니한테까지 잘해준다. 장기요양보호제도를 활용하면 병원비를 내지 않아도 된다는 사실을 알려준다. 할머니를 업어다 단칸방에 모신다. 밥도 사주고, 진심으로 염려한다.

할머니가 지안에게 그 사람 누구냐고 묻는다. 좋은 사람 같다고 말한다. 그러자 지안이 이렇게 답한다. "잘사는 사람들은 좋은 사람 되기 쉬워."

품성이 좋아서 좋은 사람이 되는 게 아니다. 그런 식이라면 지안 자신이 나쁜 사람인 것은 품성이 나빠서이기 때문이어야 한다. 지안은 그렇게 생각할 수가 없다. 가난이라는 상황에 던져졌기에 삐뚤어질 수밖에 없었다. 자신이 차갑고 어두운 사람이 된 것이 가난 때문이듯, 아저씨가 좋은 사람이 된 것은 그의 돈, 그의 조건 때문이다.

이는 삐뚤어진 세계관일 뿐일까? 노벨 경제학상을 수상한 배너지와 뒤플로는 그렇게 보지 않을 것 같다. 지안의 말을 이해할 수 있다고 이렇게 말할 것 같다. "네 말이 틀리지 않는다. 가난한 사람들이 가난한 것은 그들이 처한 조건이 가혹하기 때문일 수 있다."

빈곤 경제학

《가난한 사람들이 더 합리적이다》라는 책의 원제는 '빈곤 경제학 Poor Economics'이다. 이 책의 저자 아비지트 배너지와 에스테르 뒤플로 부부의 대표적인 공로는 '가난을 이해하고 해결하려는 실증적 방법론'이다. 이 방법론을 이해하려면 양극단의 '가난론'을 먼저 살펴야 한다.

"가난은 나랏님도 구제하지 못한다"라고 말하는 사람들이 있다. 세계적으로 그렇게 믿는 사람이 적지 않다. 인류가 빈곤 퇴치를 위해 개발 원조의 명목으로 아프리카에 쏟아부은 돈은 엄청나다. 이 돈을 식량이나 백신으로 환산하면 빈곤과 질병은 벌써 퇴치됐어야 한다. 하지만 기아와 질병은 여전한 현실이다. 따라서 선진국의 극빈국 원조는 소용이 없다.

문제는 수요자들이다. 피원조국 정부가 부패했다면 방법이 없다. 따라서 가난을 구제하는 건 원조보다는 '자유 시장경제 시스템 도입'이다. 가난한 사람들이 스스로 반성하고 스스로 문제 해결하게 내버려둬야 지속 가능한 가난 구제가 가능하다. 극빈국이 스스로 해결해야 한다는 주장이라 '수요론자'라 불린다. 미국 뉴욕대 윌리엄 이스털리 교수가 대표적이다.

여전히 선한 마음의 자선이 중요하다는 사람들도 적지 않다. '대대적인 초기 투자로, 무조건적인 원조로 문제를 해결해야 한다'는 논리다. 공급이 중요하다는 '공급론자'들이다. 미국 컬럼비아대 제프리 삭스 교수가 대표적이다.

우리의 주인공 배너지와 뒤플로 부부는 수요론자도 공급론자도 아니다. 어느 쪽에도 속해 있지 않다. 우선 시야의 전환부터 촉구한다. 도움을 주는 사람 중심으로 보지 마라. 중요한 것은 지금 가난한 사람들의 구체적인 현실이다. 그들은 가난하기 때문에 오늘도 자제력을 발휘해야 하지만, 그 자제력을 발휘한 결과물은 부자들의 결과물에 비해 너무 적다.

다시 말하면, 지안은 밤에 잠자지 않고 버티기 위해 이를 악물어야 한다. 정신력으로 부족하면 커피의 카페인을 빌려야 하는데, 이것은 돈이 든다. 그 돈을 들이지 않으려면 회사 탕비실에서 두 팩의 믹스커피를 절도해야 한다. 빚 독촉을 해결할 천만 원을 벌려면 사기 치는 것 말고는 방법이 없어 보인다. 최저임금 일자리만 돌아서야 방법이 없으니까. 팍팍하고 나쁘게 살아야 한다.

그러나 좋은 아저씨, 박동훈 부장은 다르다. 지안에게 밥을 사주려고 무엇인가를 절제할 필요는 없다. 애초에 사채를 쓸 필요도 없다. 신용이 있으니 제1금융권에서 낮은 이자에 수억 원을 빌릴 수 있을 것이다. 지안이 필요한 천만 원 정도는 아마 통장에서 꺼내기만 해도 충분할 것이다.

부자와 가난한 사람은 발휘해야 하는 절제력의 크기 자체가 다르다. 그리고 그 결과물도 다르다. 그래도 가난한 사람이 나쁜 사람이 되는 것이 품성의 문제이고 가정교육의 문제일까. 다음은《가난한 사람들이 더 합리적이다》의 일부다.

가난한 사람들은 저축을 위해 매주 혹은 매일 차 한 잔 값을 아껴야 한다. 다시 말하면 매주, 혹은 매일 자제력을 발휘해야 한다. 극심한 스트레스를 유발하지만 그렇게 모은 돈은 사실 얼마 되지 않는다. 더 슬픈 일은 그 자제력을 잃었을 때 감당해야 할 대가가 부유한 사람보다 훨씬 심각하다는 점이다. 반대로 부유한 사람은 애초에 자제력을 발휘할 필요가 적다. 저축을 위해 굶거나, 자녀를 학교에 보내기 위해 한 달 내내 쉬지 않고 일할 필요도 없다. 훨씬 적은 자제력만 발휘해도 훨씬 큰 효과를 볼 수 있다.

가난한 사람이 가난에서 벗어나지 못하는 이유는 그만큼의 돈을 저축하지 않기 때문인데, 그만큼의 돈을 저축하려면 부자들이 훨씬 많은 돈을 저축하는 것보다 훨씬 많은 자제력을 발휘해야 한다.

가난한 사람에게 불리한 도덕적 잣대

배고픈 사람이라고 해서 하루 종일 배고프다는 생각만 하지는 않는다. 나름의 희망과 욕구 그리고 선호를 가지고 살아간다. 그런데 그들의 이런 '지극히 인간적인' 모습은 종종 도덕적 비난의 대상이 되기도 한다.

극빈 상태에 놓인 케냐인은 선진국의 원조 등으로 돈이 생기면 무엇을 할까? 원조하는 사람들은 그들이 자신과 가족을 위해 식량을 사기를 기대한다. 그리하여 가난을 해결하고, 일하고, 그 돈으로 자녀 교육을 해서 더 나은 삶을 살길 기대한다.

그러나 그들은 때때로 그 돈으로 식량 대신 휴대전화를 산다. 더 오래 쓰고 싼 비누 대신 일회용 샴푸를 사고, 담배와 펜, 장난감과 사탕을 살지도 모른다. 실제로 그랬다.

영양실조였지만 소득이 늘어 식비로 지출할 돈이 많아진 탄자니아인, 그들은 늘어난 식비로 영양학적으로 가성비가 뛰어난 작물(이를테면 '수수')을 사지 않는다. 훨씬 비싸지만, 영양분은 적은 쌀이나 밀을 산다. 그리고 심지어 훨씬 비싸지만, 영양학적 가치는 거의 없는 설탕을 사 먹기도 한다.

왜 가난한 모로코인들은 먹고살기도 힘든데 텔레비전을 살까? 왜 가난한 아이들은 선진국의 지원으로 학교가 만들어져 교육의 기회가 주어져도 학교에 가지 않는 것일까? 말라리아를 막으려 모기장을 줬는데 왜 결혼식 면사포로 쓸까? 또 위생변기를 주면 왜 화분으로 쓰고, 콘돔을 주면 풍선으로 가지고 놀까. 시설 좋고 무료인 공공병원 대신, 왜 돈을 더 내고 '야매' 사설병원을 찾을까? 대체 가난한 사람들은 왜 더 나은 삶의 길을 선택하지 않고 오히려 더 가난해지는 길을 선택하는 것일까?

이 풀리지 않는 의문 앞에서, 선진국의 근면한 사람들은 도덕적 비판을 가하기 쉽다. 빅토리아 시대 영국인은 '가난한 사람은 참을성이 부족하고 앞일을 생각하지 않는다'고 생각했다 한다. '가난은 나랏님도 구제하지 못한다'는 탄식이다. 이런 시각은 요즘도 계속된다. 노벨 경제학상을 받은 게리 베커는 "사람들은 재산을 소유하면 예전보다 참을성 있게 행동하려 한다"라고 관찰한다. 돌려 말했겠지만 가난한 사람들은 참을성이 없다는 의미다.

뒤플로와 배너지는 의문을 제기한다. 가난한 사람들에게 지나치게 불리한 도덕적 잣대를 들이대는 게 아니냐고 반문한다. 의미가 없을 뿐만 아니라 불공평하다. 그들도 사람이고, 그들도 자유가 있다.

게다가 그들은 가난 극복을 위해서는 엄청난 노력과 인내, 자제심을 발휘해야 한다. 우리가 발휘하는 사소한 인내심과는 비교가 되지 않는 절제를 해야 한다.

게리 베커의 표현을 그대로 돌려주자면 부자가 참을성이 있는 것이 아니라 부자는 참기가 쉽고, 참았을 때 얻는 것도 훨씬 많다. 가난한 사람들의 인식, 행동, 무절제를 비판하지 말고, 구체적인 현실에 구체적으로 대응해 빈곤 극복을 위한 최선의 방법론을 찾아내보자.

사실 가난과 빈곤의 악순환에서 무엇이 먼저인지 알 수 없다는 진실은 문학의 오랜 주제다. 가난한 것은 기술이 없어서다. 역으로 가난하면 기술을 배울 수 없고, 그러면 또 가난해진다. 빈곤층에게는 열심히 일하겠다는 의욕이 없다. 주변에 열심히 일하는 사람이 없기 때문일지도 모른다. 이 경우에는 역할 모델의 부재가 가난의 대물림의 원인이 된다. 원인과 결과가 뒤범벅이 된다.[188]

현실에 구체적으로 가닿는 빈곤 극복의 대안

뒤플로 부부는 개발도상국에서 가난한 사람들이 돈이 생길 때마다 벽돌을 사서 집을 짓는 걸 관찰한다. 그렇게 집을 지으려면 몇 년은 걸린다. 돈이 생기면 집을 짓고, 없으면 여윳돈 다시 생길 때까지 멈추니까. 한꺼번에 돈을 모으기는 불가능하고, 조금씩 생기는 돈을 놔두면 써버리니 그러는 거다. 이를테면 벽돌로 저축을 한다.

이 사람들에게 필요한 건 저축을 더 쉽게 할, 촉진할 방법을 찾는 것이다. 이를테면 저축을 위해 스스로 약간의 자제력을 발휘할 때마다 그에 상응하는 벽돌을 좀 더 지급한다. 자제력에 상을 주는 방식으로 보상하면 그들의 자제력은 더 많아질 것이고, 그 결과물은 더 커진다.

가난한 사람들이 자꾸 출산을 하면 빈곤은 더 심해진다는 이론이 있다. 영국의 경제학자 토머스 로버트 맬서스는 '다산'이 '멸망의 지름길'이라고 했고 앞서 언급한 게리 베커는 "자녀가 늘면 인적자본 투자가 감소한다"라고 말한다(역시 경제학은 우울하다). 그래도 빈곤국 사람들은 계속해서 아이를 낳는다. 셋, 넷이 아니라 열 명씩 낳는다.

여러 이유가 있다. '여럿을 낳으면 하나는 나중에 나를 부양하겠지' 라는 보험적 성격이 있다. 또는 가부장적 사회에서 '여성이 부부 성생활의 주도권을 쥐지 못한 현실' 때문에 피임을 할 수 없기 때문이다. 아니면 다산을 장려하는 사회적 관습 때문일 수도 있다.

결국 문제는 '노후 걱정'이거나 '남녀평등' 혹은 '사회적 관습'이다. 자식 여럿 낳지 않아도 노후 걱정하지 않게 건강보험이나 노령연금 같은 사회적 안전망을 만들어주면 어떨까. 또는 남편이 없을 때 간호사가 여성에게 방문해 성생활 정보를 주는 방법은 어떨까. 그냥 '다산은 멸망의 지름길'이라는 표어로 강요하거나 남자에게 콘돔을 나눠주는 자선을 행한다고 문제를 해결할 순 없다는 걸 알지 않는가.

아이들은 왜 학교에 가지 않을까? 특히 여학생들은 왜 그럴까? 뒤플로 부부는 학교에 가봐야 취직이 안 되는 현실, 배가 고파서, 학교에 가도 교육의 질이 떨어져서(교사들의 잦은 결근 등) 그렇다는 사실을 발견한다.

해법은 기상천외하다. 아이들에게 구충약을 나눠준다. 보건 상태가 개선되면 더 건강하고 출석률이 높아진다는 발상이다(실화다). 학부모들을 상대로 콜센터 취업 설명회를 한다. 3년이 지나니 5~11세 여아 취학률이 5% 높아지고 여학생 체중도 늘었다. 교사들이 수업 시간을 준수하게 하고, 수업 시간에 잡담을 못 하게 해야 할지도 모른다. 부국의 지원으로 갑자기 교사가 된 사람들 역시 교사가 갖춰야 할 여러 기술적 자질을 못 가졌을 수 있으니.

멕시코에는 '프로그레사'라는 유명한 복지정책이 있다. 이것은 조건부 보조 프로그램이다. 자녀를 일하러 보내는 대신 학교에 보내면 손실 보상 차원의 보조금을 준다. 교육 수요를 자극한다. 처음에는 무작위로 마을을 선정해 돈을 지급해보는 시범 프로젝트였는데 대성공한다. 중학교 여학생 취업률은 67%에서 75%로, 남학생은 73%에서 77%로 올라간다.

그러자 정권이 교체된 뒤에도 정책은 계속된다. 정책의 이름은 '오퍼튜니다데스Oportunidades'라고 바뀌었지만 지속되었다. 그리고 멕시코를 넘어 전 세계로 확산된다.

뒤플로 부부의 해법 일부는 옆구리를 슬쩍 찔러주는 '넛지' 같아 보이기도 한다(《넛지》의 저자 리처드 탈러 역시 2017년 노벨 경제학상을 받았다). 또 일부는 수요론자의, 일부는 공급론자의 방식이다. 중요한 건 '법칙'이 아니고 '구체적 현실을 응시하는 시선'이다. 인간에 관한 이해다.

언론에서는 부부가 '빈곤 문제에 미시적으로 접근했다'고 평가한다. 이 미시적이라는 말은 '구체적 현실에 대응하는 구체적 해법을 탐구한다'고 풀이할 수 있다. 구체적인 인간의 행동 그 자체를 응시하고 맞춤형 해법을 내놨다는 것이다.

부부의 경제학상 수상은 어쩌면 '비경제학적인 깨달음'을 선사한다. 더는 '법칙'이나 '일반 이론'에 집착하지 마라. 가난한 사람들을 '지나치게 도덕적 잣대'로 바라보지 마라. 인간을 보라. 현실에서 살아 있고 숨 쉬는 인간을 보라.

그리고 이 비경제학적 깨달음이 실은 경제라는 것의 진정한 목적과 닿아 있을지도 모른다. 조금 다른 시각이지만, 호모 이코노미쿠스들이 바라보아야 할 진정한 경제 이야기 말이다. 인간에 가닿은 경제학자들, 뒤플로 부부의 이 당부를 기억하자.

자신이 원하는 모든 것이 멀리 떨어져 있는 상황에서 희망을 유지하기는 매우 어렵다. 골대를 조금 가깝게 밀어주는 것은 가난한 사람이 골대를 향해 달려가는 첫걸음을 내딛도록 하기 위해 반드시 필요한 일이다.

가난의 뿌리를 근절할 스위치는 없다. 하지만 좋은 의도를 품은 사람들과 함께 실행 가능한 방법과 아이디어를 개발하자. 더 나은 세계를 만들 것이다.[189]

주석

머리말

1 CNN(2016.4.10.) 'Obama admits worst mistake of his presidency'

2 《The Atlantic》(2016.3.10.) 'The Obama Doctrine: The Atlantic's Exclusive Report on the U.S. President's Hardest Foreign Policy Decisions'

3 BBC(2019.6.27) 'G20 정상회의: 회원국은 어떤 기준으로 정해졌을까'

4 애덤 투즈 지음, 우진하 옮김, 《붕괴》, 아카넷, 2019

5 헨리 데이비드 소로 지음, 강승영 옮김, 《월든》, 은행나무, 2011

1부 새로운 글로벌 경제의 시대

여는 글

6 네이선 울프 지음, 강주현 옮김, 《바이러스 폭풍의 시대》, 김영사, 2011

7 콜린 칼·토마스 라이트 지음, 이기동 옮김, 《애프터쇼크》, 프리뷰, 2022

8 Laura Spinney(2017), Pale Rider: The Spanish Flu of 1918 and How It Changed the World, 《애프터쇼크》에서 재인용

9 로버트 하일브로너·레스터 서로 지음, 조윤수 옮김, 《경제학은 무엇을 말할 수 있고 무엇을 말할 수 없는가》, 부키, 2013

1장 ──

10 요시 셰피 지음, 김효석·류종기 옮김, 《뉴 애브노멀》, 드루, 2021

11 《파이낸셜타임스》(2022.05.31.) 'Janet Yellen admits she was "wrong" about inflation threat'

12 《한겨레》(2021.10.12.) 노벨 경제학상 데이비드 카드 '코로나19 영향 해석하려면 수십 년 걸린다.'

13 《이코노미스트》(2021.11.6.) '월스트리트가 가격결정력에 주목한다(Pricing power is highly prized on Wall Street)'

2장 ——

14 KBS(2022.1.26.) '그래도 러시아가 전면전은 감행 못 할 경제적 이유'

15 https://www.levada.ru/en

16 애덤 투즈 지음, 우진하 옮김, 《붕괴》, 아카넷, 2019

17 애덤 투즈 지음, 우진하 옮김, 《붕괴》, 아카넷, 2019

18 애덤 투즈 지음, 우진하 옮김, 《붕괴》, 아카넷, 2019

19 후베르트 자이펠 지음, 김세나 옮김, 《푸틴》, 지식갤러리, 2018, 재인용

20 스티븐 리 마이어스 지음, 이기동 옮김, 《뉴 차르》, 프리뷰, 2016

21 애덤 투즈 지음, 우진하 옮김, 《붕괴》, 아카넷, 2019

22 마이크 헤인스 지음, 이수현 옮김, 《다시 보는 러시아 현대사》, 책갈피, 2021

23 1999년 12월 러시아 정부 웹사이트에 올려진 푸틴의 국정 어젠다를 담은 공약집 〈밀레니엄 전환기의 러시아〉의 내용. 공약집은 5천 단어에 이른다. 《뉴 차르》(스티븐 리 마이어스, 2015)에서 재인용

24 스티븐 리 마이어스 지음, 이기동 옮김, 《뉴 차르》, 프리뷰, 2016

25 마이크 헤인스 지음, 이수현 옮김, 《다시 보는 러시아 현대사》, 책갈피, 2021

26 《포브스》(2022.03.29.) 'Putin's Poisonous Playbook-Before Abramovich, Russia Has A Dark History Of Reportedly Poisoning Opponents'

27 대릴 커닝엄 글·그림, 장선하 옮김, 《푸틴의 러시아》, 어크로스, 2022

28 대릴 커닝엄 글·그림, 장선하 옮김, 《푸틴의 러시아》, 어크로스, 2022

29 스티븐 리 마이어스 지음, 이기동 옮김, 《뉴 차르》 2016

30 애덤 투즈 지음, 우진하 옮김, 《붕괴》, 아카넷, 2019

31 애덤 투즈 지음, 우진하 옮김, 《붕괴》, 아카넷, 2019

32 후베르트 자이펠 지음, 김세나 옮김, 《푸틴》, 지식갤러리, 2018, 재인용

33 《뉴시스》(2022.03.25.) '우크라 "하루에 재블린, 스팅어 500기씩 필요" 美에 요청'

34 아래 기사들을 참고할 것.
- 기름값을 내려야 하는 바이든에겐 '나쁜 선택지'만 있다(Biden Has 'Only Bad Options' for Bringing Down Oil Prices). 《뉴욕타임스》(2022.6.5.)
- 러시아의 우크라이나와의 100일 전쟁은 끝이 보이지 않아 전 세계 비용을 위협하고 있다(Russia's War on Ukraine at 100 Days Has No End in Sight, Threatening Global Costs). 《월스트리트저널》(2022.6.3.)
- "푸틴은 소모전에서 서방이 먼저 눈을 깜박일 것이라고 생각한다"라고 러시아 고위층이 말했다(Putin thinks West will blink first in war of attrition, Russian elites say). 《워싱턴포스트》(2022.6.3.)
- 새로운 핵의 시대(A New Nuclear Era)《이코노미스트》(2022.6.2.)

35 《가디언》(2022.2.28.) 'Why Vladimir Putin has already lost this war'

3장 ——

36 https://n.news.naver.com/article/056/0011343254

37 KBS(2022.7.13.) '요즘 인플레이션의 MBTI를 알고 싶다'

38 로버트 L. 하일브로너·레스터 C. 서로우 지음, 조윤수 옮김, 《경제학은 무엇을 말할 수 있고 무엇을 말할 수 없는가》, 부키, 2009

39 김용범 지음, 권순우 정리, 《격변과 균형》, 창비, 2022

40 오건영 지음, 《인플레이션에서 살아남기》, 페이지2, 2022

41 Paul Krugman(2020.3) *The case for permanent stimulus*, CEPR, Mitigating the COVID Economic Crisis: Act Fast and Do Whatever It Takes

42 에드워드 챈슬러 지음, 임상훈 옮김, 《금리의 역습》, 위즈덤하우스, 2023

4장 ——

43 니컬러스 웝숏 지음, 이가영 옮김, 《새뮤얼슨 vs 프리드먼》, 부키, 2022

44 《이코노미스트》(2022.6.17.) 'what is stagflation, and might it make a comeback?'

45 《뉴욕타임스》(2022.6.5.) 'Biden Has "Only Bad Options" for Bringing Down Oil Prices.'

46 O. A. Westad(2007), *The Global Cold War*, Cambridge University Press

47 《이코노미스트》(2022.7.5.) 'Brad DeLong asks what America can learn from its past bouts of inflation.'

48 Merton(1968:477) "a false definition of the situation evoking a new behavior which makes the originally false conception come true"

5장 ——

49 《파이낸셜타임스》(2019.8.5.) '아시아의 전략적 질서가 죽어가고 있다(The Asian strategic order is dying)'

50 리처드 맥그레거 지음, 송예슬 옮김, 《미국, 새로운 동아시아의 질서를 꿈꾸는가》, 메디치미디어, 2019

51 레이 달리오 지음, 송이루·조용빈 옮김, 《변화하는 세계 질서》, 한빛비즈, 2022

52 김학재 지음, 《판문점 체제의 기원》, 후마니타스, 2015

53 김희교 지음, 《짱깨주의의 탄생》, 보리, 2022

54 이명찬 지음, 《일본인들이 증언하는 한일역전》, 서울셀렉션, 2021

55 이와사키 히로미츠, 《동양경제》 온라인판(2020.1.26.)

56 《뉴시스》(2020.10.11.) "'평균임금, 한국이 곧 추월… '싼 일본' 해소 급선무" 산케이'

57 KBS(2021. 5. 31.) '日 외무상 "위안부 문제 해결?⋯ 한국 측 골대 항상 움직여"'

58 무라야마 담화(1993)가 나오기 전후 전직 일본 총리이자 자민당 원로였던 다케시타 노보루 주장. 리처드 맥그레거 지음, 송예슬 옮김, 《미국, 새로운 동아시아의 질서를 꿈꾸는가》, 메디치미디어, 2019, 재인용

59 Odd Arne Westad(2011), *The Global Cold War*, Cambridge University Press

60 이정동 지음, 《최초의 질문》, 민음사, 2022

61 〈KBS 뉴스〉(2021. 10. 26.) '미중 분리시대 1막 1장 ② 냉전 모드로 회귀하는 미국'
〈KBS 뉴스〉(2021. 7. 3.) '붉은 자본 100년 ① 혁신의 첨단에 선 중국, 붕괴는 멀리 있다'
〈KBS 뉴스〉(2021. 7. 4.) '붉은 자본 100년 ② '비호감' 자본주의에 이웃마음 떠났다'

62 《이코노미스트》(2021. 9. 25.) 'AUKUS reshapes the strategic landscape of the Indo-Pacific'

63 류재원·홍재화 지음, 《트레이드 워》, 시공사, 2022

64 CSIS(2022. 4) 'Regional Perspectives on the Indo-Pacific Economic Framework'

65 《이코노미스트》(2022. 10. 29.) '잘 있거라, 자유방임이여(Adieu, laissez-faire)'

66 루카스 베드나르스키 지음, 안혜림 옮김, 《배터리 전쟁》, 위즈덤하우스, 2023

67 콜린 칼·토마스 라이트 지음, 이기동 옮김, 《애프터쇼크》, 프리뷰, 2022

68 https://www.whitehouse.gov/briefing-room/speeches-remarks/2022/07/26/remarks-by-president-biden-in-meeting-with-ceos-and-labor-leaders-on-the-importance-of-passing-the-chips-act/

6장 —

69 존 델러리·오빌 셸 지음, 이은주 옮김, 《돈과 힘》(문학동네, 2015)에서 재인용

70 리처드 맥그레거 지음, 송예슬 옮김, 《미국, 새로운 동아시아 질서를 꿈꾸는가》, 메디치미디어, 2019

71 《뉴욕타임스》(2022. 6. 5.) 'Biden Has "Only Bad Options" for Bringing Down Oil Prices'

72 Biden gets testy: 'What a silly question'
(https://youtu.be/54XX-03obzg)

73 The Saudi prince: how dangerous is MBS?(유튜브, 《이코노미스트》, 2022. 8. 27.)

74 《이코노미스트》(2022. 2. 9.) 'A new low for global democracy'
https://www.economist.com/graphic-detail/2022/02/09/a-new-low-for-global-democracy

75 《이코노미스트》(2022. 2. 9.) 'A new low for global democracy'

76 Larry Diamond(Journal of Democracy, Vol 26, Issue 1, January 2015)

77 D. Caugheyand & C. Warshaw(2022), *Dynamic Democracy*, The University of Chicago Press

78 Ordering Power(Dan Slater, 2010)에서 재인용

79 Bruce Bueno de Mesquita & George W. Downs(2005), Development and Democracy, Foreign Affairs

80 《뉴욕타임스》(2022. 6. 21.) '확장되는 감시국가 중국에 관해 《뉴욕타임스》심층 조사로 새롭게 드러난 네 가지(Four Takeaways From a *Times* Investigation Into China's Expanding Surveillance State)'

81 https://www.youtube.com/watch?v=_Z7CAgCglYo

82 Samuel P. Huntington(1970), Social and Institutional Dynamics of One-Party System, Basic Books

83 《이코노미스트》(2022. 2. 9.) 'A new low for global democracy'

84 오드 아르네 베스타드 지음, 문명기 옮김, 《잠 못 이루는 제국》, 까치, 2014

85 그레이엄 앨리슨 지음, 정혜윤 옮김, 《예정된 전쟁》, 세종서적, 2018

86 브루킹스연구소(2020. 12. 20.) 'Obama's past and Biden's future with China'

87 《뉴욕타임스》 'Europe's Energy Crisis May Get a Lot Worse'
《월스트리트저널》 'Facing Russian Gas Cuts, Europe Dims lights, Cools Pools and Shortens Showers'
《블룸버그》 'The Great European Energy Crisis Is Now Coming for Your Food'

88 《동아일보》(2023. 3. 13.), '현대차, 중국형 전기차-SUV로 中서 재기 노린다'

2부 다른 호모이코노미쿠스의 등장

여는 글

89 룰루 밀러 지음, 정지인 옮김, 《물고기는 존재하지 않는다》, 곰출판, 2021

90 룰루 밀러 지음, 정지인 옮김, 《물고기는 존재하지 않는다》, 곰출판, 2021

7장 ──

91 《뉴욕타임스》(2018. 6. 27.) 'Apple and Samsung End Smartphone Patent Wars'

92 스콧 갤러웨이 지음, 이경식 옮김, 《플랫폼 제국의 미래》, 비즈니스북스, 2018

93 《아난드테크》(2021. 10. 4.) 'The Apple A15 SoC Performance Review: Faster & More

Efficient'

94 《한국경제》(2022.09.10.) "'퀄컴마저 TSMC로 떠날 판'… 삼성, 이대로 가면 "치명상""

95 〈케이벤치〉(2022.3.8.) '퀄컴, 차세대 플래그십 스냅드래곤 위탁생산 TSMC에 맡긴다'

96 《한국경제》(2022.7.8.) '삼성 "3나노 양산" 평가절하한 日… "TSMC 앞선 것 아냐"'

97 권석준 지음, 《반도체 삼국지》, 뿌리와이파리, 2022

98 《뉴스핌》(2022.11.14.) '삼성전자, 자사칩 엑시노스 버리나… 갤S23에 퀄컴 AP 전량 탑재설'

《매일경제》(2022.9.28.) '삼성전자, 갤럭시S23에 엑시노스 탑재 놓고 갈등?'

《베타뉴스》(2022.7.29.) '삼성전자, 삼성, "갤럭시S에 엑시노스 칩셋 절대 포기못해"'

99 권순용 지음, 《반도체 넥스트 시나리오》, 위즈덤하우스, 2021

100 KBS(2021.1.26.) '첨단 반도체 "승자독식"은 TSMC 몫?… 삼성의 미래는?'

101 리처드 맥그리거 지음, 송예슬 옮김, 《미국, 새로운 동아시아 질서를 꿈꾸는가》, 메디치미디어, 2019

102 《연합뉴스》(2022.7.27.) '日 정부, 낸드 2위 키옥시아에 9천억 원 지원… "1위 삼성에 대항"'

103 폴 볼커·교텐 토요오 지음, 안근모 옮김, 《달러의 부활》, 어바웃어북, 2020

8장 ——

104 《뉴욕타임스》 부고 모음집 〈헨리 포드〉편

105 《뉴욕타임스》 부고 모음집 〈헨리 포드〉편, 1944년 9월 인터뷰

106 레이 달리오 지음, 송이루·조용빈 옮김, 《변화하는 세계 질서》, 한빛비즈, 2022

107 애덤 투즈 지음, 조행복 옮김, 《대격변》, 아카넷, 2020

108 애덤 투즈 지음, 조행복 옮김, 《대격변》, 아카넷, 2020

109 Christopher Tassava, 'The American Economy during World War II', EH. Net Encyclopedia, edited by Robert Whaples, February 10, 2008. URL http://eh.net/encyclopedia/the-american-economy-during-world-war-ii/

110 하노 벡·우르반 바허·마르코 헤르만 지음, 강영옥 옮김, 《인플레이션》, 다산북스, 2021

111 폴 볼커·교텐 토요오 지음, 안근모 옮김, 《달러의 부활》, 어바웃어북, 2020

112 마이클 샌델 지음, 함규진 옮김, 《공정하다는 착각》, 와이즈베리, 2020

113 레이 달리오 지음, 송이루·조용빈 옮김, 《변화하는 세계 질서》, 한빛비즈, 2022

114 레이 달리오 지음, 송이루·조용빈 옮김, 《변화하는 세계 질서》, 한빛비즈, 2022

115 하버드대학 중국연구소 지음, 이은주 옮김, 《하버드대학 중국 특강》, 미래의창, 2018(中 〈아시아를 이끄는 국가가 될 수 있을 것인가〉, 오드 아르네 베스타)

116 하버드대학 중국연구소 지음, 이은주 옮김, 《하버드대학 중국 특강》, 미래의창, 2018(中 〈중국은 고성장 기조를 유지할 수 있을까〉, 리처드 쿠퍼)

117 레이 달리오 지음, 송이루·조용빈 옮김, 《변화하는 세계 질서》, 한빛비즈, 2022
118 레이 달리오 지음, 송이루·조용빈 옮김, 《변화하는 세계 질서》, 한빛비즈, 2022
119 스콧 갤러웨이 지음, 이경식 옮김, 《플랫폼 제국의 미래》, 비즈니스북스, 2018
120 《연합뉴스》 '중국 성장의 그늘… 도시-농촌 빈부 격차 심각'
    www.yonhapnews.co.kr/bulletin/2017/12/08/0200000000A
    KR20171208166300074.HTML?input=1195m
121 《노컷뉴스》 '굶기하는 中, 추락하는 농민공, 분노하는 중국인'
    www.nocutnews.co.kr/news/4888825
122 《연합뉴스》 '자산 평등 앞세운 공산주의 중국, 빈부 격차 갈수록 악화'
    http://www.yonhapmidas.com/article/171006173644_445350
123 베링턴 무어 지음, 진덕규 옮김, 《독재와 민주주의의 사회적 기원》, 까치, 1990
124 Dan Slater(2010), *Ordering Power*, Cambridge University press
125 Bruce Bueno de Mesquita, Alastair Smith, Randolph M. Siverson, James D. Morrow(2003), *The Logic of Political Survival*, MIT Press
126 브루노 브루스 데 메스키타 지음, 이미숙 옮김, 《독재자의 핸드북》, 웅진지식하우스, 2012
127 하버드대학 중국연구소 지음, 이은주 옮김, 《하버드대학 중국 특강》, 미래의창, 2018(中 〈반부패 운동에 숨겨진 실제 의도는 무엇인가〉, 퓨 스미스)
128 로드릭 맥파커 지음, 김재관·정해용 옮김, 《중국 현대정치사》, 푸른길, 2012
129 KBS(2022.10.26.) '후진타오 전 中 주석, 진짜 끌려 나갔나?… "의도된 퇴장" 분석'
130 오드 아르네 베스타 지음, 문명기 옮김, 《잠 못 이루는 제국》, 까치, 2014
131 대런 애쓰모글루·제임스 A. 로빈슨 지음, 장경덕 옮김, 《좁은 회랑》, 시공사, 2020

9장 ──

132 그레이스 블레이클리 지음, 안세민 옮김, 《금융 도둑》, 책세상, 2021
133 이하경 지음, 《달러 없는 세계》, 바른북스, 2019
134 《가디언》(2019.1.20.) 'World's 26 richest people own as much as poorest 50%'
135 〈Oxfam〉(2022.1.17.) 'Ten richest men double their fortunes in pandemic while incomes of 99 percent of humanity fall'
136 London's poverty profile, 2021
137 티머시 J. 롬바르도 지음, 강지영 옮김, 《블루칼라 보수주의》, 회화나무, 2022
138 앤드루 양 지음, 장용원 옮김, 《보통 사람들의 전쟁》, 흐름출판, 2019
139 대니 로드릭 지음, 이강국 옮김, 《그래도 경제학이다》, 생각의힘, 2016
140 조너선 D. 오스트리·프라카쉬 룬가니·앤드루 버그 지음, 신현호 외 2명 옮김, 《IMF, 불평

등에 맞서다》, 생각의힘, 2020

141 밥 우드워드 지음, 이재학 옮김, 《공포(fear)》, 가로세로연구소, 2019

142 Edward Luce(2017), *The retreat of Western Liberalism*, Atlantic Monthly Press

143 앤 케이스 · 앵거스 디턴 지음, 이진원 옮김, 《절망의 죽음과 자본주의의 미래》, 한국경제신문사, 2021

144 콜린 칼·토마스 라이트 지음, 이기동 옮김, 《애프터쇼크》, 프리뷰, 2022

145 마이클 샌델 지음, 함규진 옮김, 《공정하다는 착각》, 와이즈베리, 2020

146 구해근 지음, 《특권 중산층》, 창비, 2022

147 조귀동 지음, 《세습 중산층 사회》, 생각의힘, 2020

148 마이클 샌델 지음, 함규진 옮김, 《공정하다는 착각》, 와이즈베리, 2020

10장 ——

149 콜린 칼·토마스 라이트 지음, 이기동 옮김, 《애프터쇼크》, 프리뷰, 2022

150 《블룸버그》(2022. 9. 6.) 'China Growth to Average 4.5% This Decade, Oxford Economics says'

151 이철희, 〈한국의 출산장려정책은 실패했는가: 2000~2016년 출산율 변화요인 분해〉, 2017

152 조영태 지음, 《정해진 미래》, 북스톤, 2016

11장 ——

153 노암 촘스키·로버트 폴린 지음, 이종민 옮김, 《기후 위기와 글로벌 그린 뉴딜》, 현암사, 2021

154 이 장 전체는 이 책들에 빚을 지고 있다.
빌 브라이슨 지음, 이덕환 옮김, 《거의 모든 것의 역사》, 까치, 2009
칼 에드워드 세이건 지음, 홍승수 옮김, 《코스모스》, 사이언스북스, 2006
카를로 로벨리 지음, 김현주 옮김, 《모든 순간의 물리학》, 쌤앤파커스, 2016

155 조너선 사프란 포어 지음, 송은주 옮김, 《우리가 날씨다》, 민음사, 2020

156 빌 브라이슨 지음, 이덕환 옮김, 《거의 모든 것의 역사》, 까치, 2009

157 빌 브라이슨 지음, 이덕환 옮김, 《거의 모든 것의 역사》, 까치, 2009

158 조너선 사프란 포어 지음, 송은주 옮김, 《우리가 날씨다》, 민음사, 2020

159 호프 자런 지음, 김은령 옮김, 《나는 풍요로웠고, 지구는 달라졌다》, 김영사, 2020

160 호프 자런 지음, 김은령 옮김, 《나는 풍요로웠고, 지구는 달라졌다》, 김영사, 2020

161 호프 자런 지음, 김은령 옮김, 《나는 풍요로웠고, 지구는 달라졌다》, 김영사, 2020

162 조너선 사프란 포어 지음, 송은주 옮김, 《우리가 날씨다》, 민음사, 2020

163 조너선 사프란 포어 지음, 송은주 옮김, 《우리가 날씨다》, 민음사, 2020

164 카를로 로벨리 지음, 김현주 옮김, 《모든 순간의 물리학》, 쌤앤파커스, 2016

165 《중앙일보》(2021. 11. 14.) '탈석탄 서명·NDC 발표… 탈 많았던 COP26 속 한국의 성과는'
《경향신문》(2021. 11. 14.) '반쪽짜리 글래스고 기후합의… "탈석탄" 아닌 "석탄감축" 머물러'

166 《연합뉴스》(2021. 11. 14.) '툰베리 기후합의 혹평… "요약해줌: 어쩌구저쩌구 헛소리"'

167 BBC(2021. 10. 21.) 'COP26: Document leak reveals nations lobbying to change key climate report'

168 https://ourworldindata.org/

169 https://ourworldindata.org/co2-emissions

170 KOTRA 방글라데시(2010. 08. 30.) '기후 변화 대응과 시사점'

171 조너선 사프란 포어 지음, 송은주 역, 《우리가 날씨다》, 민음사, 2020

172 KBS(2020. 8. 23.) '10년 뒤 태풍 오면 인천공항·국회의사당도 물에 잠긴다.'

12장 ——

173 데이비드 필링 지음, 조진서 옮김, 《만들어진 성장》, 이콘, 2019

174 호프 자런 지음, 김은령 옮김, 《나는 풍요로웠고, 지구는 달라졌다》, 김영사, 2020, 재인용

175 콜린 칼·토마스 라이트 지음, 이기동 옮김, 《애프터쇼크》, 프리뷰, 2022

176 Martin Feldstein(2017), *Underestimating the Real Growth of GDP, Personal Income, and Productivity*, Journal of Economic Perspectives

177 아비지트 배너지·에스테르 뒤플로 지음, 김승진 옮김, 《힘든 시대를 위한 좋은 경제학》, 생각의힘, 2020

178 〈NBER〉 워킹페이퍼(2019) 'GDP-B: Accounting for the Value of New and Free Goods in the Digital Economy', Erik Brynjolfsson, Avinash Collis, W. Erwin Diewert, Felix Eggers & Kevin J. Fox

179 로버트 하일브로너·레스터 서로 지음, 조윤수 옮김, 《경제학은 무엇을 말할 수 있고 무엇을 말할 수 없는가》, 부키, 2009

180 조지프 스티글리츠·아마르티아 센·장 폴 피투시 지음, 박형준 옮김, 《GDP는 틀렸다》, 동녘, 2011

181 https://www.gapminder.org 참고

182 《프레시안》(2022. 9. 27.) '10~30대 사망 원인 1위가 자살… 한국 자살률 OECD 부동의 1위'

183 조지프 스티글리츠·아마르티아 센·장 폴 피투시 지음, 박형준 옮김, 《GDP는 틀렸다》, 동녘, 2011

184 Richard A. Easterlin(1974), *Does Economic Growth Improve the Human Lot? Some*

Empirical Evidence

185 Daniel Kahneman kahneman and Angus Deaton(2010), *High income improves evaluation of life but not emotional well-being*

186 호프 자런 지음, 김은령 옮김, 《나는 풍요로웠고, 지구는 달라졌다》, 김영사, 2020

187 'The welfare of a nation can scarcely be inferred from a measure of National Income'

GDP-B: Accounting for the Value of New and Free Goods in the Digital Economy (〈NBER〉 워킹페이퍼, 2019, Erik Brynjolfsson, Avinash Collis, W. Erwin Diewert, Felix Eggers & Kevin J. Fox)에서 재인용

13장 ——

188 로버트 하일브로너·레스터 서로 지음, 조윤수 옮김, 《경제학은 무엇을 말할 수 있고 무엇을 말할 수 없는가》, 부키, 2009

189 아비지트 배너지·에스테르 뒤플로 지음, 이순희 옮김 《가난한 사람들이 더 합리적이다》, 생각연구소, 2012

거대한 충격
이후의 세계

초판 1쇄 인쇄 2023년 4월 20일
초판 1쇄 발행 2023년 5월 3일

지은이 · 서영민
펴낸이 · 이승현

출판2 본부장 · 박태근
MD독자 팀장 · 최연진
디자인 · 유어텍스트

펴낸곳 · ㈜위즈덤하우스 출판등록 2000년 5월 23일 제13-1071호
주소 · 서울특별시 마포구 양화로 19 합정오피스빌딩 17층
전화 · 02) 2179-5600 | **홈페이지** · www.wisdomhouse.co.kr

이 책은 관훈클럽정신영기금의 도움을 받아 저술·출판되었습니다.